위기에도 흔들림 없는 자본가의 투자법

당신의
주식투자는
틀렸다

당신의 주식투자는 틀렸다

초판 1쇄 발행 2021년 12월 5일
초판 3쇄 발행 2022년 3월 15일

지은이 성세영
발행인 이종원
발행처 (주)도서출판 길벗
출판사 등록일 1990년 12월 24일
주소 서울시 마포구 월드컵로 10길 56(서교동)
대표전화 02)332-0931 | **팩스** 02)322-0586
홈페이지 www.gilbut.co.kr | **이메일** gilbut@gilbut.co.kr

기획 및 책임편집 이지현 (lee@gilbut.co.kr) | **영업마케팅** 정경원, 김도현
웹마케팅 김진영, 장세진 | **제작** 손일순 | **영업관리** 김명자 | **독자지원** 송혜란, 윤정아

교정·교열 김혜영 | **디자인** 빅웨이브 | **전산편집** 예다움 | **CTP 출력 및 인쇄** 예림인쇄 | **제본** 예림바인딩

ISBN 979-11-6521-759-4(03320)
(길벗도서번호 070464)

정가 18,000원

독자의 1초까지 아껴주는 정성 길벗출판사
길벗 IT실용서, IT/일반 수험서, IT전문서, 경제실용서, 취미실용서, 건강실용서, 자녀교육서
더퀘스트 인문교양서, 비즈니스서
길벗이지톡 어학단행본, 어학수험서
길벗스쿨 국어학습서, 수학학습서, 유아학습서, 어학학습서, 어린이교양서, 교과서

카카오 1분 1boon.kakao.com/gilbut
네이버포스트 post.naver.com/gilbutzigy
유튜브 www.youtube.com/ilovegilbut
페이스북 facebook.com/gilbutzigy
트위터 www.twitter.com/gilbutzigy

위기에도 흔들림 없는 자본가의 투자법

✦ ✦ ✦

당신의
주식투자는
틀렸다

성세영 지음

길벗

프롤로그

손실 나서 원금 회복만 바라는 당신의 주식투자는 틀렸다

대부분의 투자자들이 투자를 제대로 배우지 않고 이렇게 주식투자를 시작합니다. 친한 친구가 요즘 너만 주식투자 안 한다면서 삼성전자 주식이 좋으니 사보라고 합니다. 어플로 증권사를 검색해서 입금하고 삼성전자 주식을 삽니다. 금세 5% 수익을 얻고 익절합니다. 친구가 이번에는 대박 정보가 있다고 합니다. 그 말에 혹해서 인공지능에 자율주행, 모빌리티까지 다 한다는 올테크 주식을 삽니다. 그런데 망한 것 같습니다. 손실이 30%가 넘으니 말입니다. 이번엔 또 다른 친구가 MACD라는 기술적 지표가 중요하다고 합니다. "이거다!" 하고 책을 사서 기술적 지표를 공부합니다. 하지만 한두 번 수익을 내기도 어렵습니다. 기업도 봐야 한다고 하길래 재무제표도 공부합니다. 이것저것 산 종목은 많은데 이상하게 수익이 잘 나지 않습니다. 이번엔 가치투자가 좋다는 말을 듣고 PER, PBR을 분석해서 여러 개 삽니다. 그런데 주가가 움직이질 않습니다. 기술적분석, 기본적분석 공부는 했지만 그것과 상관없이 친구가 올테크기업이 수주에 성공했다니까 얼른 올테크기업을 삽니다. 친구에게 수주가 언제 되느냐고 물어봐도 좀 더 기다려야 할 것 같다는 답만 돌아오고, 여러 번 물어보기 그래서 본의 아니게 장기투자로 들어갑니다. 그러다가 인내심이 바닥나 다시 손절합니다.

이번에는 주식카페에 가입합니다. 역시 주식은 내부자 정보라며 좋아합니다. 5% 수익이 났다고 좋아하며 몇 번 익절합니다. 그러고 나니 주식카페에서 유료 정보에 가입하라고 권합니다. 내부자 정보를 직접 받아온다고 합니다. 그 사이 마이너스가 된 주식에 원금을 회복하려고 많은 재산을 투자합니다. 알고 보니 상투입니다. 주식카페에 연락해 보지만 투자자 본인 책임이라고 합니다. 소위 말하는 설거지를 당한 것 같습니다. 이제 주식도 싫고, 역시 한국은 아파트라고 생각합니다. 뒤늦게 아파트를 사려고 하지만 너무 많이 올라서 이젠 영끌해도 안 됩니다. 그러다가 친구가 준 주식 정보 덕분에 5% 수익을 얻고 나옵니다. 기분 좋아서 치킨을 사먹습니다. 요샌 배달비가 2,000원이나 들어서 기분이 나쁩니다. 그래서 배달앱 주식을 사려고 알아보니 상장이 안 되어 있습니다.

어느 날 뉴스에서 미국 주식이 좋다고 하길래 잘 몰라서 그냥 애플, 아마존, 구글, 테슬라를 샀더니 오릅니다. 역시 주식은 미국이라고 생각합니다. 그런데 환율이 1,200원일 때 샀는데 1,080원이 되어 손해가 났습니다. 세금도 22%나 뗀다고 합니다. 화가 납니다. 설상가상으로 코로나19가 터지니 50%씩 손실이 납니다. 고민합니다. '일단 팔자. 더 떨어진 다음에 사면 주식수를 늘릴 수 있겠지?' 이렇게 생각하고 주식을 팝니다. 그런데 내가 팔자마자 곧 반등하기 시작합니다. 코로나19로 어렵다고 아우성인데 반등하다니 말이 안 됩니다. 친구가 인버스라는 게 있다고 알려주길래 곱버스를 삽니다. 가격이 올라서 손실이 심해집니다. 그래도 버티는데 상황이 바뀌면서 비대면 주식이 오릅니다. 그제야 곱버스를 손절하고 빅테크 주식으로 갈아탑니다. 버블이라는 말이 들리더니 조정을 받아 손실이 납니다. 결국 이번에도 손절합니다.

이제 주변 사람들에게 주식은 위험하니 절대 하지 말라고 말립니다. 자녀들에게도 주식과 보증은 절대 하지 말라고 합니다. 사람은 기술을 배워야 한다며, 땀 흘려서 번 돈이 진짜 돈이라고 강조합니다. 가훈을 '주식투자 절대 하지 말라!'로 정합니다.

이렇듯 무작정 남의 말만 듣고 시작하는 주식투자 전략은 틀렸습니다. 혹여나 배우더라도 매매기술에 대해서만 배우지, 정작 투자에 관해서는 배우지 않습니다. 제대로 된 주식투자를 배울 곳이 없으니까요. 그래서 이 책에서는 개미와 자본가의 대화를 통해 왜 주식시장에 투자해야 하는지부터, 무엇에 투자해야 하는지, 어떻게 투자해야 하는지까지 자세히 설명합니다. 또한, 개미와 자본가의 생각 차이를 알아보고 복리의 힘을 최대한 발휘할 수 있는 주식투자 전략을 제시합니다.

개미와 자본가의 차이

개미	항목	자본가
내부자 정보와 종목 선택이 최고의 수익	**수익**	주식 수익은 곧 보유기간, 하루라도 빨리 투자하는 게 수익증대의 지름길
싸게 사서 비싸게 판다	**가격**	주가가 싼지 비싼지 알 수 없다. 복리수익을 얻기 위해서 지금 바로 투자
매수하자마자 언제 팔까 고민	**매도**	매도하지 않고 대대손손 증여 방법 연구
오를 때 팔고 내릴 때 산다	**변동성**	예측이 어려우니 항상 투자한다
주식투자는 위험, 조금만 투자	**위험**	주식투자를 안 하는 게 위험, 전체 투자
다음 테마가 무엇인지 연구	**연구**	어떻게 절세하고 증여할지 연구
30% 정도 두고 조정장 대비	**현금 비중**	조정장이 언제 올지 모르니 100% 투자
주가를 예측하고 행동한다	**예측**	주가예측은 불가능, 항상 투자한다

주식을 싸게 살려고 타이밍을 기다린다	**타이밍**	50년 동안 계속 매수할 것이므로 오늘 산다
빚투, 영끌해서 한방에 투자	**대출**	여유자금으로 장기간 투자
일확천금은 내 것	**부자**	부자는 천천히 되는 것
돈이 부족하니 장수는 악몽	**100세 시대**	장기로 투자할수록 수익 증대, 장수는 삶의 축복
주식투자는 위험하니 하지 마라	**자녀**	주식은 절대 팔지 말고 대대손손 증여해라
은행은 장사꾼, 예금 0.5%, 대출 4%	**사고 방식**	은행주식 매수, 배당 5%

　스무 살 이전부터 주식을 매매한 지 20년이 지나서 제 투자자산을 살펴보니, 회사에 입사했을 때 세액공제를 받으려고 가입한 S&P500 연금펀드 수익률이 가장 높았습니다. 즉, 투자의 수익은 매매가 아니라 보유기간에 달려 있었습니다. 장기로 보유할수록 주식상승과 배당이 복리의 힘으로 나타났죠. 항상 맨 마지막에야 나에게 찾아오는 투자정보도 필요하지 않았습니다. 단순히 하루라도 먼저 투자해서 하루라도 늦게 팔면 되었으니까요.

　이제 제 나이가 40세입니다. 운이 좋게 60세까지 회사를 다닌다고 해도 월급으로 연금펀드에 투자할 수 있는 투자기간은 20년밖에 남지 않았습니다. 20세 때 누군가 알려만 주었다면 60세까지 40년은 투자할 수 있었을 텐데 후회가 막심합니다. 이 책을 읽는 젊은 독자들은 하루라도 빨리 투자해서 하루라도 먼저 사고, 하루라도 늦게 팔거나 아예 팔지 말고, 대대손손 자녀들에게 증여하세요.

　그러기 위해서는 지금 당장 주식을 매수해서 주가 상승과 배당이 주는 복리의 힘을 내 것으로 만들기 바랍니다.

유대인들은 13세가 되면 성인식을 통해 축하금을 받습니다. 이 돈으로 투자하면서 장기투자에 대해서 배웁니다. 그래서 꼭 창업으로 세계적인 기업가가 되지 않더라도 장기투자를 활용해 대부분의 가정이 부유하게 살아갑니다. 돈이 없어서 가난해지는 것이 아니라, 투자를 배우지 않고 투자에 대해 잘 모르기 때문에 가난해집니다. 자녀들에게 투자를 가르쳐야 다음 세대부터라도 부유하게 살 수 있습니다. 그래서 자녀들도 함께 읽을 수 있도록 최대한 쉽게 대화체로 구성했습니다. 자녀들에게 투자를 가르쳐 주세요.

CONTENTS

PART 1 ★

자본가 시대, 투자해야 생존한다

PART 2 ★ ★

글로벌 독과점 시스템에 투자하라

PART 3 ★ ★ ★

주식수량이 많아야
수익이 올라간다

PART 4 ★ ★ ★ ★

주식수익은
보유기간에서 나온다

PART 5

★ ★ ★ ★ ★

복리의 힘으로
대대손손 증여하라

PART 6

★ ★ ★ ★ ★ ★

투자철학이
장기투자를 완성한다

PART 7 ★ ★ ★ ★ ★ ★ ★

지금 당장 투자하라

이 책을 읽기 전에

이 책은 개미투자자와 자본가의 대화를 기본으로 내용이 진행됩니다. 본문에서는 '개미'와 '자본가'로 표현됩니다. 이들의 투자 습관과 철학을 보며 여러분은 어떠한지 돌아보고, 올바른 투자 가치관을 정립하시길 바랍니다.

개미

개미투자자들은 미래를 예측한다. 그래서 조정이 올까봐 현금비중을 조절하며 조금 매수하고, 목표가 오면 익절하고, 떨어지면 손절한다.

자본가

자본가는 글로벌 독과점 시스템에 투자한다. 그래서 최대한 많이 투자하고, 최대한 글로벌 독과점 기업들과 동행하기 위해서 항상 투자하고 오래 투자한다.

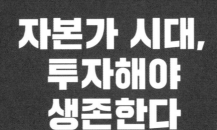

자본가 시대, 투자해야 생존한다

PART 1

자본가의 돈은
밤에도 일한다

개미 아무리 일해도 월급은 안 오르고, 물가와 집값만 올라서 살기가 어려워요. 저에게는 미래가 없나 봐요. 어떻게 해야 하죠?

자본가 자본주의에서는 자본을 일하게 해야 합니다. 개미는 하루에 얼마나 일하나요?

개미 보통 8시간이지만, 딴짓 하는 시간을 빼면 5시간 정도….

자본가 저는 24시간 일합니다.

개미 잠도 안 자고, 밥도 안 먹고 일하시나요?

자본가 제가 일하는 시간은 8시간이고, 자본이 24시간 동안 일하게 합니다.

개미 자본이 일하게 한다고요? 그게 무슨 뜻이죠?

자본가 자본은 곧 돈입니다. 주식회사에 돈을 투자해서 주가 상승으로 인한 시세 차익과 배당을 받습니다. 자본주의에서는 하루라도 빨리 자본가가 되는 게 성공의 지름길입니다.

개미 자본가가 무엇인가요?

자본가 자본가는 소유한 자본을 주식회사에 투자하고, 그 대가로 주가 상승으로 인한 이익과 배당을 받습니다. 그런 의미에서 주식회사의 주주라고 할 수 있죠.

개미 제가 다니는 회사도 주식회사인데, 그렇다면 결국 주식회사의 직원들은 주주들의 수익을 위해서 일하는 셈이군요. 저희 회사 인원이 1,000명인데 매년 1,000억원씩 수익이 발생하니까 1인당 1억원씩 수익을 낸다고 볼 수 있겠네요. 30%는 직원들에게 월급으로 주고 나머지 70%는 주주들이 배당으로 가져가는 거로군요?

자본가 맞습니다. 모든 직원들은 주주들을 위해서 일하는 셈이죠.

개미 저희 과장님, 차장님, 부장님, 사장님 모두 주주들을 위해서 일하는 거네요. 저도 주주가 돼야겠어요. 그럼 제가 사장님 위에 있는 게 되죠? 사장님한테 이것저것 시켜야겠어요. 하하!

자본가 지금까지 남을 위해서 일했다면, 이제는 주주가 되어 회사가 개미를 위해서 일하게 하세요.

개미 그럼 이젠 저도 자본주의의 주인인 자본가가 되는 거네요! 주식부터 사야겠어요. 흥분되는데요!

경제적 자유를 얻으려면 돈을 일하게 해야 합니다. 개미는 하루에 8시간 일해서 근로소득을 얻지만 자본가는 돈을 24시간 내내 일하게 합니다. 하루에 16시간 차이가 누적되면 복리 효과가 생기며, 시간이 지날수록 그 차이는 기하급수적으로 커집니다.

자본가란 소유한 자본으로 영리활동을 하는 사람입니다. 현대 사회에서는 주식을 가지고 있는 사람, 즉 주주가 자본가라고 할 수 있습니다. 자본가는 소유한 자본을 주식회사에 투자하고, 주식회사는 그 대가로 주가 상승으로 인한 이익과 배당금을 자본가에게 돌려줍니다. 자본주의 사회에서는 자본을 얼마나 빠르게 이해하느냐가 성공의 지름길입니다.

개미와 자본가의 가장 큰 차이점은 개미는 혼자 일하지만, 자본가는 자신이 소유한 자본으로 투자한 주식회사의 임직원들을 자신을 위해 일하게 한다는 점입니다. 즉, 자본가는 주임, 대리, 과장, 차장, 부장, 이사, 전무, 부사장, 사장 모두가 주주인 자신의 수익 극대화를 위해서 일하게 합니다. 이러한 시스템의 차이가 개미와 자본가 간의 간격을 더욱더 크게 벌려 놓습니다.

워런 버핏도 "잠자는 동안에도 돈이 들어오는 방법을 찾아내지 못한다면, 당신은 죽을 때까지 일해야만 한다."라고 말했습니다. 워런 버핏은 11세에 이미 이 사실을 알고 투자를 시작했습니다. 잠자는 동안에도 돈이 들어오게 하는 가장 손쉬운 방법은 바로 주식투자입니다. 실제로 많은 부자들이 은행 주식에 투자해서 배당금을 5% 받고 있지만, 개미들은 은행에 예금을 하고 예금이자를 0.5% 받는 데 그칩니다. 이런 차이점을 빨리 알아차릴수록 자본주의 사회에서 더 빨리 자유를 얻을 수 있습니다.

개미와 자본가의 차이

개미	항목	자본가
하루 8시간	**시간**	하루 24시간
혼자 일함	**노동**	주임, 대리, 과장, 부장, 이사, 전무, 부사장, 사장 모두 자신을 위해서 일하게 함
은행에서 잠자고 있음	**자본**	전 세계 기업에 투자되어 하루 24시간 일함
은행 예금 연 0.5%	**투자방법**	은행 주식 보유, 배당 5% + 주가 상승

과거에는 자본을 많이 보유한 사람만이 자본가가 될 수 있었고 거액을 투자할 수 있었지만, 현대에는 금융공학이 발전해서 누구나 자본가가 될 수 있고 소액으로도 주식회사의 주주가 될 수 있습니다.

　자본가의 시간은 개미의 시간보다 많고 빠릅니다. 둘 사이에 점점 격차가 벌어지는 이유는 바로 이 때문입니다. 그런데 만약 개미가 20세이고 자본가는 60세라면 어떻게 될까요? 개미가 40년 동안 복리로 투자하면 자본가를 빠르게 따라잡을 수 있습니다.

　따라서 개미도 하루빨리 돈을 24시간 내내 일하게 하는 자본가가 되어야 합니다.

생존하려면
자본가가 되어야 한다

자본가 개미는 어디에서 어떻게 월급을 받나요?

개미 열심히 일한 대가로 회사에서 받죠. 항상 적은 것 같아서 문제지만요. 100
을 벌면 제가 30을 받고 회사가 70을 가져가요.

자본가 월급은 항상 내가 일한 대가보다 적게 느껴지는 법이죠. 그런데 회사는 주
주 수익 극대화를 위해 어떻게 할까요?

개미 제 월급을 적게 줌으로써 수익을 극대화하겠죠?

자본가 그렇다면 개미는 무엇을 해야 할까요?

개미 음, 제가 회사의 주인이 돼야겠네요. 자본가가 돼야겠어요!

자본가 맞습니다. 자본주의 사회의 흐름을 이제 파악했군요. 요즘 은행에 가면 예
금이자가 몇 %죠?

개미 0.5%도 안 되는 것 같아요.

자본가 대출이자는요?

개미 대출하면 이자가 4% 이상인데, 저금하면 이자가 0.5%이고 대출하면 4%
라니 억울하네요.

자본가 그럼 개미는 무엇을 해야 할까요?

개미　은행 주식을 사야겠네요.

자본가　저축은행은 예금이자가 2%이고 대출이자는 7%입니다.

개미　아, 저축은행 주식을 사야겠군요.

자본가　카드회사는 현금서비스 이자를 15% 받습니다.

개미　그럼 카드회사 주식을 사야겠네요?

자본가　꼭 은행, 저축은행, 카드회사 주식을 살 필요는 없습니다. 그보다 더 좋은 주식을 사면 되니까요.

개미　그냥 세계 1등 주식을 살래요.

자본가　시가총액 1등은 2,900조인 애플이죠.

개미　애플은 수익이 어떻게 되나요?

자본가　2020년 기준 매출총이익률은 무려 37.94%이고, 자기자본이익률(ROE)은 73.69%입니다.

개미　세상에, 저 애플 사서 자본가가 될래요.

자본가　그런데 주식회사들은 더 많은 이익을 얻기 위해 개미에게 월급을 주는 대신 AI자동화기기를 도입하려고 하는 추세입니다.

개미　그럼 저 대신에 AI 자동화기기가 일하게 되는 건가요?

자본가　앞으로 주식회사는 주주 수익을 극대화하기 위해서 더욱더 자동화기기를 원할 것입니다. AI자동화기기는 월급을 안 줘도 되니까요.

개미　말씀을 들으니 더욱더 자본가가 돼야겠네요!

　세상의 주인이 되려면 자본가가 되어야 합니다. 자본가가 되어서 다른 사람의 재능을 저렴하게 살 수 있어야, 자본주의 사회에서 남들보다 빠르게 부를 쌓을 수 있습니다. 개미는 자기 재능을 회사에 제공하고 그 대가로 월급을 받습니다. 개미가 회사에 100을 벌어다주면 그중 30을 월급으로 받고, 70은 회사가 가져갑니다. 주식회사는 주주 수익 극대화를 위해 개미의 월급을 최대한 낮게 책정합니다. 그리고 수익은 자본가에게 돌아가죠. 그러니 개미가 아무리 열심히 일해도 자신의 부가 아니라 자본가의 부가 증가합니다. 개미는 결코 자본가가 될 수 없다면 불공평하겠지만, 누구나 언제든 소액으로도 자본가가 될 수 있습니다.

자본가가 되기 위해 은행 주식에서 저축은행 주식으로, 거기서 다시 카드회사 주식으로 생각이 옮겨 간다고 해서 꼭 카드회사 주식을 살 필요는 없습니다. 그보다 더 좋은 주식을 사면 됩니다. 대표적인 예가 바로 시가총액 2,900조원으로 세계 1위인 애플입니다. 애플의 수익성을 살펴보면 2020년 매출총이익률, 즉 매출액에서 매출원가를 뺀 수익률이 37.94%입니다. 기업의 이익창출능력을 나타내는 자기자본이익률(ROE)은 73.69%입니다. 이렇게 좋은 기업에 소액으로도 투자가 가능합니다.

애플 연간 실적 (단위: %)

	2016년	2017년	2018년	2019년	2020년
매출총이익률	38.61	38.01	38.37	37.58	37.94
자기자본이익률(ROE)	36.90	36.87	49.36	55.92	73.69

주식회사는 주주 수익 극대화를 위해 비용을 더욱더 낮춥니다. 생산원가는 제품을 생산해야 해서 낮추기 어려우니 결국 인건비를 낮춰야 합니다. 많은 기업들이 인건비를 낮추기 위해 AI자동화기기를 연구해 왔습니다. 2000년대에 들어서 구글 알파고가 등장한 이후, AI자동화기기는 무척

빠른 속도로 개미들의 일자리를 대체하고 있습니다.

자본주의 사회에서는 다른 사람의 재능을 저렴하게 사서 일을 시켜야 빠르게 부를 쌓을 수 있습니다. 이 사실을 잘 알기에 자본가들은 근로자들의 임금을 대신하기 위해 AI자동화기기를 더욱더 빠르게 도입하고 있습니다. 그러므로 근로자가 생존하려면 자본가가 되어야 합니다.

일자리는 없어지고,
임금은 자본가의 이익으로 이동한다

자본가 AI자동화로 인해 앞으로는 일자리가 없어지고, AI자동화기기가 사람을 대체할 것입니다.

개미 AI자동화가 뭐죠?

자본가 AI자동화는 인공지능 자동화를 말합니다. 예를 들면 지금까지 자동차는 자동으로 움직였지만, 여기에 인공지능인 AI가 결합되면서 자율주행 자동차가 되는 것이죠. 자율주행 자동차가 상용화되면, 지금까지 자동차 운전을 직업으로 삼았던 노동자들의 일자리가 사라지게 됩니다.

개미 앞으로 많은 일자리들이 AI자동화기기로 대체되겠네요?

자본가 맞습니다. 앞으로는 단순 반복적인 비숙련 일자리부터 전문직 일자리까지 AI자동화가 가능합니다. 자, 이렇게 아낀 인건비는 과연 어디로 갈까요?

개미 주식회사는 주주 수익을 극대화하는 곳이니까 자본가의 수익으로 돌아가나요?

자본가 그렇습니다. 주식회사의 수익으로 잡혀서 자본가에게 주가 상승에 따른 이익과 배당 수익으로 돌아가게 됩니다.

개미 그럼 저도 일자리를 잃게 될까요?

자본가 2050년에는 대부분의 일자리를 AI자동화기기가 대체할 것으로 보는 미래학자들도 많습니다.

개미 그전에 반드시 자본가가 돼야겠네요!

AI자동화로 인해 일자리는 점점 사라지고, 근로자의 임금은 자본가의 이익으로 이동합니다. 단순하고 반복적인 비숙련 일자리부터 전문직 일자리까지 AI자동화기기가 빠르게 대체하고 있습니다.

아디다스에서는 스피드팩토리를 통해 기존에 600명이 만들던 운동화를 현재는 단 10명이 생산하고 있습니다. 과거에는 짚신이나 고무신을 운동화가 대체하면서 운동화 공장에 많은 일자리가 필요했지만, AI자동화가 적용되면서 이제는 사람이 필요 없어졌습니다. 새로 생긴 일자리는 시스템 감시인원 10명 정도가 전부입니다. 앞으로 에러가 안 난다면 시스템 감시인원조차 필요 없는 날이 올 것 같습니다.

전 세계 직원이 100만 명 이상인 아이폰 제조회사 폭스콘도 5년 내에 80%를 자동화하겠다고 밝혔습니다. 자동화가 현실화될 경우 80만 명이 일자리를 잃게 됩니다. 폭스콘은 앞으로 공장 완전자동화가 목표라고 발표했습니다.

구글의 자율주행 택시 웨이모원도 2020년 10월 무인 자율주행 택시 서비스를 론칭한 것을 시작으로, 자율주행 비행기와 자율주행 배까지 실험을 거듭하고 있습니다.

미국의 스타십 테크놀로지는 2021년 배달로봇 계약 100만 건을 달성했습니다. 국내의 도미노피자도 드론과 자율주행로봇으로 배달서비스를 시험 중이고, 배달 어플로 주문하면 서빙해 주는 로봇도 현장에 배치하고 있습니다. 전문직인 의사도 로봇의 도움으로 수술하고 있으며, 변호사도 AI를 통해서 판결을 예상하고 있습니다.

이렇게 많은 직원들을 AI자동화기기가 대체할 경우, 남는 인건비는 결국 주식회사로 흡수되어 자본가에게 이익으로 돌아갑니다.

다음은 2050년 미래 모습을 상상해 본 것입니다.

개미는 코로나50으로 인해 해외여행 대신 제주도로 여행을 가기로 합니다. 캐리어는 자동로봇이 벌써 픽업해서 가져갔습니다. 자동차를 타고 공항으로 이동하려고 하는데, 이제부터 인간이 직접 자동차를 운전하지 못하게 하는 법안이 얼마 전 통과되었습니다. 그래서 완전자율주행으로 공항에 도착합니다. 자율주행 자동차는 주차도 알아서 합니다. 신분증 없이 안면 인식으로 코로나49 백신을 맞았는지 확인합니다. 이때 블록체인 기술이 해킹을 방지합니다.

자율주행 비행기에 탑승하고 얼마 지나지 않아 제주도 공항에 도착합니다. 공항에서 나오니 마중 나온 자율주행 렌트카 문이 자동으로 열립니다. 호텔에 도착하니 안면 인식으로 호텔 방문 역시 자동으로 열립니다. 청소로봇이 청소를 마치고 나가는 뒷모습이 보입니다. 다시 자율주행 자동차를 타고 맛집에 가니 음식이 나와 있습니다. 자율주행 자동차가 미리 주문해 놓은 덕분입니다. 맛있게 먹고 나서 차에서 한숨 자는 동안 한라산에 도착합니다. 한라산을 보고 다시 호텔에 돌아옵니다.

직접 운전을 하고 싶어서 제주도 서킷에서 취미로 운전하지만 위험합니다. 역시 AI가 운전해야지 사람이 운전하면 안 되나 봅니다. 사고가 나지 않으니 보험도 들 필요가 없고, 철강으로 차를 만드는 게 아니라 종이로 만드니 가벼워서 전기도 별로 들지 않습니다. 사고가 안 나니 병원들이 다 문을 닫았습니다. 호텔로 데려다준 자율주행 렌트카가 2차로 운행하러 떠납니다. 일을 무척 열심히 합니다. 다음 날 자율주행 렌트카가 다시 공항까지 데려다줍니다.

기술구현으로 인한 일자리 변화

기술구현	사라지는 일자리	생겨나는 일자리
자율주행, 안면인식, 블록체인 모두 현재 기술로 개발 완료 (실제로 현재 제주도 공항에서는 신분증 없이 바이오인증으로 입출국이 자유로움)	택시드라이버, 공항 경비원, 공항 서비스요원, 렌터카 직원, 호텔 직원, 음식점 직원, 보험사 직원, 철강사 직원, 의사와 간호사 일부 등	AI, 자율주행 시스템 감시요원 몇 명

2050년에는 대부분의 일자리가 AI자동화기기로 대체될 것입니다. 일

자리가 필요 없는 시대가 다가오는 와중에 코로나19가 창궐하면서 AI자동화가 더욱더 가속화되고 있습니다. 이렇듯 근로자의 임금이 빠르게 자본가의 이익으로 이동하고 있으므로, 하루라도 빨리 자본가가 되어야 합니다.

기술개발의 발전과 전염병 주기의 단축으로 AI자동화가 가속화된다

자본가 AI자동화를 위해서는 기계도 학습이 필요합니다.

개미 AI도 학습을 하나요?

자본가 예를 들어 고양이 사진을 계속 보여주면서 고양이라고 알려주면, AI가 스스로 분석해서 그다음부터 알아서 고양이를 찾습니다. 그런데 이 작업에 시간이 가장 많이 걸립니다. 테슬라에서 전 세계 도로를 다니면서 학습하는 것처럼요.

개미 그럼 우리 입장에서는 시간을 벌 수 있는 건가요?

자본가 그렇지는 않습니다. AI를 가르치는 AI가 개발됐기 때문입니다. 즉, 이제 시간이 없는 거죠.

개미 그래도 AI가 가르치는 시간이 걸릴 것 아니에요.

자본가 이제는 가르치지 않아도 스스로 학습하는 AI가 개발됐습니다. 아마도 2050년에는 스스로 사고하는 인간 수준도 가능할지 몰라요. 우리는 지금도 이미 AI의 지시를 받고 있습니다.

개미 저번에 배달 알바를 했는데, AI가 지시하더니 평가가 낮으면 배달일도 안 주던데요.

자본가 AI가 지시하고, 평가하고, 이제는 나의 관심사까지 유튜브로 보여주는 세상이 되었죠.

개미 맞아요. 유튜브의 관심 영상에서 제가 선호하는 영상만 나오더라고요.

자본가 AI가 계속 사용자를 파악해서 관련 영상만 노출하니까, 결국엔 편향된 시각을 가지게 됩니다.

개미 그래서 계속 보게 되고 다른 건 안 보게 되는 것 같아요. 마치 AI가 지시하는 대로 사는 것 같달까요?

자본가 AI 분야는 이미 독점화되어 후발주자가 진입하기 어려운 시장이 되었습니다.

개미 아, 그러면 AI를 잘하는 회사 주식을 사야겠네요?

자본가 좋은 아이디어로군요.

개미 그리고 회사를 차릴 거라면, 남들보다 빠르게 공장자동화 회사를 준비해야겠어요.

자본가 독일에서 이미 시작했습니다. 제품은 미국에 경쟁력이 있으니, 공장자동화는 자기들이 하겠다며 발표한 게 인더스트리(INDUSTRIE) 4.0입니다.

개미 그럼 공장자동화 주식을 사야겠네요.

자본가 코로나19로 인해 비대면 사회로 빠르게 변화하면서 AI자동화기기가 일자리를 대체하고 있다는 것도 고려해야 합니다.

개미 식당에 가도 키오스크, 서빙로봇이 일하니까 사람과 대면하지 않아서 오히려 안심이 돼요. 아, 그러고 보니 일자리가 점점 사라지는 게 실감 나네요.

자본가 공장도 코로나19로 셧다운되다 보니, 주식회사에서는 더욱더 AI자동화를 연구하고 있습니다. 전염병이 발생하는 조건에서는 인간이 공장을 운영하는 것을 리스크로 인식하게 된 거죠. 반면에 AI자동화로 운영하는 공장은 멈추지 않고요.

개미 그럼 공장들도 자동화가 되겠네요. 이런, 일자리가 계속 없어지네요.

자본가 문제는 다음 팬데믹이 나타나기까지 걸리는 기간이 점점 짧아진다는 것입니다.

개미 코로나19 뒤에 다음 팬데믹은 더 빨리 찾아온다는 뜻인가요?

자본가 전 세계 사람들이 비행기로 과거보다 빠르게 움직이다 보니, 전염병도 비행기를 타고 빠르게 움직이는 셈입니다.

개미 코로나19가 끝나면 해외여행을 가고 싶은데, 전염병도 비행기에 같이 타고 다니겠네요.

자본가 이런 상황에서도 주식회사는 주주 수익 극대화를 위해서 다음을 준비합니다. 비대면 사회의 노멀화가 진행되는 거죠.

2016년 구글 알파고가 바둑 대결에서 이세돌을 이기면서 세상은 인공지능, 즉 AI에 깜짝 놀랐습니다. 구글은 알파고에 바둑의 기보, 지식, 룰의 학습시켜서 국내 프로기사 이세돌과 바둑 대결을 벌였습니다. 알파고제로는 바둑의 룰만으로 더욱더 강력한 AI가 되었고, 알파제로는 게임의 룰만으로 바둑, 체스, 장기까지 두게 되었습니다. 뮤제로는 한술 더 떠 게임의 룰을 스스로 학습하여 바둑, 체스, 장기, 아타리 57종 게임을 모두 마스터했습니다.

범용 인공지능 AI가 탄생한 것입니다. AI는 바둑, 체스, 장기 같은 특정 분야뿐만 아니라 인간처럼 일상생활의 모든 분야에서 범용으로 잘 판단합니다. 실제로 인간 세계에서는 문제에 대한 룰을 제공하지 않아도 플랜과 전략으로 문제를 풀어가는데, 뮤제로도 이러한 특성을 가지고 있어서 룰이 없어도 스스로 문제를 풀어갑니다. 많은 AI 전문가가 2050년에는 뮤제로의 상용화가 가능할 것으로 전망하고 있습니다.

알파고는 첫 번째 프로그램으로, 네트워크와 데이터, 지식, 규칙을 활용해서 바둑을 마스터했다.

알파고제로는 지식 없이 완전히 혼자 바둑을 두는 법을 배웠다.

알파제로는 모든 게임에 대해 단일 알고리즘을 사용해서 3개의 완벽한 정보로 게임을 마스터했다.

뮤제로는 모든 게임에 대해 단일규칙을 배워서 알 수 없는 역학을 가진 환경도 마스터했다.

출처: Deepmind

독일은 서비스와 상품으로는 미국과 경쟁이 안 되자 2011년 인더스트리 4.0을 발표했습니다. 자기들이 잘하는 제조업을 발전시켜서 공장자동화를 이루겠다는 내용이었습니다. 독일이 공장을 자동화해 줄 테니, 서비스와 상품은 미국이 팔라는 것이었죠. 인더스트리 4.0은 미국뿐만 아니라 이미 전 세계적으로 진출했습니다.

어느 날 국내 중소기업 사장님에게서 제게 전화가 왔습니다. 공장자동화를 하는데, 독일 기술자가 와서 생산부터 포장까지 다 자동화해 준다는 것이었습니다. 공장자동화가 이미 국내 중소기업에까지 진출한 것입니다. 전 세계적으로 일자리가 없어지고 있는 것을 피부로 느낄 수 있었습니다.

2020년 코로나19로 인해 카페, 레스토랑, 회사, 공장이 셧다운되면서 AI자동화는 더욱더 가속화되었습니다. 세계보건기구인 WHO에서는 전염병이 전 세계적으로 유행하면 팬데믹을 선언합니다. 팬데믹은 6단계로 나뉘며, 감염이 널리 확산하여 최소 2개국에서 병이 유행하는 상태일 때 선언됩니다. 인류 역사상 팬데믹으로 기록된 질병은 1948년 WHO 창설 전 2개, 창설 후 3개로 볼 수 있습니다.

- 14세기 흑사병(페스트) 중세 유럽 대부분에 만연
- 1918년 스페인독감 5,000만명 사망
- 1948년 WHO 창설
- 1968년 홍콩독감 100만명 사망
- 2009년 신종플루 250만명 사망
- 2019년 코로나19 246만명 사망, 현재 진행 중

WHO 창설 후 홍콩독감에서 신종플루까지 41년이 걸렸는데, 신종플루에서 코로나19까지는 겨우 10년이 걸렸습니다. 이렇게 점점 팬데믹 발생 사이의 간격이 줄어드는 이유는 세계가 글로벌화되면서 전염병도 비행기를 타고 이동하기 때문입니다. 앞으로 세계화가 진행되면서 이동은 더욱더 많아질 것이고, 결국 전염병들이 빠르게 이동하며 팬데믹 선언 간격

은 점점 더 짧아질 것입니다. 그러면 기업들은 팬데믹 때마다 셧다운되는 공장을 인간이 운영하는 것은 리스크라고 판단하고, AI자동화 연구에 더욱더 박차를 가하게 될 것입니다.

코로나19로 인한 노동 가치와 AI자동화 가치의 변화

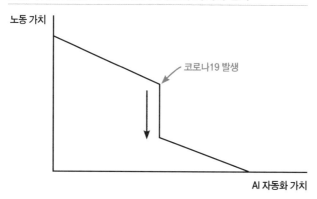

우리의 일자리는 빠르게 없어지고 있으며, AI자동화가 일자리를 빠르게 대체할수록 자본가의 부 역시 빠르게 늘어납니다. 일자리가 사라질수록 노동자의 임금을 올려줄 필요가 없고, 이렇게 아낀 돈이 주식회사로 이전되어 주가가 상승하기 때문입니다. 그러므로 상승하는 주가를 그저 바라보기만 할 게 아니라, 우리도 주식에 투자해서 자본가가 되어야 합니다.

글로벌 독과점 기업에
투자해야 한다

자본가 AI자동화가 진행되어 24시간 제품을 생산한다면 어떻게 될까요?

개미 가격이 싸지니까, 가격 경쟁력 있는 제품들이 많이 팔리겠네요.

자본가 맞습니다. 글로벌 1등 기업의 제품들이 더욱더 경쟁력이 갖추게 됩니다.

개미 만약 24시간 생산으로 아이폰 가격이 싸지면 누구나 다 아이폰을 살 것 같아요. 그런데 만약 점유율이 90%가 되면, 예전에 마이크로소프트 익스플로러처럼 반독점 규제를 받게 되지 않을까요?

자본가 과거에는 한 나라에서 경쟁했기 때문에 반독점 규제가 가능했습니다. 그러나 지금은 그렇지 않죠. 아이폰의 점유율이 90%라고 해서 반독점 규제를 가한다면 어디가 수혜를 볼까요?

개미 삼성 갤럭시, 중국 화웨이를 살 테니… 다른 나라가 수혜를 받네요.

자본가 과연 자국 산업을 규제해서 다른 나라 산업에 수혜를 줄까요?

개미 자국 산업을 보호해야 하니 규제는 힘들겠네요.

자본가 오히려 적극적으로 밀어줘야 합니다. 그래야 글로벌 기업 전쟁에서 이길 수 있으니까요.

개미 다른 나라 글로벌 기업과 싸울 수 있게 오히려 지원해 줘야겠군요.

자본가 전 세계 국가들이 자국 기업들을 지원하면서 1산업 1기업이 되고 있습니다. 글로벌 기업 경쟁에서 경쟁력을 갖추도록 1개 산업에서 1개 기업을 중점적으로 밀어주는 거죠. 이렇게 되면 결국 글로벌 독과점 기업들이 탄생하게 됩니다.

개미 반도체 D램에서 삼성전자, SK하이닉스, 마이크론처럼 된다는 이야기네요.

자본가 글로벌 독과점 기업은 처음에는 살아남기 위해 치킨게임을 하지만, 점점 경쟁할 필요가 없어지고 결국 수익이 늘어나게 됩니다.

개미 그럼 글로벌 독과점 기업 주식을 사야겠네요.

자본가 이제 선수가 다 되었군요.

독점 기업이란 하나의 기업이 한 산업을 지배하는 시장 형태입니다. 유일한 공급자인 독점 기업은 가격과 수량을 마음대로 조절이 가능해 주주 수익을 극대화할 수 있습니다. 과점은 2개 이상의 소수 기업이 상품을 시장에 공급하는 형태입니다. 과점 기업들은 담합을 통해서 가격과 수량을 조절함으로써 주주 수익을 극대화합니다. 독과점은 독점과 과점을 합친 것을 말하며 경쟁이 결여된 시장의 형태입니다.

세계화로 인해 기업의 경쟁이 심화하자, 국가들은 자국의 산업을 보호하기 위해 1산업 1기업을 용인하고 있습니다. 자국의 탄탄한 내수를 기반으로 해외에 나가서 글로벌 기업과 경쟁하게 만드는 것입니다. 같은 원리가 국내에 적용된 사례도 여럿 있습니다. 기아차를 인수한 현대차의 현재 점유율은 80%이고, 아시아나항공을 인수한 대한항공의 현재 점유율은 65%입니다. 두산인프라코어를 인수한 현대중공업의 현재 점유율은 75%, 대우조선을 인수한 현대중공업의 현재 점유율은 70%입니다. 한진해운 파산으로 대한민국에서 독점 원양 컨테이너 선사가 된 HMM도 있습니다.

국내에서는 이와 같은 경쟁회사의 인수를 독과점 강화로 받아들이지만, 글로벌 시장에서는 전체적인 관점에서 볼 때 독과점 우려가 크지 않다고 판단합니다. 그래서 이제는 국가 간 기업들의 인수합병도 진행되고 있습니다. 경쟁력 있는 글로벌 기업들이 다른 나라의 산업을 인수하면서 시장을 재편하는 상황입니다. 우리나라에서도 2020년 10월 SK하이닉스가 미국 인텔의 낸드플래시 사업부를 10조원에 인수했습니다. 이렇게 글로벌 독과점 기업이 되면 전 세계 수익을 독점합니다. 이것이 바로 우리가 글로벌 독과점 기업에 투자해야 하는 이유입니다.

글로벌 산업에서는 치열한 경쟁 끝에 소수의 기업만이 살아남는데, 코로나19로 인해 그 속도가 더욱 빨라지고 있습니다. AI자동화 기술을 가지고 있는 선두업체들이 발 빠르게 디지털로 전환해 대부분의 수익을 가져가면서, 후발주자들은 더욱더 따라가기 힘들어지는 구조입니다. 규모의 경제 효과가 커지면서 거대 기업들이 대량구매로 많은 이익을 내고, 공격적인 투자로 다시 격차를 확대하고 있습니다.

바야흐로 글로벌 독과점 시대가 진행되고 있습니다. 반도체 업종의 D램만 봐도 10년 전에는 삼성전자, SK하이닉스, 엘피다, 마이크론, 난야, 도시바, NEC 등 많은 업체가 있었지만, M&A를 통해서 이제는 삼성전자, SK하이닉스, 마이크론만 살아남았습니다. 대규모 M&A를 거치며 3개 기업만 살아남은 것이죠. 앞으로 자동차, 핸드폰을 비롯한 대부분의 업종에서 글로벌 독과점 기업이 나타날 확률이 높습니다. 그래야만 글로벌 기업들과 경쟁이 가능하기 때문입니다.

　글로벌 독과점 기업들의 주가는 어떨까요? 당연히 규모의 경제에 따라 중복사업을 폐지하니 비용이 줄어들고, 경쟁도 줄어드니 이익은 올라갑니다. 처음에는 치킨게임으로 인해 서로 수익이 감소하지만, 결국 주식회사는 주주 수익 극대화를 위해 경쟁하기보다는 타협하게 되고 그에 따라 글로벌 기업들의 수익은 올라가는 것입니다. 그러므로 수익성 높은 전 세계 글로벌 독과점 기업들의 주식을 매수해서 자본가가 되어야 합니다.

삼성전자 주가(2002~2021년)

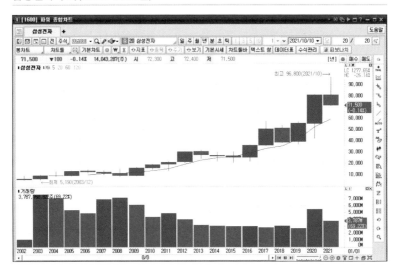

　삼성전자는 D램에서 SK하이닉스, 마이크론과 함께 과점을 형성하고 있으며, 낸드플래시에서는 웨스턴디지털, 마이크론, SK 하이닉스와 과점을 형성하고 있고, 파운드리에서는 TSMC와 5나노 이하 미세공정에서 경쟁하고 있습니다. D램, 낸드플래시에 이어서 파운드리에서도 과점을 형

성하게 된다면 삼성전자의 주가는 다시 한번 재평가를 받을 수 있습니다.

글로벌 반도체 독과점 기업 삼성전자는 2018년 액면분할을 거쳐 주당 액면가액을 5,000원에서 100원으로 낮춰 1주를 50주로 쪼갰습니다. 2008년 주가 1만 원을 기준으로 2021년에는 주가가 8만 원까지 올라 700% 수익이 났습니다. 이것이 바로 글로벌 독과점 기업의 힘입니다.

SK하이닉스 주가(2002~2021년)

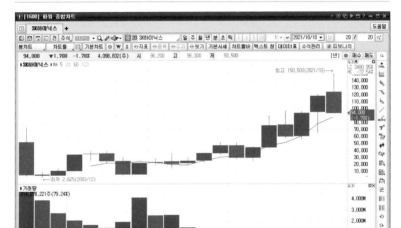

SK하이닉스는 D램에서 삼성전자와 마이크론, 낸드플래시에서는 삼성전자, 웨스턴디지털, 마이크론과 함께 과점을 형성하고 있으며 앞으로 파운드리에 진출할 가능성이 높습니다.

글로벌 반도체 독과점 기업 SK하이닉스 주가는 2008년 1만 원을 기준으로 2021년에는 13만 7,000원까지 올라 1,270% 수익이 났습니다. SK하이닉스는 D램에 특화되어 있는데, D램 가격이 사상최고치를 달리면서 글로벌 반도체 독과점 기업들의 수익이 급증하고 있습니다.

현대차 주가(2002~2021년)

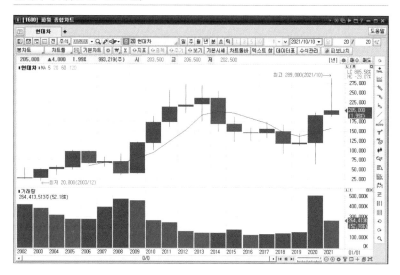

현대차는 1998년 기아자동차와 아시아자동차를 인수하여 현대자동차 그룹으로 성장했습니다. 2002년에는 중국에 베이징기차와 베이징현대를 세웠고, 2004년에는 미국 앨라배마주에 공장을 세워 북미 현지에서 생산하며 2015년 프리미엄 브랜드인 제네시스를 출범했습니다. 2020년에는 항공모빌리티를 선보이며 항공과 자동차의 이동수단을 결합한 미래 모빌리티를 선보였습니다.

국내 독과점 기업으로 점유율 83%를 차지하는 현대차 주가는 2008년 5만원을 기준으로 2021년에는 23만원까지 올라 360% 수익이 났습니다. 현대차는 국내 자동차 독과점 기업이라 글로벌 독과점 기업보다는 수익이 낮습니다. 이것만 봐도 글로벌 독과점 기업에 투자해야 함을 알 수 있습니다.

HMM 주가(2017~2021년)

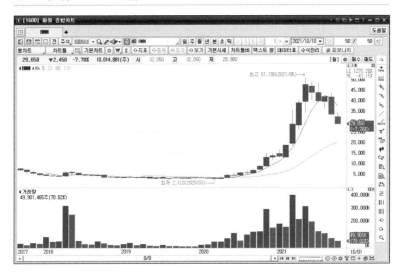

2017년 한진해운이 파산하면서 HMM이 대한민국 독점 원양 컨테이너 선사가 되었습니다. HMM은 2020년 영업이익 9,808억원을 기록하며 최대 실적을 달성했고, 2020년부터 운임비용이 급등하면서 주가가 2,000원에서 2만원으로 900% 넘게 상승했습니다.

글로벌 독과점 기업과 국내 독과점 기업의 이익과 주가는 오르게 되어 있습니다. 세계화 시대에는 글로벌 기업들이 국내에 언제든 진출할 수 있어서 국내 독과점 기업의 경우 심각한 타격을 받을 수도 있습니다. 바로 이런 측면 때문에 우리는 글로벌 독과점 기업에 투자하는 자본가가 되어야 합니다.

임금상승률은 줄어들고, S&P500 기업의 수익은 늘어난다

자본가 인간의 일자리를 AI자동화기기가 대체하는 것을 알려주는 지표는 무엇일까요?

개미 실업률이 아닐까요?

자본가 실업률에는 취업을 포기한 사람, 즉 구직 단념자들이 포함되지 않습니다.

개미 그럼 어떤 지표가 필요하죠?

자본가 임금상승률로 알 수 있습니다. 기업에서 사람을 많이 뽑으면 자연히 임금이 오르고, AI자동화기기로 대체되면 반대로 임금은 오르지 않죠.

개미 그래서 제 임금이 안 오르는군요. 임금이 안 오르면 국가적으로 위기가 아닐까요? 물가가 하락할 수도 있으니까요.

자본가 맞아요. 그래서 국가에서 최저임금을 올려서 전체 임금을 방어하는 측면도 있습니다. 그런데 임금이 오르면 기업들은 또다시 AI자동화를 통해 다시금 인간의 일자리를 대체하려고 합니다. 임금이 오르지 않으면 대신 기업들의 수익이 올라가겠죠?

개미 기업들의 수익이 올라가면 주주에게 배당을 많이 하겠네요?

자본가 그런데 주주에게 배당할 때 세금을 내야 하고 배당받은 주주들도 세금을 내

42   PART 1

야 하므로, 기업은 배당을 최소화하는 대신 자사 주식을 사서 소각합니다.

개미 아! 자사 주식을 사서 소각하면 주식수가 줄어드니까 주가가 오르겠네요.

자본가 지금도 많은 기업들이 주주들을 위해 자사주를 매입해서 소각하고, 그 덕분에 주가가 오르고 있습니다.

개미 일자리가 AI자동화로 대체되니까 인간의 임금은 오르지 않고, 기업들의 자사주 매입 후 소각으로 인해 주가는 오른다? 음, 이래서 점점 살기 어려워지나 봐요.

자본가 지금 사회가 그렇게 흘러가고 있습니다.

개미 그럼 저희가 할 수 있는 건 상승하는 주가에 함께 올라타는 것뿐이겠네요.

자본가 그렇습니다. 합리적인 선택이죠.

실업률에는 구직 단념자, 쉽게 말하면 구직을 포기한 사람이나 일자리를 찾지 않는 사람이 포함되지 않습니다. 이런 사람들은 비경제활동인구에 포함됩니다. 따라서 정확한 통계로 보기에는 한계가 있습니다.

그래서 임금상승률을 봐야 합니다. 기업이 사람을 많이 뽑으면 자연히 임금이 오르고, AI자동화가 되면 사람이 필요 없어서 임금은 정체됩니다.

미국 실질임금 상승률

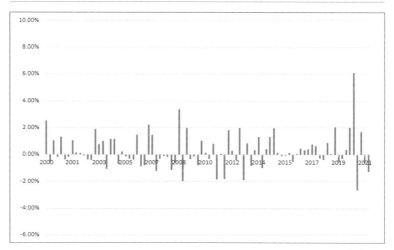

출처: FRED

위 차트를 보면 2000~2020년까지 근로자들의 임금은 거의 오르지 않았습니다. 대부분의 일자리가 AI자동화로 대체되고 있기 때문입니다. 관련 개발자들의 임금은 계속 오르지만, 비숙련 일자리의 임금은 점점 줄어드는 것은 물론이고 인상도 되지 않습니다.

2020년 코로나19 위기가 발생한 이후에는 계약직과 비숙련 근로자가 정리해고되면서 정규직 일자리만 남은 탓에 평균임금은 상승했지만, AI 자동화가 시작된 2000년대 이후에는 임금이 거의 오르지 않았습니다.

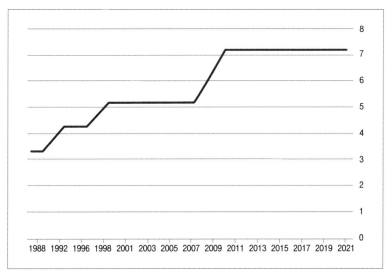

출처: FRED

현재 정치권에서는 소비 침체를 막기 위해 최저임금을 계속 올리고 있지만, 전체 노동자들의 임금상승률을 보면 거의 오르지 않았습니다. 그만큼 임금이 안 오른 것입니다.

최저임금이 오르는 만큼 기업들은 AI자동화 연구를 가속화합니다. 임금이 오르면 비용도 오르기 때문입니다. 이러한 악순환은 계속 반복되고 있습니다. AI자동화로 인해 수익이 급증한 기업들은 세금을 내야 하는 배당을 주는 대신 자사주를 소각하고 있습니다.

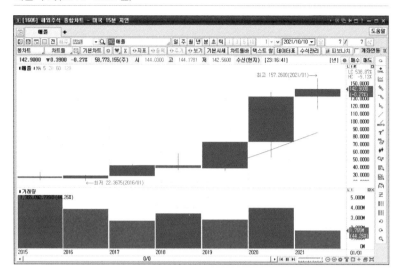

애플은 2012년 65억주의 약 32%를 소각해 주식수를 2019년 말까지 44억주로 줄였습니다. 그리고 이것을 다시 1/4로 액면 분할해서 애플의 주식수는 167억주가 되었습니다. 애플은 2012년부터 2019년까지 4,000억 달러를 주주에게 환원했습니다. 이 중에서 약 3,000억달러를 자사주 소각에 사용했습니다. 한화로 치면 자그마치 330조원이나 되는 주식을 소각한 것입니다.

블룸버그 통신에 의하면 주주 수익 극대화를 위해서 2021년 애플은 900억달러, 구글은 500억달러, 뱅크오브아메리카는 250억달러의 자사주 매입을 발표했습니다. 1월 발표된 자사주 매입규모는 430억달러였는데, 4월에는 1,525억달러로 급증했습니다. 이로써 S&P500 기업의 대차대조표상 현금은 2조 7,000억달러로 사상최대치를 기록했습니다.

아래 차트를 보면 근로자들의 임금이 거의 오르지 않자, 정부는 소비 침체를 방지하기 위해서 돈(M2)을 풀어 인위적으로 물가를 올립니다. 이렇게 돈이 풀리면 주가도 따라서 오릅니다.

미국 M2와 S&P500

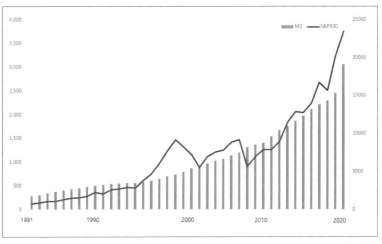

출처: FRED

M2는 통화지표 중 하나로 광의통화를 뜻합니다. M2 증가율과 소비자 물가는 일정한 시차를 두고 연동됩니다.

임금은 오르지 않는데 돈을 계속 푸니까 물가가 오르고 중산층이 무너지고 있습니다. 반면에 돈이 풀리면서 물가가 오르고, 기업들의 매출과 이익도 올라가며 주가 또한 빠르게 오르고 있습니다. 그러니 우리도 주식에 투자해서 자본가가 되어야 합니다.

7

중산층이
붕괴한다

자본가 일자리가 AI자동화기기로 대체되면 향후 어떻게 될까요?

개미 일자리는 없고 임금도 오르지 않으니, 사는 게 더욱더 힘들어지겠네요.

자본가 임금은 안 오르고 물가만 오르면 실질소득이 줄어듭니다.

개미 그래서 제가 사는 게 힘든 거군요.

자본가 전 세계적인 현상입니다. 중산층이 붕괴하고 있다는 말이 나오는 배경이죠. 중산층이 무너지고 저소득층이 점점 늘어나고 있습니다.

개미 가만히 있다간 저도 저소득층이 될 것 같아요. 월급이 많든 적든 지금은 일자리가 있는 것만으로도 감사해야겠어요. 고소득층이 되는 건 정말 불가능할까요?

자본가 가능합니다. 고소득층으로 올라가는 방법이 있습니다.

개미 정말요? 그게 뭔데요?

자본가 주식에 투자하는 겁니다. 코로나19 때 비숙련 일자리는 없어졌지만, 미국 주가지수인 S&P500은 크게 올랐습니다. 2,250에서 4,500까지 100%나 올랐고, 우리나라 주가지수인 코스피도 1,500에서 3,000까지 100% 올랐죠.

개미 이번에 보니까 주식에 투자한 친구들은 오히려 돈을 벌었더라고요.

자본가 이렇게 빈부 격차가 점점 커지는 거죠.

개미 AI자동화기기가 일자리를 대체해서 임금은 안 오르는 반면에 정부가 돈을 풀어서 물가는 오르니, 화폐가치 하락으로 돈을 가지고 있으면 불리하니까 주식에 투자하라는 말씀이군요.

자본가 맞습니다. 이제 이해가 됐군요!

임금에만 의존하는 중산층은 쉽게 무너집니다. AI자동화기기가 일자리를 대체해서 근로자가 점점 필요 없어지면 임금은 거의 오르지 않습니다. 그러면 근로자는 소비를 줄이고 물가는 하락합니다. 그런데 물가가 하락하면 일본처럼 디플레이션에 빠져 물가 상승보다 더 심각한 상황이 발생합니다. 디플레이션이 되면 시간이 흐를수록 물건의 가격이 내려가므로 소비자는 당장 소비하지 않고 물건 가격이 더 내려가기를 기다리죠. 그러면 소비가 부진해져서 다시 물가가 내려가는 악순환이 반복됩니다. 당연히 기업의 수익도 줄어들어서 구조조정을 하게 되고 결국 불황에 빠지게 됩니다.

이것을 막기 위해 정부는 돈을 풀어서 인플레이션을 유발합니다. 인플레이션 상황에서는 돈의 가치가 더 떨어집니다. 2만원에 사던 쌀을 2만 5,000원에 사야 하니, 내가 가진 돈의 가치가 하락하는 셈이 됩니다.

미연준 자료의 순자산에서 주식비중을 살펴보면 상위 1% 이상은 주식을 51.8% 가지고 있고, 하위 50%는 주식을 0.7% 가지고 있습니다.

미국 가구별 순자산 중 주식 비중

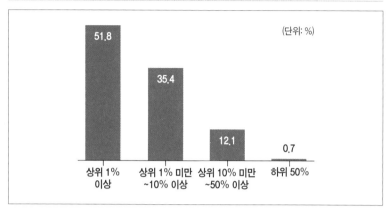

출처: 미 연준(2020년 1분기) 자료

미국 가구별 소득 수준에 따른 자산 구성 비율

소득 상위 1% 가구			소득 하위 50% 가구
	34.0%	주식	2.2%
	22.4%	기타 자산	12.0%
	21.7%	개인 사업	1.7%
	12.8%	부동산	54.4%
	5.9%	연금	9.4%
	3.2%	소비자 내구재	20.4%

출처: 미 연방준비제도

　　결국 임금은 오르지 않는데 물가는 오르니 중산층과 저소득층은 무너져내립니다. 반대로 자본가들은 물가가 오르니 제품 가격이 오르고, 기업의 실적이 오르니 주가가 올라서 수익이 늘어납니다. 이렇듯 주식을 보유한 자본가와 중산층의 빈부 격차가 점점 커지고 있으므로, 중산층과 저소득층도 주식투자를 통해 자본가가 되어야 합니다.

8

자본가가 되어야
생존할 수 있다

자본가 자, 이제 선택의 시간입니다. 개미는 근로자가 되어 임금에 의존하겠습니까, 아니면 자본가가 되어서 자본의 힘으로 생존하겠습니까?

개미 생존하기 위해 자본가가 되겠습니다!

자본가 잘 선택했습니다. 이제 투자는 생존과 직결됩니다. 그리고 앞으로 회사는 둘로 나뉠 것입니다. 인공지능을 만드는 회사와 인공지능을 못 만드는 회사로 말이죠.

네 개로 나뉘는 미래의 시민 계층

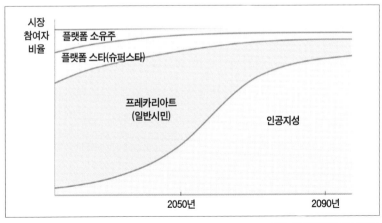

출처: 서울대 유기윤 교수 연구팀

서울대 유기윤 교수 연구팀에 따르면 미래도시에서는 플랫폼 소유주, 플랫폼 스타, 인공지능, 프레카리아트의 4개 계급으로 살아가게 된다고 합니다. 플랫폼 소유주는 현재의 다국적 기업 소유주, 플랫폼 스타는 정치 엘리트, 예체능 스타, 창의적 전문가들입니다. 인공지성은 법인격을 지닌 인공지능 계급이고, 프레카리아트는 임시 계약직·프리랜서 형태로 단순 노동에 종사하면서 저임금으로 근근이 살아가는 일반시민 계층입니다. 현재는 프레카리아트의 수가 적지만 시간이 지날수록 대부분의 시민들이 이 계급으로 진입할 것입니다. 확률로 치자면 99.99% 이상입니다. 시민들의 노동은 갈수록 그 값어치가 낮아져 경제적으로 커다란 빈곤에 처하게 됩니다. 따라서 시민들도 빈곤에서 벗어나 플랫폼 소유주가 되기 위해서는 주식투자로 자본가가 되어야 합니다.

자본가가 되어야 하는 이유

　AI자동화로 인해 일자리는 없어지고, 노동자의 임금은 자본가의 수익으로 이전됩니다.

　AI자동화의 기술개발과 전염병 주기가 짧아져 AI자동화가 가속화됩니다.

　AI자동화가 가속화되면서 글로벌 독과점 기업들이 탄생하고, 기업의 수익이 늘면서 주가는 상승합니다.

　AI자동화로 임금이 낮아져 소비가 줄어들면 물가 하락을 막기 위해서 정부는 돈을 풉니다. 정부가 돈을 풀면 물가가 올라서 실질임금은 줄어들고 중산층은 무너지며 기업의 주가는 다시 오릅니다. 결과적으로 자본가가 되어야 생존할 수 있습니다.

정부는 결국 AI자동화로 인해 노동자의 임금이 줄어들어 중산층이 무너지고, 글로벌 독과점 기업들만 성장한다는 것을 몰랐을까요? 사실 알고 있었습니다. 그래서 만든 것이 401K(퇴직연금)입니다. 미국의 경우 1981년 레이건 정부가 가난한 근로자들을 위해서 401K에 투자하는 제도를 만들었습니다.

2009년부터 AI자동화가 더 가속화되자, 오바마 정부는 자동으로 401K에 가입하게 만들었습니다. 가난한 근로자들도 글로벌 독과점 기업의 주주로 만들어 과실을 나누도록 한 것입니다. 그 결과 미국의 근로자들은 월급의 10%를 자동으로 투자했고, 평범한 근로자들도 65세에 은퇴할 때쯤이면 퇴직연금 백만장자가 되었습니다. 미국의 401K는 근로자들을 자동으로 백만장자 자본가로 만들어 줍니다. 우리도 미국의 401K처럼 자동으로 투자해서 백만장자 자본가가 되어야 합니다.

글로벌 독과점
시스템에 투자하라

PART 2

글로벌 독과점 기술에
투자하라

1) AI자동화기기를 만드는 회사에 투자해야 한다

개미 생존하려면 투자해야 한다는 건 잘 알겠는데, 어디에 투자해야 할까요?

자본가 AI자동화기기를 만드는 회사에 투자해야 합니다. 무인화로 24시간 생산하면 기업의 수익이 올라가니까요.

개미 AI자동화를 어느 국가의 기업이 잘할지 어떻게 알죠?

자본가 결국은 AI전문인력 수가 많은 국가, AI자동화 관련 논문이 많은 국가, 유니콘 기업이 많은 국가가 확률상으로 앞으로도 AI자동화를 잘하겠죠.

개미 미국인가요?

자본가 미국이 압도적입니다. 민간뿐만 아니라 국방부에서도 지원하거든요. 인터넷, GPS, 자율주행, 드론 등 대부분이 미 국방부 신기술에서 나온 것들입니다.

개미 미국은 대학에도 전 세계에서 인재가 모여드는 나라인데, 국방부에서도 AI자동화를 지원한다니 대단하네요!

자본가 그래서 패권이 바뀌기 쉽지 않습니다.

개미 결론은 미국에 투자해야겠네요.

앞으로는 AI자동화기기를 만드는 회사와 AI자동화기기를 못 만드는 회사로 나누어집니다. AI자동화기기를 만들기 위해서는 인재가 중요합니다. 운영에 몇백 명이 필요한 공장을 1명의 인재가 자동화할 수 있기 때문입니다. 전 세계에서 머리가 좋거나 공부를 잘한다고 하면 대부분 미국으로 유학을 가죠. 미국으로 유학 가서 대학을 졸업하고 AI자동화 회사에 취업하면, 바로 취업비자와 영주권이 나옵니다. 미국이 인재를 유치하는 방법입니다. 뛰어난 인재들이 미국 대학으로 가서 AI를 연구하니, 당연히 AI 관련 논문도 가장 많습니다. 대학을 나와서 기업을 창업하거나 취업하니 AI 특허도 가장 많죠.

여기에 미국 국방부는 국방 기술에서 다른 나라보다 10년 이상 앞서는 것을 목표로 하기 때문에 AI를 위한 기술을 많이 개발하고 있습니다. 자율주행 기술과 사물인터넷, AI, 로봇, 통신, 사이버 보안 등 첨단기술 혁신의 중심에는 미국 국방부 산하 방위고등연구계획국의 다르파(DARPA) 챌린지가 있습니다. 우리가 매일 이용하는 인터넷, 인공위성, GPS도 미국의 국방기술에서 탄생했습니다. 자율주행 기술도 마찬가지입니다. 현재 로봇병사도 나왔는데 민간에서는 앞으로 자율주행차가 집까지 운전하고, 로봇병사가 택배를 안전하게 집까지 배달해주는 서비스를 기획 중입니다. 이렇게 미국에서는 전 세계의 인재들과 대학, 국방부, 민간이 다 함께 어우러져 시너지 효과를 내고 있습니다.

순위	국가	실행(Implementation)			혁신(Innovation)		투자(Investment)		총점
		인재	인프라	실행환경	연구	개발	정부전략	사업화	
1	미국	100	100	64	100	100	71.1	100	100
2	중국	17.2	86.6	95.6	58.4	79.8	88.8	44.3	58.2
3	영국	36.7	64.2	85.8	37.8	23.6	65.5	19.9	39.7
4	캐나다	29.5	68.8	78.6	34.3	24.6	92.2	15.2	37.6
5	한국	18.4	80.7	52.3	20.4	80.4	77.5	6.3	36
6	이스라엘	35.7	61	71.5	28.2	23.1	74	30.7	35.4
7	독일	25.1	72.3	82.8	35.8	23.8	77	7.9	35.3
8	네덜란드	32.1	75.6	90.2	23.7	27	52.3	4.8	33.9
9	싱가포르	37.4	84.3	46.6	21.5	19.1	65	15.5	33.7
10	프랑스	25.3	70.9	90.3	24.6	21.4	83.3	8.2	33.3

출처: Tortoise Intelligence

세계경제포럼(WEF)에서 소개한 글로벌 AI인덱스(The Global AI Index)는 영국 데이터분석 미디어 토터스 인텔리전스(Tortoise Intelligence)가 발표한 지표입니다. 인재, 인프라, 실행환경, 연구, 개발, 정부전략, 사업화 7개 항목에서 100점을 만점으로 국가별 점수를 보면 미국이 대부분 압도적입니다. 일단 전 세계 인재들이 모이니 인재는 100이고, 인프라와 실행환경도 좋습니다. 국방부도 많이 투자하지만 그보다는 민간업체인 애플, 마이크로 소프트, 구글, 아마존, 페이스북 등에서 많은 투자를 통해 사업화를 진행합니다. 이런 빅테크 기업들의 사업화가 잘 이루어져 AI가 이미 사회 곳곳에서 활발히 활용되고 있습니다.

출처: KDI

AI 민간투자 규모에서도 미국이 압도적입니다. 세계 1위 애플의 시가총액은 2,900조원 이상으로 우리나라 전체 종목의 시가총액을 넘어섭니다. 미국의 1개 기업 시가총액이 한국의 전체 종목 시가총액보다 많은 거죠. 그런데 미국에는 이런 기업이 1개만 있는 게 아닙니다. 마이크로소프트, 구글, 아마존, 페이스북, 테슬라 등 우리가 아는 빅테크 기업만 해도 너무나 많습니다.

ICML은 AI 및 기계 학습분야에서 가장 권위 있고, 경쟁력 있는 국제 회의입니다. ICML 공식 웹사이트에서 Vinai Research가 상위 50개 주요기관을 정리했습니다. 총 1,184편의 논문이 발표되었는데, 그중 장편 166편, 단편 1,018편으로 합격률이 21.5%입니다.

2021년 ICML 인공지능 논문 상위 20개 기관

순위	기관명(국문)	기관명(영문)	기관분류
1	구글	Google	기업
2	스탠퍼드대학	Stanford University	대학
3	마이크로소프트	Microsoft	기업
4	버클리	Uc Berkeley	대학
5	매사추세츠공과대학	MIT	대학
6	카네기멜론대학	Carnegie Mellon University	대학
7	구글딥마인드	Google Deepmind	기업
8	페이스북	Facebook	기업
9	프린스턴대학	Princeton University	대학
10	옥스포드대학	University of Oxford	대학
11	구글브레인	Google Brain	기업
12	토론토대학	University of Toronto	대학
13	로스앤젤레스대학	Uc Los Angeles	대학
14	리켄	Riken	기업
15	워싱턴대학	University of Washington	대학
16	텍사스대학	University of Texas at Austin	대학
17	프랑스정보통신기술연구소	Inria	기업
18	칭화대학	Tsinghua University	대학
19	아마존	Amazon	기업
20	취리히대학	Eth Zurich	대학

출처: ICML, Vinai Research

AI 논문 저자 수

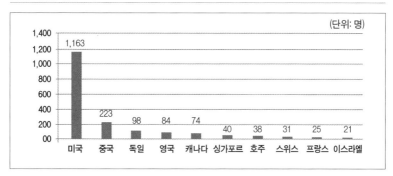

출처: 앨리먼트 AI, 〈글로벌 AI 인재보고서 2020〉

2021년 세계 AI 분야에서 가장 영향력 있는 Top 10개국

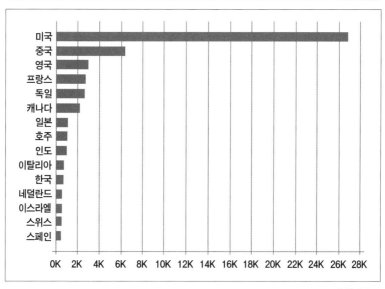

출처: AMiner

　미국의 대학과 민간업체는 AI 관련 논문도 전 세계에서 가장 많이 씁니다. 심지어 연구하는 대학보다 민간업체인 구글이 더 많은 논문을 쓰죠.

구글뿐만 아니라 페이스북, 애플, 마이크로소프트도 AI를 연구해서 논문을 씁니다. 그러니 세계 AI 분야에서 가장 영향력 있는 학자 출신국에서도 미국이 가장 앞설 수밖에 없고, 앞으로 새로운 AI자동화 기술이 나온다면 결국 미국에서 나올 확률이 높습니다. 그러므로 미국에 투자해야 합니다.

2) 혁신기업이 계속 탄생하는 곳에 투자해야 한다

개미 나라가 AI 인재만으로 잘될까요? 다른 것도 필요하지 않을까요?

자본가 그렇습니다. AI 인재들이 자유롭게 창업할 수 있고, 투자받을 수 있는 환경도 필요합니다. AI 인재들이 만드는 혁신적인 기업들은 그 가치가 엄청나죠.

개미 테슬라 같은 기업 말인가요?

자본가 테슬라의 시가총액은 현재 900조달러입니다. 이제 겨우 50만대 정도 생산하는 수준인데, 전 세계 자동차 생산 대수가 1억대니까 테슬라가 0.5% 정도 차지하는군요. 그런데 테슬라를 제외한 전 세계 자동차 업종의 시가총액이 800조달러입니다.

개미 이게 어떻게 가능하죠?

자본가 시장이 테슬라 같은 혁신기업을 이제는 자동차 기업으로 보는 게 아니라, 자율주행과 전 세계 도로의 자료를 저장하는 빅데이터 기업으로 보기 때문입니다. 자동차를 넘어서 모빌리티로 보는 거죠.

개미 제 친구들도 테슬라의 모델 3을 좋아해요.

자본가 이러한 혁신기업이 많이 탄생하는 곳에 투자해야 합니다.

개미 인재와 기업만 있으면 되나요? 뭔가 부족한 것 같은데….

자본가 이런 혁신기업들에 계속 투자해줄 금융시장도 중요합니다. 테슬라는 상장 이후 143억달러, 약 16조달러의 유상증자를 실시했습니다. 약 10년간 적자를 내면서 유상증자로 16조달러를 조달했죠. 아마존도 10년 이상 적자가 났습니다.

개미 적자 나는 기업이 상장한다고 해서 16조달러를 조달하는 게 가능한가요? 16조달러면 KB금융, 신한지주와 규모가 같네요.

자본가 그래서 미국에 상장하는 게 유리합니다. 그 이유를 지금부터 설명하죠.

국가, 기업, 주식시장이 성장하려면 혁신기업이 나타나야 합니다. 혁신기업은 인재를 기반으로 나타나는데, 인재는 미국에 많습니다. 그래서 미국에서 혁신기업이 많이 탄생합니다. 국가별 유니콘 기업 수를 살펴보면, 미국이 228개로 1위입니다. 빌 게이츠는 전 세계 인구의 5%에 불과한 미국에서 전 세계 부의 24%, 전 세계 혁신의 60%가 나온다고 했습니다.

나라별 유니콘 기업 수

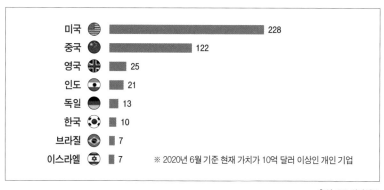

출처: CB 인사이트

유니콘은 자산가치가 10억달러 이상인 기업인데 미국이 228개로 압도적 1위를 차지하고 있습니다. 그다음으로는 중국이 122개, 영국이 25개, 인도가 21개, 독일이 13개, 한국이 10개, 브라질과 이스라엘이 각각 7개입니다.

워런 버핏도 232년으로 역사는 짧지만, 미국처럼 인간의 잠재성을 북돋워주는 인큐베이터는 인류 역사상 일찍이 없었다고 하면서, 일부 심각한 충격에도 불구하고 미국 경제가 숨 가쁘게 발전해 왔다고 말했습니다.

미국의 대표적인 혁신기업 아마존, 인텔, 퀄컴, 테슬라는 모두 유니콘 기업으로 시작했습니다. 그중 테슬라는 2020년 생산량이 50만대에 불과한데, 전 세계 1억대 생산량의 0.5%밖에 안 되지만, 시가총액은 900조달러로 모든 자동차회사의 시가총액을 합친 것보다 더 많습니다. 시장에서 테슬라를 단순히 전기차로 보지 않고, 자율주행차, 전 세계 도로를 저장하는 빅데이터 기업을 넘어서는 모빌리티로 보는 것입니다.

자동차회사 시가총액 비교(2021년 1월 7일)

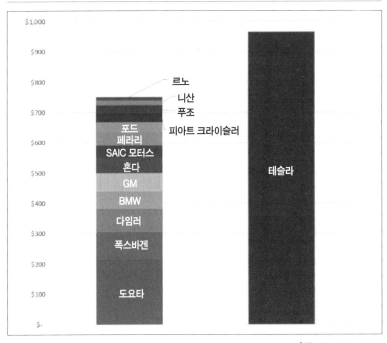

출처: Albertbridgecapital

테슬라가 2003년에 설립되고 2010년에 상장해서 10년간 적자를 내면서 투자받은 금액이 16조달러가 넘습니다. 아마존도 2004년까지 10년간 적자를 냈습니다. 과연 어느 나라에서 10년간 적자를 내는 기업이 16조달러를 유상증자하는 게 가능할까요? 즉, 혁신적인 기업들도 필요하지만 거기에 투자할 모험적인 자금도 필요합니다. 미국 월 스트리트에는 전 세계 자금의 50%가 몰려 있는 만큼 스타트업에 투자하는 엔젤투자자금도 많습니다. 당연히 혁신기업이 탄생할 가능성도 높죠. 따라서 혁신기업에 투자할 자금이 풍부한 미국에 투자해야 합니다.

3) 플랫폼, 모빌리티, 클라우드에 투자해야 한다

개미 이제 미국에 투자해야 하는 건 알겠는데, 어떤 기업에 투자해야 할지 모르겠어요.

자본가 플랫폼, 클라우드, 모빌리티에 투자해야 합니다.

개미 플랫폼이 뭔가요?

자본가 플랫폼은 수요와 공급처를 연결해 주는 시장입니다. 수요와 공급을 연결해 주고 수수료를 받는 거죠.

개미 플랫폼만 유지되면 수익이 엄청나겠네요. 계속 확장되니까요.

자본가 대표적인 플랫폼 시장은 애플의 앱스토어, 구글의 플레이스토어입니다. 우리가 유료 앱을 결제할 때마다 수수료를 30%나 가져가죠.

개미 수수료가 30%라니, 너무 많은 것 아니에요?

자본가 많아도 핸드폰 OS는 애플과 구글 두 업체가 독점적 지위에 있다 보니 판매자 입장에서는 어쩔 도리가 없는 거죠.

개미 완전 세금이네요.

자본가 글로벌 기업들은 조세회피처에 회사를 만들어서 세금도 최대한 절약합니다.

개미 그러면 플랫폼 나라가 생긴 걸로 봐도 되나요?

자본가 그렇습니다. 새로운 나라가 생긴 것으로 볼 수 있습니다. 그러면 이제 우리는 어떻게 해야 할까요?

개미 당연히 주식을 사야죠. 저도 플랫폼 나라의 주주가 될래요. 그런데 모빌리티가 무엇인가요?

자본가 모빌리티는 이동을 편리하게 하는 것을 말합니다. 자율주행 자동차, 드론택시, 하이퍼루프 이동수단을 가리키죠.

개미 정말 앞으로 자율주행이 가능해지면 대부분의 일자리가 없어질 것 같아요.

자본가 자동차뿐만 아니라 비행기, 배, 중장비 모두 자율주행 기술개발이 이미 완료됐습니다. 이제 인간이 직접 운전하면 안 되는 법이 나올 수도 있어요.

개미 어쩌면 자동차도 마차처럼 관광지에서나 볼 수 있게 될지도 모르겠네요.

자본가 피처폰이 스마트폰으로 바뀌는 것처럼 산업에 엄청난 변화가 나타날 것입니다.

개미 과거에는 기회를 못 잡아서 주식을 못 샀는데, 이제는 먼저 사서 기다려야겠어요.

자본가 이제 고수가 다 됐네요.

개미 클라우드는 뭔가요?

자본가 클라우드는 중앙컴퓨터에 자료를 저장하고 인터넷에 접속해서 데이터를 이용하는 겁니다.

개미 그러면 고사양 컴퓨터나 핸드폰이 필요 없을 테니 좋을 것 같은데요.

자본가 우리가 쓰는 앱과 핸드폰 정보, 사진은 이미 클라우드에 저장되어 있습니다. 모빌리티 자료와 정보도 모두 클라우드에 저장되어 있고요. 앞으로는 세상의 모든 정보가 클라우드에 저장될 것입니다.

개미 그럼 데이터센터를 엄청 크게 지어야 할 테니 자본도 많이 들어가겠네요.

자본가 클라우드 사업은 수익성은 좋지만 자본이 많이 들어서 쉽게 진입하기 어려운 분야죠.

개미 그런데 이 많은 정보를 클라우드 업체에서 이용하는 건 아닌가요?

자본가 결국 빅브라더, 즉 모든 정보를 보고 이용하는 회사가 되지 않을까 전망합니다.

개미 무섭네요. 저도 어서 클라우드 주식을 사서 주인이 되어야겠어요!

플랫폼은 원래 기차를 타고 내리는 승강장이지만, 현대 사회에서는 공급자와 수요자를 연결해 주는 시장으로 발전했습니다. 선도 기업들은 플랫폼을 통해서 수익을 확대하고 거대 기업으로 급성장하면서, 독점적 지위를 기반으로 후발주자 진입을 어렵게 하고 있습니다. 애플의 앱스토어와 애플뮤직, 아마존의 전자상거래, 구글의 플레이스토어와 광고, 페이스북의 페이스북과 인스타그램, 테슬라의 자율주행, 디즈니의 디즈니플러스, 월마트, 비자, 마스터카드, 넷플릭스는 모두 강력한 플랫폼을 가지고 독점적 지위를 발휘합니다. 핸드폰 OS 업체는 실질적으로 애플의 앱스토어와 구글의 플레이스토어뿐입니다. 이 두 업체는 우리가 유료로 앱을 결제할 때마다 30%의 수수료를 받습니다. 후발업체가 들어오려면 핸드폰 OS를 만들어서 핸드폰 제조사에 제공해야 하는데, OS를 만드는 데도 엄청난 자금이 들지만 만들어도 소비자가 쓸지 여부를 알 수 없습니다. 이미 수많은 앱들이 앱스토어와 플레이스토어에 들어와 있기 때문입니다.

그리고 글로벌 업체들은 조세회피처에 회사를 세우고 세금을 적게 냅니다. 이렇게 되면 향후에는 나라에 내는 세금보다 글로벌 빅테크 업체들에 내는 수수료가 더 많아질 것입니다. 그야말로 빅테크 나라가 등장하고 있는 것입니다. 페이스북과 인스타그램은 어느 나라에서나 만들 수 있습니다. 하지만 더 좋게 만든다고 해도 소비자가 이용을 안 해서 못 만듭니다. 이미 수많은 사용자들이 네트워크 효과를 발휘하고 있어서 사용자가 없는 신생업체는 살아남기 힘들죠. 이렇듯 플랫폼 업체들은 강력한 독점적 지위를 유지합니다.

모빌리티는 이동을 편하게 하는 것입니다. 자율주행 자동차, 드론 택시, 하이퍼루프 모두 모빌리티입니다. 피처폰에서 핸드폰으로 바뀔 때 엄청난 파급효과가 나타났는데, 세계 1위 노키아가 없어지고 애플의 아이폰이 급부상했습니다. 자율주행도 그 정도 파워로 시작됐습니다. 연간 50만 대를 생산하는 테슬라의 시가총액은 전 세계에서 1억 대를 생산하는 자동차 기업들의 시가총액과 비슷합니다. 테슬라는 전 세계 도로의 정보를 모으고, 빅데이터 기업으로 발전하면서 단순히 전기차를 넘어서 모빌리티 기업으로 나아가고 있습니다. 모든 자동차가 자율주행을 하게 되면 사고가 안 나서 보험회사와 의사가 없어지고, 철로 만들 필요도 없어지니 철강회사도 위태로워집니다. 모든 산업의 패러다임이 바뀌고 있는 것입니다.

이 모든 정보를 담고 있는 것이 클라우드입니다. 모든 정보가 중앙 컴퓨터로 모이고, 이 정보를 활용해서 수익을 내고 미래를 예측합니다. 우리 핸드폰의 개인정보도, 사진도, 배달시켜 먹는 배달앱의 자료도 모두 다 클라우드로 들어갑니다. 클라우드는 이러한 정보들을 분석해서 내가 어디에 가는지, 무엇을 시킬지 알고 있습니다. 빅데이터를 분석하는 기업들의 가치는 이미 엄청나게 높습니다. 이렇듯 세상의 모든 정보가 클라우드로 들어가고, 결국엔 클라우드가 빅브라더가 될 것입니다. 그러므로 플랫폼, 모빌리티, 클라우드에 강한 미국에 투자해야 합니다.

4) 네트워크 효과로 역전이 어려운 시대가 되고 있다

자본가 이제는 후발주자들이 역전하기 어려운 사회로 가고 있습니다.

개미 1등 업체가 더욱더 큰 수익을 가져가겠네요

자본가 과거에는 선진국에서 자동차를 만들 때 부족한 부분은 신흥국에서 만들었습니다. 그래서 신흥국에서 기술개발로 선진국 자동차 기술을 뛰어넘는 기업들도 나왔죠.

개미 그때는 후발주자 역전이 일어났군요.

자본가 하지만 이제는 제조에서 IT로 바뀌면서 후발주자가 역전하기 어려워졌습니다. 실체가 없기 때문에 역전도 쉽지 않습니다.

과거에는 선진국에서 자동차를 만들고, 부족하면 신흥국에서 자동차를 만들어 내수용으로 쓰고 수출했습니다. 그러나 이제는 실체가 없는 플랫폼들이 들어오고 있습니다. 이것은 신흥국들이 따라 할 수가 없습니다. 플랫폼 기업들은 AI자동번역기로 사이트만 번역해서 들어옵니다. 이미 시장을 가지고 들어오기 때문에 신흥국에서 똑같이 만들어도 사용자가 없죠. 구글의 유튜브, 페이스북의 페이스북과 인스타그램, 트위터에 엄청난 기술이 필요할까요? 그렇지 않습니다. 신흥국도 얼마든지 만들 수 있습니다. 단지 사용자가 없을 뿐입니다.

- 에어비앤비에는 호텔이 없지만, 호텔 산업을 무너트리고 있습니다.
- 우버에는 택시가 없지만, 택시 산업을 무너트리고 있습니다.
- 도어대시에는 음식점이 없지만, 음식점을 무너트리고 있습니다.
- 애플에는 음악상점이 없지만, 음악상점을 무너트리고 있습니다.
- 구글에는 신문과 방송국이 없지만, 검색으로 광고시장을 장악하고 있습니다.
- 넷플릭스에는 비디오 대여점이 없지만, 대여점을 없애 버렸습니다.

네트워크 효과의 확장성으로 다 무너트리고 있는 것입니다. 넷플릭스는 한국 시장에 진입하자마자 바로 1위를 차지했습니다. 그간 토종 OTT(Over The Top) 사업자들이 한글을 무기로 가입자를 확보했지만, 넷플릭스는 한국 시장의 가치가 올라가자 바로 한글 자막을 만들어서 들어왔습니다. 그리고 들어오자마자 토종 OTT를 무너트리고 1위를 차지했습니다. 마찬가지로 미국의 빅테크 기업들도 국내 시장이 너무 작아서 안 들어오는 것이지 시장만 커지면 바로 들어옵니다. 아마존도 2021년에 들어왔는데, 어떠한 파장이 있을지 모릅니다.

이처럼 플랫폼 기업들은 시장이 커지기를 기다렸다가 곧바로 들어옵니다. 이들이 일단 들어오면 토종 기업들은 사실상 버티기가 쉽지 않습니다.

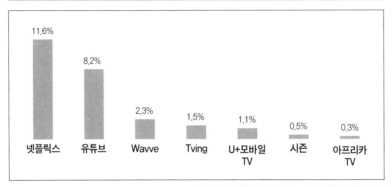

출처: 방송통신위원회 2020년도 방송매체 이용행태 조사

넷플릭스는 한국에서 1년에 5,000억원 이상을 벌어갑니다. 한국의 경제순위가 세계 10위 정도 되는데도 이제야 진출했죠. 앞으로 전 세계에 진출한다면 얼마나 많은 수익을 올릴까요? 이제 시작일 수도 있습니다. 구글 유튜브, 페이스북, 인스타그램, 트위터, 넷플릭스 등은 이미 막대한 콘텐츠를 확보해서 후발주자가 나온다고 해도 이용자가 형성되지 않습니다. 그래서 계속 독점적 체제를 유지할 수 있는 거죠. 따라서 독점화되고 있는 글로벌 플랫폼 기업에 투자해야 합니다.

글로벌 독과점 기업이
탄생할 수 있는 환경에 투자하라

1) M&A로 독점화가 일어나는 곳에 투자해야 한다

자본가 그다음은 기업 인수합병인 M&A가 활성화되어야 합니다.

개미 M&A가 중요한가요?

자본가 M&A는 중복투자를 없애고 규모의 경제를 가져가면서 독점적인 수익을 극대화하는 방법입니다.

개미 같은 사업끼리 합쳐서 독점적 위치를 차지하는 거군요. 그러면 제재를 받지 않나요?

자본가 세계화 시대라서 자국 기업을 반독점으로 제재하면 바로 글로벌 기업들이 들어올 게 뻔하니 자국 기업을 제재하기 어렵죠. 오히려 다른 나라 기업을 인수하게 만드는 추세입니다.

개미 그러면 글로벌 독과점이 일어나는 거고요.

자본가 그래서 M&A가 활성화되는 시장이 아주 중요합니다. 기업들은 M&A 활성화를 통해 글로벌 독과점으로 수익을 극대화하니까요.

개미 사모펀드들도 M&A를 많이 하지 않나요?

자본가 사모펀드들이 중요합니다. 같은 사업끼리 사서 하나로 만들죠. 결국 M&A

에도 자금이 필요합니다.

개미 자금이 많은 곳은 월 스트리트라고 들었어요.

자본가 그래서 결국 많은 기업들이 미국에 M&A가 될 가능성이 많습니다. 인수되는 기업도 M&A를 통해 살아남아야 하거든요.

개미 그럼 살아남는 기업은 소수이고 수익이 늘어나니까 주가는 오른다! 미국에 투자할 이유가 또 생겼네요

M&A를 잘할수록 기업의 경쟁력은 올라갑니다. 같은 업종의 기업과 M&A를 하면 중복투자를 줄이고 시장점유율을 올려서 수익을 올릴 수 있고, 새로운 기술을 도입해서 경쟁력을 강화할 수 있습니다. 그래서 M&A가 활발한 국가일수록 경쟁력이 생깁니다.

애플은 2021년 5월까지 최근 6년간 무려 100여 개 기업을 인수했습니다. 3~4주마다 기업을 하나씩 사들인 셈입니다. 주력 산업은 디바이스, AI, 지도, 가상기술 등입니다. 그중에서도 A11 바이오닉 칩에 집중하고 있는데, 애플의 새로운 어플리케이션 프로세서인 A11 바이오닉 칩은 자율주행, AR/VR 등에도 활용되기 시작했습니다. 애플은 비메모리 반도체도 직접 설계하고 있습니다.

구글은 2003년부터 애드센스, 유튜브, 구글지도를 인수하고, 2005년 8월에는 안드로이드OS를 인수하면서 모바일로 진출했습니다. AI 분야에는 샤프트와 딥마인드테크놀로지를 인수해 진출했습니다. 자율주행 자동차, 전 세계에서 와이파이를 사용할 수 있는 프로젝트 룬, 무인비행기 등을 개발하고, 암진단 알약, 당뇨병 환자 혈당 분석용 콘택트렌즈, 바이

오에도 진출했습니다.

아마존은 2012년 스크린터치 기술업체 리퀘비스타와 로봇 기반 물류회사 키바를 인수했고, 2014년에는 AWS(Amazon Web Serice) 중심의 클라우드 사업을 강화하는 방향으로 M&A를 진행했습니다.

페이스북은 2008년부터 '좋아요' 기능을 추가한 프렌드피드 인수, '친구찾기' 기술을 보유한 옥타젠, 사진 공유 업체인 디비샷을 비롯해 인스타그램까지 10억달러에 인수했습니다. VR/AR 시장 진출을 위해 23억달러라는 거액을 들여 오큘러스를 인수하기도 했습니다.

2012년 페이스북이 직원 11명인 인스타그램을 10억달러에 인수했을 당시 고평가 논란이 일었습니다. 그러나 현재 인스타그램은 매출이 80억달러가 넘고 기업 가치는 1,000억달러 이상이라는 평가를 받고 있습니다. 결론적으로 페이스북이 인수를 잘했지만, 당시 인스타그램이 독자적으로 사업을 계속 운영했으면 어땠을까요? 분명히 페이스북도 똑같은 서비스를 했을 것이고, 많은 경쟁자가 나타나서 자본이 부족한 인스타그램으로서는 성공하기 어려웠을 것입니다.

M&A는 인수하는 업체에도 좋지만, 인수되는 업체에도 좋은 윈윈 게임입니다. 그래서 많은 글로벌 국가에서는 M&A가 활발하게 일어납니다. 글로벌 M&A에서도 미국이 1등으로, 전 세계 IT산업 M&A의 25% 이상을 차지하고 있습니다.

글로벌 IT산업 M&A 시장 점유율 주요국 순위

순위	최근 15년(2005~2019년)			최근 5년(2016~2020년)			연평균 증가율 (2005~2019년, %)	
	국가	M&A(건)	점유율(%)	국가	M&A(건)	점유율(%)	국가	
1	미국	16,669	32.6	미국	4,457	25.5	중국	22.9
2	영국	5,613	11.0	영국	1,883	10.8	네덜란드	10.3
3	프랑스	3,692	7.2	프랑스	1,435	8.2	한국	10.0
4	독일	2,883	5.6	독일	1,156	6.6	스웨덴	8.5
5	호주	1,641	3.2	중국	774	4.4	독일	7.0
6	스웨덴	1,377	2.7	호주	580	3.3	캐나다	6.6
7	일본	1,360	2.7	스웨덴	622	3.6	프랑스	5.6
8	캐나다	1,240	2.4	인도	487	2.8	인도	4.9
9	인도	1,216	2.4	캐나다	513	2.9	영국	4.0
10	중국	1,216	2.4	네덜란드	444	2.5	일본	3.7
11	네덜란드	1,017	2.0	일본	585	3.4	호주	3.3
12	한국	977	1.9	한국	410	2.3	미국	2.9

주: 2020년은 1~8월 데이터 취합
출처: S&P Cap IQ

그러므로 글로벌 기업이 가장 많고, M&A가 가장 활발한 미국에 투자해야 합니다.

2) 내수시장이 있어야 안정적인 실적이 나온다

자본가 내수시장이 있어야 기업들의 실적이 안정적으로 나옵니다.

개미 수출만 잘하면 되는 것 아닌가요? 글로벌 시대잖아요.

자본가 수출 의존 기업들은 외부 변수에 취약하지만 내수시장까지 큰 기업들은 강력합니다. 내수시장이 크면 내수시장만으로도 흑자를 달성할 수 있고, 수출이 잘되면 추가 수익을 얻을 수 있죠.

개미 내수시장이 약하면요?

자본가 수출까지 해야 흑자가 나는데, 외부 변수에 문제가 생기면 수출에 문제가 생기기 때문에 적자가 날 확률이 높습니다. 1분기에는 흑자, 2분기에는 적자, 이렇게 실적이 나면 투자할 이유가 없죠.

개미 이번에 흑자가 나도 언제 적자가 날지 모르니까, 저도 투자 안 할래요.

자본가 그래서 기업들이 내수시장만으로도 흑자를 낼 수 있는 환경이 중요합니다. 내수시장이 활성화되려면 기준이 있습니다.

개미 어떤 기준인가요?

자본가 인구수 1억명 이상, 1인당 GDP가 3만달러 이상인 국가라면 기업들이 수출 없이 내수시장만으로도 생존할 수 있습니다.

개미 그게 가능한 나라는 몇 군데 없겠는데요? 미국, 일본, 유럽 정도일 것 같아요.

자본가 그렇습니다. 그렇더라도 내수시장이 있는 기업에 투자해야 합니다.

내수시장이 있어야 기본적으로 기업이 안정적으로 매출을 유지할 수 있습니다. 내수시장이 안정적이려면 인구가 1억명 이상에 1인당 GDP가 3만달러 이상이어야 합니다. 미국, 일본, 유럽이 대표적이죠. 내수소비가 안정적이지 않으면 수출해서 성장해야 하는데, 그러면 외부 변수가 기업을 흔들기 쉽습니다.

현재는 글로벌 독과점 기업들의 주가가 상승하지만, 이 기업들이 언제 경쟁력을 잃을지는 아무도 모릅니다. 이때 내수시장이 있으면 주식시장이 버틸 수 있습니다. 그래서 투자의 변동성을 낮추고 안정적인 수익을 올리려면 내수시장이 있는 곳에 투자해야 합니다.

2008년 금융위기 때 국내 수출기업들은 주가가 많이 흔들렸고, 2020년 코로나19 때도 많은 기업들이 큰 주가 변동성을 경험했습니다. 기업에 흑자가 났다가 적자가 났다가 하면 투자하기 어렵습니다. 이번에 흑자가 나서, 투자해도 다음에 언제 적자가 날지 모르니까요. 그래서 내수시장이 1억명 이상이고 GDP가 3만달러 이상인 곳이 안정적인 투자환경으로 좋습니다. 따라서 안정적인 내수시장이 있는 미국에 투자해야 합니다.

전 세계 가계 최종 소비지출(HFCE), 내수시장 규모

순위	나라	규모(백만달러)
1	미국	14,544,601.00
2	중국	5,604,598.74
3	일본	2,798,034.44
4	독일	1,952,354.67
5	영국	1,647,073.97
6	인도	1,548,872.10
7	프랑스	1,389,505.55
8	이탈리아	1,093,172.02
9	캐나다	943,718.06
10	브라질	906,061.62
11	한국	757,504.88
12	러시아	733,850.27
13	스페인	717,525.31

출처: World Bank

3) 미국 금융시장은 더 강력해진다

자본가 우리나라 GDP가 세계 몇 위인지 아세요?

개미 12위라고 하던데요.

자본가 맞습니다. 우리나라 사람들이 해외에 본격적으로 투자한 시기는요?

개미 2020년부터인 것 같은데요.

자본가 GDP 12위로서 본격적으로 미국 시장에 투자를 시작했는데, 앞으로 수많은 나라들이 금융시장을 개방하고 투자한다면 어떻게 될까요?

개미 미국에 굉장히 유리할 것 같아요. 미국에는 좋은 기업들이 많으니까요.

자본가 그렇죠. 돈이 미국으로 흘러가면 그 돈으로 주가가 오르고, 스톡옵션으로 인재를 확보하고, 글로벌 M&A를 할 겁니다.

개미 다른 국가가 개방하기 전에 먼저 투자해야겠어요.

자본가 주식투자를 미인선발대회라고도 합니다.

개미 가장 예쁜 주식을 뽑는 거라서요?

자본가 아니요. 내가 보기에 좋은 주식보다 남들이 좋게 보는 주식을 선택해야 오르기 때문입니다. 그래서 앞으로도 자본 시장이 개방될수록 돈은 미국 시장으로 흘러 들어가게 되어 있습니다. 남들이 보기에도 미국 주식시장이 매력적이기 때문입니다. 흔히 월 스트리트에 세상의 돈의 절반이 있다고 하죠. 돈이 주가를 올리는 만큼 주가도 비싸죠.

개미 주가가 비싸면 뭐가 좋죠?

자본가 혁신기업들은 자금이 부족하니 주식 스톡옵션으로 인재들을 유치하고, 기업은 M&A 할 때 주식으로 지불합니다. 그래서 주가가 오르는 게 중요합니다.

개미 그럼 미국에 상장하는 게 유리하겠네요.

자본가 그래서 후발주자가 쫓아오기 어렵습니다. 쫓아오더라도 바로 M&A를 하죠.

개미 얼른 미국 주식을 사야겠어요.

워런 버핏은 '우리의 변함없는 결론은 결코 미국을 거슬러 투자하지 말라는 것'이라고 못 박았습니다. 세계 GDP 순위에서 한국은 12위에 올라 있습니다. 국내에서는 2020년부터 해외투자를 본격적으로 시작하면서 많은 돈이 미국 시장으로 흘러 들어갔습니다. 앞으로 많은 나라들이 금융시장을 개방할수록 더 좋은 기업에 투자할 수 있을 것입니다. 많은 나라의 금융시장이 개방될수록 자금은 우량한 기업이 있는 미국으로 몰립니다. 그러면 미국 기업들은 주가가 올라가서 스톡옵션으로 손쉽게 많은 인재들을 확보할 수 있죠. 또한 주식으로 글로벌 M&A도 어렵지 않게 할 수 있습니다. 기술은 다른 나라의 기업이 더 좋다고 하더라도, 주가가 높은 미국 기업이 주식을 주면 M&A를 쉽게 성사시킬 수 있기 때문입니다. 기술이 뛰어난 기업이 시장점유율은 낮지만 가능성이 많은 업체를 인수하는 게 상식적인데, 현실에서는 기술력보다는 자금이 풍부하고 주가가 높은 기업이 업체들을 인수합니다. 이렇게 자금이 풍부한 기업들은 기술 경쟁력도 갖추게 됩니다.

미국에서는 경쟁력 있는 기업에 돈이 몰리면서 주가가 오르고, 오른 주가를 활용해 M&A를 계속합니다. M&A로 핵심산업을 강화하고, 플랫폼을 만들며, 인재를 계속 확보하고 있습니다. 주가가 높은 기업들이 기술력 좋은 기업들을 인수하면서 더욱더 경쟁력을 강화하고 있죠. 세계 10위권 경제대국인 우리나라에도 이제야 미국 주식 열풍이 불면서 미국에 많이 투자하고 있는데, 전 세계 자본시장이 점점 개방될수록 미국 주식은 더욱더 인기를 끌 것입니다. 그러면 자연히 주가가 오르고, 신흥국 유망기업들도 M&A를 통해 성장할 수 있습니다. 이 또한 우리가 미국 주식에 투자해야 하는 이유입니다.

3

글로벌 독과점 기업에
투자하라

개미 이제 투자를 왜 해야 하는지도 알겠고, 왜 미국에 투자해야 되는지도 알겠어요. 하지만 여전히 어떤 기업에 투자해야 할지 잘 모르겠어요.

자본가 당연히 경쟁력 있는 기업에 투자해야죠.

개미 경쟁력 있는 기업이요?

자본가 과거에도 잘하고, 확장가능성도 있고, 앞으로도 경쟁자가 없고….

개미 과거에 잘했다고 해서 앞으로도 잘할지 어떻게 알죠? 앞으로 경쟁자가 나타날 수도 있잖아요.

자본가 그건 알 수 없습니다. 그래서 글로벌 독과점 기업의 주식을 사는 겁니다.

개미 글로벌 독과점 기업이라면 확실히 가격 경쟁력이 있고, 직접 가격을 결정하니 수익이 늘어나서 주가가 계속 오르겠네요.

자본가 맞습니다. 글로벌 독과점 기업은 스스로 가격을 결정할 수 있어서 수익을 극대화할 수 있습니다.

개미 그런데 앞으로 어떤 기업이 글로벌 독과점 기업이 될지 어떻게 알 수 있죠?

자본가 그건 알 수 없습니다. 우리는 미래를 모르니까요. 하지만 글로벌 독과점 기업이 되면 수익이 증대되고, 주가가 올라서 자연스럽게 S&P500에 속하게 됩니다.

개미 그럼 S&P500 지수에 투자하면 글로벌 독과점 기업에 투자하는 게 되네요?

자본가 그렇습니다.

개미 그런데 글로벌 독과점 기업도 새롭고 획기적인 상품이 등장하면 무너질 수도 있잖아요.

자본가 그래서 분산투자를 해야 합니다.

개미 아하, 다양한 분야의 글로벌 독과점 기업의 주식을 사면 되는군요.

자본가 S&P500 ETF를 매수하면 다양한 글로벌 독과점 기업에 투자하는 셈이 됩니다.

개미 그럼 글로벌 독과점기업에 투자한다는 생각으로 S&P500 ETF를 사 모아야겠어요.

경쟁력 있는 기업을 사야 한다고들 하지만, 과거에 경쟁력 있던 기업은 알 수 있어도 미래에 경쟁력 있을 기업은 알 수 없습니다. 알 수 있다면 바로 투자해서 누구나 부자가 될 수 있을 것입니다. 그래서 글로벌 독과점 기업에 투자하는 것입니다. 글로벌 독과점 기업은 스스로 가격을 결정할 수 있어서 수익도 오르고, 주가도 오르며, 시가총액도 올라서 S&P500 지수에 편입됩니다. 따라서 S&P500 지수에 투자하면 자연적으로 글로벌 독과점 기업에 투자하는 셈이 됩니다.

하지만 글로벌 독과점 기업도 혁신적인 상품이 나오면 무너질 수 있습니다. 스마트폰이나 전기차가 나오자 기존 독과점 산업들은 무너졌습니다. 그러므로 다양한 글로벌 독과점 기업에 투자해야 합니다. S&P500은 전 세계 글로벌 독과점 기업들의 집합소입니다.

S&P500 대표 기업을 살펴보겠습니다.

- 애플 - 스마트폰·아이패드 과점, 핸드폰 OS 과점, 애플뮤직 과점
- 마이크로소프트 - 윈도 독점, 클라우드 과점
- 아마존닷컴 - 전자상거래 과점, 클라우드 과점
- 페이스북 - 페이스북 독점, 인스타그램 독점
- 구글 - 검색 과점, 인터넷광고 독점, 핸드폰OS 과점
- 테슬라 - 전기차 과점
- 존슨앤존슨 - 제약회사 과점
- 비자 - 결제 과점
- 마스터카드 - 결제 과점
- 월트디즈니 - 애니메이션 과점, 테마파크 과점
- 프록터앤드갬블 - 생활용품 과점
- 엔비디아 - 그래픽카드 과점
- 어도비 - 포토샵 프로그램 과점
- 화이자 - 제약회사 과점
- 페이팔 - 결제시장 과점
- 코카콜라 - 콜라 과점
- 펩시 - 콜라 과점
- 인텔 - CPU 과점
- 오라클 - 데이터베이스 관리 과점
- ASML홀딩스 - 반도체장비 독점
- 시스코시스템즈 - 네트워크 과점

국내 주식시장의 시가총액 상위 기업들도 독과점 기업으로 이루어져 있습니다. 삼성전자, SK하이닉스, LG화학, NAVER, 현대차, 삼성SDI, 카

카오, 기아, POSCO 등등. 다른 나라의 주식시장도 똑같습니다. 결국 독과점 기업들이 주주 수익 극대화를 위해서 가격을 결정하니, 수익이 극대화되고 시가총액이 높아지는 것입니다. 투자자들은 국내 독과점 기업에 투자할지, 글로벌 독과점 기업에 투자할지 결정하면 됩니다. 당연히 글로벌 독과점 기업들의 수익이 국내 독과점 기업들의 수익보다 훨씬 높습니다.

앞에서도 언급했듯이 애플과 구글은 휴대폰 OS 시장의 글로벌 독과점 업체로, 앱스토어와 플레이스토어에 입점한 앱 판매금액의 30%를 수수료로 받습니다. 아이폰, 아이패드, 아이맥이 모두 탑재되어 있으며, 전기차인 아이카는 개발 중이고, 잠자는 시간과 관련한 아이슬립까지 나오면 앱스토어를 24시간 고객들에게 노출하는 셈입니다. 앞으로 모든 결제를 앱스토어를 통해서 하게 된다면, 애플과 구글의 글로벌 독과점 이익은 극대화될 것입니다. 이러한 앱을 클라우드로 저장해서 불러와야 하는데, 마이크로소프트와 아마존에서 해당 서비스를 제공하고 있습니다. 클라우드 분야는 많은 자본이 필요해서 경쟁자가 나타나기 쉽지 않습니다.

페이스북과 구글은 광고비를 받는데, 사용자가 한 번 클릭할 때마다 많은 광고비를 받고 있습니다. 보통 클릭 광고는 광고주들끼리 가격을 경매식으로 정하는데, 구글의 클릭 광고는 최소 가격이 정해져 있어서 광고비를 그 이상으로 써야만 광고를 할 수 있습니다. 구글의 독과점이 광고의 최소 가격까지도 결정하는 것입니다. 이러한 글로벌 과점 기업들의 이익은 매출총이익률과 자기자본이익률(ROE)에 잘 나타납니다.

글로벌 독과점 기업의 매출총이익률과 자기자본이익률(2020년)

	애플	마이크로소프트	아마존	페이스북	구글
매출총이익률	37.94 %	67.78 %	39.57%	80.58 %	53.53%
자기자본이익률 (ROE)	73.69 %	40.14 %	27.44%	25.42 %	19%

경쟁 상대가 둘 이상이라서 과점이라고 표현했지만, 고유한 기업 문화로 인해 실상은 독점인 경우가 많습니다. 사용자가 아이폰만 원하는 경우 애플이 독점이고, 사용자가 윈도만 사용하면 마이크로소프트가 독점입니다. 아마존, 페이스북, 구글, 테슬라, 비자, 마스터카드, 월트디즈니, 코카콜라, 넷플릭스 모두 사용자가 해당 기업의 대표상품만 원하는 경우 독점이라고 볼 수 있습니다. 경쟁도 심하지 않습니다. 핸드폰 OS 시장은 애플과 구글이 양분하고 있고, PC는 윈도가, SNS는 페이스북과 인스타그램이, OTT는 디즈니와 넷플릭스가, 신용카드는 비자와 마스터카드 그리고 아멕스가 경쟁하고 있습니다. 이들은 사실상 가격을 결정하고 수익을 최대한 극대화합니다.

이러한 기업이 S&P500에는 수백 개가 있습니다. 국내 독과점 기업들도 돈을 많이 벌지만, 글로벌 독과점 기업들은 전 세계를 상대로 엄청난 돈을 벌어들입니다.

그렇다면 무엇으로 글로벌 독과점 기업을 판단할까요? 가격으로 판단해 보겠습니다. 똑같은 상품을 더 싸게 만든다고 해서 소비자들이 가격만으로 그 상품을 이용할까요? 애플의 아이폰과 앱스토어를 똑같이 더 저렴하게 만든다고 해서 소비자들이나 앱 개발자들이 그 앱스토어를 이용할까요? 그렇지 않습니다. 애플을 믿고 이용하는 것이지, 더 저렴하다고 이용하지 않습니다. 이미 윈도, 아마존, 페이스북, 인스타그램, 구글, 유튜브, 비자, 마스터, 월트디즈니, 코카콜라 등이 수많은 이용자들을 확보했기에 아무리 더 좋고 더 저렴한 시스템이 나와도 소비자들은 그 시스템을 이용하지 않습니다. 이렇게 강력한 네트워크 효과에서 글로벌 독과점 기업들의 가격결정권으로 주주 수익은 극대화됩니다.

우리는 이러한 글로벌 독과점 기업과 한평생 같이 가야 하고, 이는 자녀 세대도 마찬가지입니다. 따라서 다양한 글로벌 독과점 기업에 투자하는 미국의 S&P500 ETF를 매수해야 합니다.

4

미국 시스템에
투자하라

자본가 미국이라는 시스템에 투자해야 합니다.

개미 어떤 시스템이죠?

자본가 전 세계 인재들을 불러모으고, 전 세계 돈의 절반이 있는 월 스트리트가
존재하며, 유니콘 기업들이 탄생하는 시스템이죠.

개미 정말 막강하네요. 그 시스템을 증명할 세계적인 기업들도 많은가요?

자본가 전 세계 시가총액 상위 50개 기업을 분석해 보면 미국이 33개, 중국이
8개, 스위스가 2개, 프랑스가 2개, 사우디와 대만, 한국, 네덜란드, 일본이
각 1개씩입니다.

개미 대단하네요. 미국은 시스템이 정말 잘 작동하나 봐요.

자본가 중국은 국가 금융기업이 주를 이루고, 사우디는 국가 석유산업이 주를 이
루니까 순수 민간기업으로만 보면 대부분이 미국 기업이죠.

개미 게다가 대부분이 독과점 기업이네요.

자본가 독과점 기업들이 가격을 결정해서 수익이 오르면 주가도 올라서 시가총
액 상위 기업이 됩니다.

개미 이런 기업에 투자하려면 결국 미국에 투자하면 되겠네요.

자본가 맞습니다. 전 세계 글로벌 독과점 기업들 대부분이 S&P500에 포함되어 있으니까요.

전 세계 인재들이 모이고, 전 세계 돈의 절반이 있는 월 스트리트가 존재하며, 혁신적인 유니콘 기업이 계속 탄생하는 시스템이 있는 나라에 투자해야 합니다. 바로 미국입니다. 미국의 이러한 기업들은 이미 전 세계적으로 글로벌 독과점 지위를 누리면서 가격을 결정하고 주주 수익을 극대화하고 있습니다. 2021년 4월 기준 전 세계 시가총액 상위 50개 기업을 분석해 보면 다음과 같습니다.

전 세계 시가총액 상위 50개 기업 (2021년 4월 기준)

국가	기업
미국	애플, 마이크로소프트, 아마존, 페이스북, 테슬라, 버크셔해서웨이, 비자, JP모건체이스, 존슨앤존슨, 월마트, 마스터카드, 유나이티드헬스, NVIDIA, 홈디포, 뱅크오브아메리카, 월트디즈니, 프록터앤드갬블, 페이팔, 컴캐스트, 어도비, 엑손모빌, 버라이즌, 코카콜라, 인텔, 넷플릭스, AT&T, 오라클, 화이자, 시스코, 애보트, 세일즈포스, 나이키, 코스트코홀세일(33개)
중국	텐센트, 알리바바, KWEICHOW MOUTAI, ICBC, MERITUAN, CM은행, 보험핑, 중국건설은행(8개)
프랑스	LVMH, 로레알(2개)
스위스	네슬레, 로쉬(2개)
한국	삼성전자(1개)
사우디	사우디 아람코(1개)
네덜란드	ASML(1개)
일본	도요타(1개)
대만	TSMC(1개)

미국이 33개, 중국이 8개, 스위스가 2개, 프랑스가 2개, 사우디·대만·한국·네덜란드·일본이 각각 1개씩입니다. 중국의 국가 금융기관과 사우디의 국가 석유산업을 제외하면, 대부분의 다양한 글로벌 독과점 민간기업들은 미국에 있습니다. 대만, 한국, 네덜란드에는 반도체, 일본에는 자동차, 프랑스에는 명품과 화장품, 스위스에는 식품과 의약품 기업이 있습니다. 미국을 제외한 국가들에서는 1~2가지 산업이 다여서 다양한 자산을 담는 포트폴리오 관점에서는 투자하기가 어려울 수도 있습니다. 미국은 이와 달리 다양한 업종에 다양한 글로벌 독과점 기업들이 있어서 매력적인 투자처입니다.

시스템은 위기가 닥쳐야만 잘 작동하는지 알 수 있습니다. 2020년 코로나19가 발생하자 많은 국가들이 코로나 백신을 개발했습니다. 미국 기업인 화이자와 모더나가 먼저 개발하고, 뒤를 이어서 얀센과 시노백이 개발했습니다. 백신을 개발하려면 천문학적인 돈이 들어가는데, 이러한 모험에 자금을 투자할 수 있는 곳은 월 스트리트밖에는 없습니다. 화이자는 2021년 1분기 매출만 145억달러, 1분기 순이익만 48억달러를 달성했습니다. 이것은 미국의 시스템이 잘 작동한다는 증거입니다. 그러므로 글로벌 독과점 기업이 탄생할 수 있는 시스템을 갖추고 있는 S&P500 지수에 투자해야 합니다.

항상 성장하는
기업에 투자하라

개미 애플만 매수하려고 마음먹었더니 갑자기 구글의 플레이스토어가 더 잘되면 어쩌나, 아마존이 무료로 뮤직을 오픈해서 애플뮤직의 경쟁상대가 되면 어쩌나 걱정이 돼요.

자본가 걱정하지 마세요. 그냥 다 사면 됩니다.

개미 애플, 구글, 아마존을 다 사라고요?

자본가 그렇습니다. 경마에서 당첨되는 방법이 뭘까요? 1번부터 10번 말까지 마권을 모두 사면 됩니다.

개미 그러면 당첨은 되겠지만 잃는 돈이 많잖아요.

자본가 경마는 1게임, 1게임 끝나지만 주식시장은 영원합니다. 매일매일 1등부터 5등까지 살 수 있다면 언제나 당첨되는 것과 같은 원리죠.

개미 시스템 같은 거네요. 하지만 1등부터 5등까지 매일 투자하기에는 시간이 없는데….

자본가 가능합니다. 금융공학이 발전한 덕분에 이미 관련 상품이 나왔으니까요.

개미 애플, 구글, 아마존 다 좋은 주식이에요. 하지만 모두 경기민감주인 데다 IT에만 몰려 있는데, 나중에 IT쪽이 안 좋으면 어떻게 해요?

자본가 좋은 지적입니다. 같은 업종만 사면 해당 업종 상황이 좋을 때도 있지만, 안 좋을 때는 모두 안 좋으니까요. 개미는 올해 흑자가 났지만, 다음 해에는 적자가 나는 기업에 투자할 수 있나요?

개미 제가 투자한 해에는 흑자가 나도 다음 해에는 적자가 날지 모르는 기업에 굳이 투자할 필요는 없죠.

자본가 그래서 여러 업종을 모아서 항상 흑자가 나는 기업을 만들 필요가 있습니다. 11개 업종에서 우량기업만 뽑아서, 연평균 13% 성장하는 기업을 만드는 것입니다.

개미 꿈 같은 이야기네요. 은행 이자가 0.5%인데, 13% 성장하는 기업이라니 당장 투자하고 싶어요.

자본가 그래서 분산투자하는 게 무엇보다 중요합니다.

한 기업에만 투자하는데, 4계절 중 여름에는 흑자가 나고 겨울에는 적자가 나거나, 올해는 흑자가 났어도 다음 해는 적자가 나는 기업이라면 투자 안 해도 되는 기업입니다. 실적의 업사이드가 크면 투자하기 어렵습니다. 같은 업종 기업들을 다 합쳐도 업사이드만 커지죠. 그런데 그런 점 때문에 한두 가지 업종만 추가하면 적자는 나지 않지만 성장률도 낮습니다.

성장률의 변동성

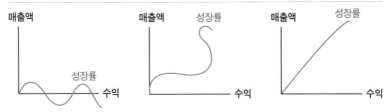

1. 첫 번째 그림은 올해는 기업에 수익이 발생했다가 다음 해에는 적자가 발생하는 식이라 투자하기 어렵습니다. 올해 흑자가 난 것을 보고 투자했는데 다음 해에는 적자가 날 수 있다면 투자하지 않습니다. 언제 또 적자가 날지 모르기 때문입니다.
2. 두 번째 그림은 수익의 크기가 일정하지 않아서 투자하기 어렵습니다. 내년에 수익이 얼마나 날지 모르기 때문입니다.
3. 세 번째 그림은 수익과 성장을 예측할 수 있어서 투자하기 좋습니다. 이렇게 항상 성장하는 기업이 주가상승률도 높습니다.

11개 업종을 모두 합치면, 성장률은 낮지만 계속 성장하는 기업을 만들 수 있습니다. 이런 기업에 투자해야 합니다. S&P500은 11개 업종 500개 기업으로 구성됩니다. 2008년 금융위기 이후에는 연평균 13% 이상 성장했죠. 2021년 기준으로 예금이자가 0.5%도 안 되는데, 2008년부터 13년간 연평균 13% 성장해 온 기업은 가치를 얼마로 평가받아야 할까요? 아마도 몇 배 이상으로 평가받아야 할 것입니다. 그러므로 이처럼 항상 성장하는 S&P500 지수에 투자해야 합니다.

세계 최고 기업들을 포함하는 S&P500 지수에 투자하라

개미 11개 업종에 투자하면서 1등부터 500등 기업 중에 골라서 매수하기가 너무 어려워요. 회사 다니느라 투자할 시간도 없고요.

자본가 걱정하지 마세요. 11개 업종 상위 500개 기업에 투자하는 S&P500 지수에 투자하면 되니까요.

개미 500개 기업이면 너무 많은 것 아닌가요? 저는 애플이나 구글에 더 투자하고 싶은데요.

자본가 시가총액 방식이라서 투자는 500개 기업에 하지만, 상위 10개 기업에 28% 이상 투자합니다.

개미 오, 정말 시가총액별로 투자금도 나눠서 투자하네요.

자본가 상위 기업들인 애플, 마이크로소프트, 구글, 아마존에 특히 많이 투자하죠.

개미 요즘은 기술 변화가 심해서 기업들의 순위가 너무 빠르게 변하는 것 같아요.

자본가 그래서 상위 500개 기업에 투자하는 겁니다. 새로운 기업이 생기고 상장하면서 시가총액이 높아지면 500위로 투입해서 시가총액이 올라갈 때마다 더 많이 투자합니다. 반대로 기업의 실적이 나빠져서 시가총액이 하락하면, 투자를 줄여서 탈락시킵니다.

개미 승자의 게임이네요. 실적이 좋아서 올라가는 종목은 투입하고, 실적이 나빠서 주가가 빠지는 종목은 퇴출하고요. 그러면 항상 상위 500개 기업에 투자할 수 있겠네요.

자본가 그렇습니다. 덕분에 항상 세계 최고의 기업들에 투자할 수 있죠.

투자를 통해서 글로벌 독점 기업을 만들 수 있습니다. 글로벌 과점 기업들을 모으면 글로벌 독점 기업의 수익과 비슷합니다. 핸드폰OS 글로벌 독점 기업을 만들고 싶다면 애플과 구글을 매수하고, PC OS는 마이크로소프트와 애플, 클라우드는 마이크로소프트와 아마존닷컴을 매수하고, 자율주행은 테슬라와 구글, SNS는 페이스북과 스냅, 인공지능은 엔비디아와 구글, 코로나 백신은 화이자와 모더나, 신용카드는 비자와 마스터카드, OTT는 넷플릭스와 월트디즈니, 콜라는 코카콜라와 펩시, CPU는 인텔과 AMD, 이렇게 글로벌 독점 기업을 만들면 자연스럽게 S&P500이 됩니다. 그래서 S&P500 ETF만 매수하면 다양한 글로벌 독점 기업을 매수하게 되는 것입니다.

S&P500 지수에 대해서 알아볼까요? 미국의 신용평가 회사 S&P(Standard & Poor's, 스탠더드앤드푸어스)가 기업규모, 유동성, 산업의 대표성을 평가해서 보통주 500개 기업을 지수화한 상품입니다. 미국 증시를 대표하는 지수로 평가받으며, 많은 펀드들이 해당 지수를 벤치마크(시장대표 지수)로 활용하고 있습니다. 4분기 연속 흑자가 나야 편입 자격이 생기는데 작년에 테슬라가 4분기 연속 흑자를 기록해 새롭게 편입되었습니다. S&P가

500대 기업을 분석해서 일차적으로 부실 기업을 거르므로 우량한 종목에 투자할 수 있습니다.

대표적인 S&P500 ETF인 VOO를 함께 분석해 보겠습니다.

VOO ETF 1만달러 투자 시 수익

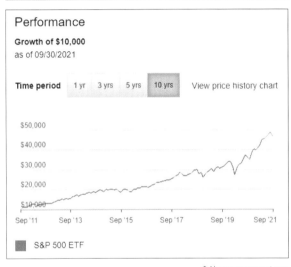

VOO ETF에 2011년 9월 1만달러를 투자 시 2021년 9월에는 4만 6,426 달러가 되어 수익률은 364%가 됩니다.

VOO ETF 수익률

Average annual returns—updated monthly as of 09/30/2021	1-yr	3-yr	5-yr	10-yr	Since inception 09/07/2010
S&P 500 ETF Market Price	29.96%	15.95%	16.86%	16.59%	15.47%
S&P 500 ETF NAV	29.98%	15.96%	16.86%	16.59%	15.48%
S&P 500 Index* (Benchmark)	30.00%	15.99%	16.90%	16.63%	15.51%

VOO는 2010년 9월 7일부터 연평균 약 15% 성장했습니다. S&P500 ETF는 S&P500을 복제한 상장지수펀드라서 거의 같이 움직입니다. 그만큼 잘 복제했다고 할 수 있습니다.

VOO ETF 섹터 비중

VOO Top 10 Sectors				
Technology	35.47%	Consumer Non-C...	5.58%
Consumer Cyclicals	14.79%	Utilities	2.52%
Financials	13.44%	Energy	2.40%
Healthcare	13.15%	Basic Materials	2.38%
Industrials	8.77%	Telecommunicati...	1.32%

S&P500 지수를 복제한 S&P500 ETF는 업종별 편입 비중도 같습니다. 섹터별 분포를 보면 IT가 35%입니다. 상위 500개 시가총액 종목에는 업종별 대표종목도 포함되므로 안정적입니다. S&P500 상위 100종목, 상위 50종목의 시가총액으로만 만든 ETF도 있습니다.

VOO ETF 종목 비중

VOO Top 10 Holdings [View All]				
Apple Inc.	6.20%	Alphabet Inc. Cla...	2.16%
Microsoft Corpor...	5.92%	Tesla Inc	1.48%
Amazon.com, Inc.	3.87%	NVIDIA Corporati...	1.45%
Facebook, Inc. Cl...	2.37%	Berkshire Hathaw...	1.41%
Alphabet Inc. Cla...	2.26%	JPMorgan Chase ...	1.26%
		Total Top 10 Weig...	28.36%

약 500개 종목 중에서 상위 10개 종목의 비중이 전체의 28%를 차지합니다. 그 이유는 500개 기업에 똑같은 비율로 투자하는 것이 아니라, 시가총액 비율대로 투자하기 때문입니다. 여기에 새로운 기업이 포함되면 가장 하위에 있는 500위 종목이 빠지게 됩니다. 작년에 테슬라가 시가총액 6위 정도로 편입했는데, 페이스북 다음으로 편입되었습니다. S&P 기준만 통과하면 자동으로 시장가치를 반영하는 것입니다. 마치 AI와 비슷합니다. 따라서 언제나 상위 500종목에 투자할 수 있습니다. 예전에는 보잉, GE, GM 등 구시대 종목들도 있었지만, 시가총액이 낮아지면서 바로 빠졌습니다. 즉, 시장이 움직이는 대로 투자가 이루어집니다.

VOO ETF 배당률

Dividend and capital gains distributions				
Distribution type	Per share distribution	Record date	Ex-dividend date	Payable date
Dividend	$1.30840	09/30/2021	09/29/2021	10/04/2021
Dividend	$1.33290	06/30/2021	06/29/2021	07/02/2021
Dividend	$1.26250	03/29/2021	03/26/2021	03/31/2021
Dividend	$1.38290	12/23/2020	12/22/2020	12/28/2020
Dividend	$1.30850	09/30/2020	09/29/2020	10/02/2020
Dividend	$1.43330	06/30/2020	06/29/2020	07/02/2020

출처: www.vanguard.com

배당도 매년 나옵니다. 필자의 경우, 작년에는 투자금액 대비 1.48% 나왔습니다. 매년 배당이 나오면 재투자할 수도 있는데 그러면 복리로 수익을 창출할 수 있습니다. 배당은 횡보구간이나 하락구간에서도 주식을 팔지 않고 꾸준히 보유할 이유가 됩니다. 배당금이 적어도 중요한 까닭입니다.

결국 시장에서는 계속되는 M&A로 거대 기업들이 속속 탄생하고, 이 기업들이 수익을 독점하면서 시가총액이 늘어나면 그만큼 더 투자하므로 장기적으로 100년이 지나면서 기업들이 바뀌어도 투자는 계속됩니다. 사업을 못하는 기업들은 시가총액이 낮아져서 자동으로 탈락하고, 반대로 사업을 잘하는 기업들은 시가총액이 높아져서 자동으로 포함되며 시가총액 비율에 따라서 투자비율이 증가합니다. 전 세계 자금이 늘 주시하는 시장인 만큼 미국 주식시장에는 지금 이 시간에도 자금이 계속 들어오고 있습니다.

S&P500 지수 편입 기업의 평균 수명

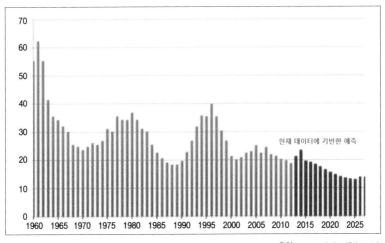

출처: www.onlydeadfish.co.uk

기업 간 경쟁이 심화되면서 기업의 평균수명은 점점 짧아지고 있습니다. S&P500 지수 편입 기업의 평균수명은 1960년에는 60년이었지만, 2021년에는 15년 수준으로 계속 떨어지고 있습니다. 개별 기업에 투자할 경우 기업이 생존하는 기간이 짧아서 계속 감시하고 체크해야 하는데, 이것이 불가능할 경우에는 장기로 투자하더라도 손실이 날 수 있습니다. 하지만 S&P500 지수에 투자하면 보다 손쉽게 장기투자가 가능합니다.

미국 시장 시가총액 순위 변화

순위	2000년	2004년	2007년	2011년	2015년	2017년	2019년
1	GE	GE	엑손모빌	엑손모빌	애플	애플	애플
2	엑손모빌	엑손모빌	GE	애플	MS	MS	MS
3	화이자	MS	MS	MS	엑손모빌	아마존	아마존
4	시스코	씨티그룹	AT&T	IBM	아마존	알리바바	알리바바
5	월마트	알리바바	P&G	쉐브론	GE	페이스북	페이스북
6	MS	화이자	쉐브론	월마트	J&J	J&J	JP모건
7	씨티그룹	BoA	J&J	GE	웰스파고	JP모건	알파벳
8	AIG	J&J	월마트	P&G	JP모건	엑손모빌	J&J
9	머크	AIG	BoA	AT&T	페이스북	알파벳	월마트
10	인텔	IBM	애플	J&J	알파벳	BoA	비자

출처: IBK증권

　미국 기업의 시가총액 순위 변화를 살펴보면 무척 빠르게 변화하고 있음을 알 수 있습니다. 2000년대의 GE, 엑손모빌, 머크 같은기업들이 빠르게 하락하고 2010년대에는 애플, MS, 아마존, 페이스북 같은 새로운 기업들이 빠르게 올라왔습니다. 시가총액이 늘어난다는 것은 주가가 오르는 것이므로 여기에 투자하지 못하면 수익을 내기가 어렵습니다. 그래서 개별 주식 투자자는 계속 상황을 체크해야 하는데 일하면서 체크하기가 어렵죠. 당연히 장기투자가 어려워집니다. 하지만 S&P500 지수에 투자하면 자연스럽게 시가총액 순으로 투자하게 되니, 복잡하게 따질 것 없이 애플, 마이크로소프트, 아마존, 페이스북에 자동으로 투자가 됩니다.

국내 시장 시가총액 순위 변화

순위	2000년	2004년	2007년	2011년	2015년	2017년	2020년
1	삼성전자	삼성전자	삼성전자	삼성전자	삼성전자	삼성전자	삼성전자
2	SK텔레콤	한국전력	POSCO	현대차	현대차	SK하이닉스	SK하이닉스
3	KT	POSCO	한국조선해양	POSCO	한국전력	현대차	삼성바이오로직스
4	한국전력	SK텔레콤	한국전력	현대모비스	삼성물산	POSCO	NAVER
5	POSCO	LG디스플레이	신한지주	기아차	아모레퍼시픽	NAVER	셀트리온
6	KT&G	현대차	SK텔레콤	LG화학	현대모비스	LG화학	LG화학
7	기아차	KT	LG디스플레이	삼성생명	SK하이닉스	셀트리온	삼성SDI
8	현대차	LG전자	SK이노베이션	한국조선해양	삼성생명	KB금융	LG생활건강
9	삼성전기	S-OIL	현대차	신한지주	LG화학	현대모비스	카카오
10	삼성증권	신한지주	LG전자	한국전력	NAVER	삼성생명	현대차

출처: IBK증권

　　국내에서는 삼성전자가 꾸준히 1등을 유지하고 있습니다. 따라서 지금까지 삼성전자에만 투자해도 큰 수익을 올릴 수 있었습니다. 국내 시가총액의 30%를 차지하는데 코스피200에 투자해도 30%로 동일한 결과를 얻을 수 있습니다. 코스피200도 시가총액 방식이라서 여기에 투자해도 삼성전자에 30% 투자가 되기 때문입니다. 이상과 같은 이유로, 우리는 11개 업종의 대표 주식에 시가총액을 기준으로 투자하는 S&P500 지수에 투자해야 합니다.

7

단기·장기적으로 수익률이 높은 S&P500 지수에 투자하라

개미 미국뿐만이 아니고 전 세계 기업에 투자하는 게 좋지 않을까요?

자본가 그것도 좋은 아이디어입니다. 그런데 유럽과 중국에 투자하려면 환전도 해야 하고 환헤지도 해야 하는데, 그러면 결국 비용이 더 커지니까 환전과 헤지가 편한 달러 자산에 투자하는 거죠.

개미 달러 자산에만 투자해도 전 세계에 투자하는 효과가 있나요?

자본가 S&P500 지수에만 투자해도 전 세계 상위 기업 80% 이상에 투자하는 셈이 됩니다.

개미 비용을 생각할 때 효율적인 투자군요. 그런데 S&P500 지수에만 투자하면 수익률이 너무 낮지 않을까요?

자본가 S&P500 ETF는 2008년 말 이후 연평균 13% 정도 지속적으로 수익을 올렸습니다.

개미 너무 낮은 것 아닌가요? 다른 펀드들은 20%씩 오르던데요.

자본가 S&P500 ETF는 지수를 추종하는 인덱스펀드라서 시장의 수익률을 따라갑니다. 단기로 보면 낮을 수도 있지만, 장기로 가면 결국 인덱스를 이기기가 어렵죠. 20년만 지나도 펀드의 90%가 인덱스펀드의 수익률을 넘지 못

해요. 10년만 투자해도 상위 18%의 수익률을 올리는 펀드에 가입한 것과 같습니다. 20년이 지나면 상위 10%가 됩니다.

개미 S&P500 ETF에만 투자해도 저는 상위 10%의 투자자가 되는 거네요.

자본가 그래서 장기투자해야 합니다.

유럽이나 아시아에 있는 나라의 주식에 투자하려면 환전할 때 환전수수료도 많이 내야 하고, 환헤지를 할 경우 연간 5% 이상 비용이 들기도 합니다. 그러면 비용이 더 많이 나올 수도 있으니, 차라리 환전과 환헤지가 편리한 달러 자산에 투자하는 것이 효율적입니다. 이미 S&P500 지수에는 세계 500대 기업이 80% 이상 들어 있습니다.

개미들이 원하는 수익률 = 시장수익률 + α입니다. 초과수익률인 +α를 원하는 것은 전 세계 모든 투자자가 동일합니다. +α를 얻으려고 다들 노력합니다. 골드만삭스, JP모건 등 세계적인 기관투자자들뿐만 아니라, AI도 저궤도위성으로 기업들을 분석하고 있습니다. 그뿐만 아닙니다. 세계적인 인재들이 헤지펀드에 들어가서 +α를 노리고 있습니다. 이러한 상황에서 개미들의 거래 상대방이 골드만삭스, JP모건, AI인데 과연 경쟁이 될까요? 오히려 개미들이 들어와서 세계적인 투자자들의 +α 수익률을 더 올려주는 건 아닌지 고민해 봐야 합니다. 미국에서는 거래의 90%가 기관투자자들에 의해서 이루어지므로 +α의 수익률을 얻기가 장기적으로 점점 더 어려워지고 있습니다. 그래서 개인투자자들의 70% 이상이 ETF로 거래합니다. 국내에서도 ETF 거래량이 급증하고 있는데 +α인 초과수익률을 올리기는 점점 어려워질 것으로 보입니다.

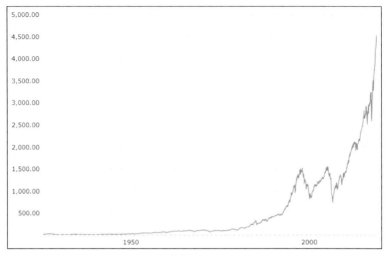

출처: www.macrotrends.net/2324/sp-500-historical-chart-data

1928년 지수가 17일 때부터 2021년 8월 4,500이 될 때까지 94년간 S&P500 지수를 기록한 차트입니다.

1982년 8월 100을 기준지수로 다시 시작하여 현재 2021년 8월 기준 4,500이 되었습니다. 40년간 연평균수익률은 수익률 10% + 배당수익률 1.5% = 11.5%입니다. 2008년 금융위기 때부터 2021년까지 연평균수익률은 수익률 11.5% + 배당수익률 1.5% = 13%입니다.

뱅크오브아메리카는 1930년부터 2021년 2월까지 S&P500 지수의 수익률이 17,715%라고 발표했습니다.

S&P500 지수는 1957년 3월 4일 스탠더드앤드푸어스(Standard & Poor's)에서 만들었고, 1982년 8월 12일 기준지수 100을 발표하며 다시 시작했습니다. 2021년 9월 기준 S&P500 지수는 4,307입니다.

1976년에 출시한 S&P500 지수를 복제한 세계 최초의 인덱스펀드인 뱅가드 500 인덱스펀드 VFINX의 누적수익률은 1만 %를 넘었습니다.

월스트리트저널이 S&P, 다우존스 인디시즈와 연구해서 발표한 바에 따르면, 2001년과 2019년까지 19년 중 16년 동안 액티브펀드는 S&P500 지수보다 낮은 성과를 보였습니다.

11년 연속 대형주 펀드의 대다수인 60%가 S&P500 지수보다 저조했고, 최근 1년은 63.2%가 낮은 성과를, 10년은 82.1%가 낮은 성과를, 20년은 90.2%가 낮은 성과를 보였습니다. 즉, S&P500 ETF에 가입하면 10년만 지나면 상위 18%, 20년만 지나면 상위 10%에 속하게 됩니다.

세계 최초로 인덱스펀드를 창시한 존 보글에 의하면 1970년부터 2016년까지 355개 펀드 중 281개가 사라지고, 10개 펀드만이 S&P500 지수를 초과한 수익률을 얻었습니다. 그중에서도 8개는 초과수익률이 연간 2% 미만이었고, 단 2개만 연간 2% 이상 초과수익률을 올렸습니다.

그런데 액티브펀드는 수익률이 안 좋으면 운용사에서 청산해 버립니다. 따라서 5년만 지나도 수익률이 안 좋은 액티브펀드는 사라지기 때문에 살아남는 펀드는 수익률이 좋을 수밖에 없습니다. 결국 S&P500 지수와 경쟁하는 펀드는 성과가 좋은 펀드들입니다. 이렇게 성과가 좋은 펀드들을 20년간 선택해서 투자하기도 쉽지 않습니다. 처음에는 어느 펀드가 좋은지 알기가 어렵기 때문입니다. 그러니 S&P500 지수에 투자해서 20년 후 상위 10%에 속하는 것이 여러모로 효율적입니다.

시장에서는 위기가 찾아올 때마다 새로운 기업이 탄생하고, 그때부터 주식시장은 변화합니다. 2008년 금융위기 이후에도 마찬가지였습니다. 2008년 이전에는 제조업 기업들이 시가총액 상위에 있었는데, 2008년 이후에는 애플, 마이크로소프트, 아마존 같은 IT기업들이 나타나기 시작했습니다. 2008년 금융위기 때부터 S&P500 지수의 수익률은 연평균 13%를 달성했습니다. 2008년 말 900에서 2021년 4,500까지 400%가 넘게 올랐는데, 내가 투자한 전체 자산의 수익률이 400%를 넘는지 냉정하게 살펴봐야 합니다.

2006년 5월 워런 버핏은 S&P500 ETF의 수익률이 펀드매니저가 운용하는 헤지펀드 수익률보다 높을 것이라는 데 100만 달러를 걸겠다며 인터뷰를 했습니다. 이 말을 들은 미국의 헤지펀드회사 프로티지 파트너스가 펀드매니저의 자존심을 지키겠다며 도전장을 내밀었습니다. 워런 버핏은 S&P500 ETF에 투자하고, 프로티지 파트너스의 펀드매니저는 헤지펀드에 투자하며 10년간 수익률 내기가 성사되었습니다. 2008년에 시작한 이 승부는 2017년 S&P500 ETF의 압승으로 끝났습니다. S&P500 ETF는 수익률 85.4%를 기록하며 프로티지 파트너스의 수익률 22%를 큰 차이로 이겼습니다.

S&P500에 포함된 주요 기업의 10년간 수익률

종목	2008년	2017년	수익률(배당 제외)
애플	7.12	42.31	494%
마이크로소프트	35.79	85.54	139%
아마존닷컴	95.35	1,169.47	1,127%
구글 알파벳	346.77	1,053.40	204%
버크셔해서웨이	141,800	297,600	110%

프로티지 파트너스는 무슨 주식을 샀을까요? 현재 시가총액 상위 종목의 수익률을 보면 빅테크 주식만 사도 S&P500 ETF보다 수익률이 좋습니다. 2008년에는 엑손모빌, GE, 마이크로소프트, AT&T, P&G 같은 산업주들이 시가총액 1위부터 5위였습니다. 현재 투자자들이 IT 주가 상승이 계속될 거라는 가정하에 투자하는 것처럼 당시에는 산업주에 지속적으로 투자했을 가능성이 높습니다.

2008년부터 애플, 마이크로소프트, 아마존, 구글, 페이스북 등 빅테크 기업들의 주가가 오르기 시작해서 헤지펀드들이 빅테크 기업의 주가를 예측했다면, S&P500 ETF보다 큰 수익을 낼 수 있었을 것입니다. 그러나 그들은 예측하지 못했고, 오히려 S&P500 ETF는 빅테크 기업들의 시가총액이 오르니 편입비중을 계속 늘렸습니다.

전 세계적인 인재들이 모여 있는 헤지펀드들도 이렇듯 앞으로 성공할 기업을 예측하기 어려움을 알 수 있습니다. 설령 예측한다고 해도 주식 매수를 결정하기도 쉽지 않습니다. 성장주는 고평가되었다고 생각하기 쉽기 때문입니다. 따라서 아무것도 예측하지 않고 시가총액 비율대로 매수하는 S&P500 ETF의 수익률이 더 높습니다.

더 단기적으로 보면 2021년 9월 기준으로 S&P500 ETF는 10년간 364% 수익률을 올렸는데, 과연 나는 이보다 더 좋은 수익률을 올렸는지 평가해 볼 필요가 있습니다. 100만원 정도를 개별 주식에 투자하면 시드가 작아서 30% 수익이 나봐야 30만원입니다. 의미 있는 수익률을 올리려면 전체 자산을 투자해야 하므로 전체 자산을 투자할 수 있는 상품인지도 체크해

봐야 합니다. 2020년에도 S&P500 ETF의 수익률은 16.26%였습니다. 내가 개별 주식으로 전체 자산의 16% 이상 수익률을 올렸는지 평가해 봐야 합니다.

주식투자를 하다 보면 소외주들의 수익률이 높습니다. 2008년 금융주가 그랬던 것처럼 2020년에는 대면 주식의 반등 수익률이 높았습니다. 그러나 막상 2008년에는 리먼브러더스가 파산하면서 금융주에 투자하기가 어려웠고, 2020년에는 코로나19로 여행, 호텔, 카지노 주식을 사면 파산할 것 같아서 투자하기가 어려웠습니다. 그러나 S&P500 ETF에는 비대면 주식뿐만 아니라, 여행, 호텔, 카지노 주식도 들어 있어서 소외주들이 반등하면 같이 반등합니다. 따라서 자동으로 소외주에도 투자해서 수익률을 올릴 수 있습니다.

S&P500 ETF에 투자하는 게 단기적으로나 장기적으로 수익률이 높다고 아무리 이야기해도 개미들은 이왕 주식투자 하는 거, 수익이 두 배는 나야 하는 것 아니냐고 흔히 말합니다. 목표가 1년에 두 배다 보니, 변동성이 큰 주식에 투자해서 오르면 따라 사고 내리면 손절하니까 매매도 자주 하게 됩니다. 그러면 단기적인 수익률은 높을 수도 있지만 장기적으로는 매매비용으로 다 나갑니다. 11세부터 90세까지 80년을 투자해서 세계적인 부자가 된 워런 버핏의 연평균수익률도 21%입니다. 개미들도 기대수익률을 낮추고 워런 버핏처럼 보유기간을 길게 가져가는 방법으로 투자해야 합니다.

8

독점 기업과
비교우위

자본가 개미는 비교우위에 대해서 아나요?

개미 그럼요. 대학교에서 배웠어요. 예를 들어 A나라에서 배를 만들고 B나라에서 자동차를 만드는 게 효율적이면, 서로 교환해서 무역하는 거잖아요.

자본가 A나라에서 배랑 자동차 둘 다 효율적으로 잘 만든다면요?

개미 그래도 기회비용이 있기 때문에 A나라는 더 잘 만드는 배를 만들고, B나라는 더 잘 만드는 자동차를 만들어서 교환하는 게 효율적이죠.

자본가 잘 알고 있네요. 그런데 A나라의 배가 B나라에서는 만들지 못하는 독점 기업의 물품이라면요? 그리고 B나라의 자동차는 A나라에서 수입하는 C, D, E나라의 자동차와 경쟁해야 한다면요?

개미 그렇다면 A나라의 배는 독점이니 가격을 결정하고 이익을 극대화하겠죠. 반면에 B나라는 A나라에 수출해야 하는데 C, D, E나라와 경쟁해야 하니까 수익을 내기 어렵겠네요.

자본가 그러면 주가는 어떻게 될까요?

개미 A나라는 교역을 많이 할수록 이익은 극대화되고, 주가는 오르고, 국민들의 효용도 올라가겠네요. 반면에 B나라는 A나라가 교역을 많이 할수록 경쟁자가 생겨서 수익이 조금 날 거고요.

어떤 재화를 생산하는 데 드는 비용에서 A국가의 비용이 B국가의 비용보다 낮을 경우, A국가가 비교우위를 가진다고 합시다.

예를 들어 A국가에서 배와 자동차를 만드는 데 100명당 배는 8척, 자동차는 16대를 만들고, B국가는 100명당 배는 4척, 자동차는 12대를 만듭니다. 배와 자동차 모두 A국가가 생산하는 게 유리하지만, 기회비용으로 따지면 달라집니다. A국가의 배의 기회비용은 자동차 2대, 자동차의 기회비용은 배 1/2대, B국가의 배의 기회비용은 자동차 3대, 자동차의 기회비용은 배 1/3대입니다.

결과적으로 A국가는 배만 만들고, B국가는 자동차만 만드는 게 더 효율적입니다.

A나라 vs B나라의 비교우위

기회비용	A나라	비교우위	B나라
배 1대	자동차 2 대	<	자동차 3 대
자동차 1대	배 1/2 대	>	배 1/3 대

그렇다면 현실에서도 이렇게 될까요? 많은 국가들이 최대 소비시장인 미국과 교역을 합니다. 미국에는 글로벌 독과점 기업들이 많아서 아이폰, 앱스토어, 윈도, 클라우드, 아마존, 구글, 플레이스토어, 유튜브, 페이스북, 인스타그램, 코로나백신, 넷플릭스, 엔비디아, 포토샵, 비자, 마스터, 월트디즈니, 코카콜라, 인텔, 오라클, AMD를 주고, 타 국가로부터는 반도체, 자동차, 배, 철강, 생필품, 원자재를 받습니다.

미국에 자동차를 수출하는 나라의 입장에서 보면 미국에 진출하는 것은 세계 최대 소비시장에 진출하는 거라서 기뻐합니다. 하지만 막상 도착하면 벤츠, BMW, 폭스바겐, 포르쉐, 도요타, 혼다 등 세계적인 자동차 기업들과 경쟁해야 합니다. 경쟁하면 당연히 마진이 줄어들어서 수익도 작아지죠. 반면에 미국은 글로벌 독과점 기업이 많아서 가격을 자기가 정하니까 수익을 극대화할 수 있습니다. 글로벌 교역을 많이 할수록 수익을 극대화하는 한편으로, 미국인들을 대상으로 경쟁하는 기업들이 많아져서 더 저렴한 가격에 상품을 살 수 있어서 미국인의 효용은 올라갑니다.

그렇다면 어느 주식에 투자해야 할까요? 누누이 말하듯이 글로벌 독과점 기업에 투자해야 합니다. 글로벌 독과점 기업들은 최대한 무역을 많이 해서 수익을 계속 늘려나가면 되지만, 경쟁하는 기업 입장에서는 수많은 기업들과의 경쟁으로 수익은 줄어들고, 주가는 상승하기 어려워지며, 10년 뒤에도 살아남을지 알 수 없습니다. 이런 이유로 글로벌 독과점 기업이 적은 국가들의 주식시장은 상승세를 타기 어렵습니다. 그러므로 전 세계적으로 글로벌 독과점 기업이 많은 S&P500 지수에 투자해야 합니다.

주식수량이
많아야 수익이
올라간다

PART 3

주식투자란
무엇인가?

자본가 주식투자란 무엇일까요?

개미 싸게 사서 비싸게 파는 것 아닌가요?

자본가 주식은 주식회사가 발행한 증권이고, 순이익과 순자산에 대해서 지분청구권을 갖습니다. 우리는 여기에 투자하는 거죠.

개미 그래도 싸게 사야 나중에 팔 때 수익이 나는 게 아닌가요?

자본가 많은 분들이 가격을 보고 매매하는 걸로 착각합니다. 주식으로 기업과 동행한다고 보는 거죠. 예를 들어 우연히 24시간 편의점을 열었는데, 너무 잘돼서 확장하려고 은행에 가면 얼마나 대출될까요?

개미 토지감정가의 50% 정도 대출되겠죠.

자본가 그러면 추가로 1개만 열어야겠군요. 그런데 100개를 한 번에 열고 싶다면 결국 주식시장으로 와야 합니다. 100개를 오픈할 수 있도록 투자를 받아 편의점 주인이 30개 갖고, 70개는 주주들에게 주는 거죠.

개미 그러면 편의점 주인도 30개를 갖고, 주주들도 70개를 갖겠네요.

자본가 그게 주식시장이 돌아가는 원리입니다.

개미 그러면 주식시장은 결국 상승할 수밖에 없겠네요. 수익이 좋은 기업들이 계속 들어오니까요.

자본가 그렇습니다. 주식투자는 결국 이렇게 기업과 동행하는 건데, 투자자들은 가격에만 신경 쓰죠.

개미 아무래도 가격이 먼저 눈이 보이니까요.

자본가 가격은 시장이 나한테 보여주는 거고, 우리에게 중요한 것은 주식수량을 늘리는 것입니다. 그래야 지분이 많아져서 더 많은 수익과 배당을 얻을 수 있으니까요.

개미 주식수량을 최대한 늘려야겠군요.

자본가 만약 아마존의 제프 베이조스가 같이 투자하자고 하면 어떻게 해야 할까요?

개미 돈 들고 당장 뛰어가야죠.

자본가 구글의 래리 페이지가 같이 동행하자고 하면요?

개미 넵, 구글 님! 한평생 같이 가요!

자본가 테슬라의 일론 머스크나 버크셔해서웨이의 워런 버핏이라면요?

개미 오, 제발 제 자산 좀 맡아주세요!

자본가 이렇게 생각하면 가격은 중요하지 않죠. 얼마나 많은 수량을 보유하고 위대한 투자자들과 함께하느냐가 중요합니다.

개미 맞아요. 저도 제 자산 중에 얼마나 많은 수량을 함께 가져가는지가 중요하다고 생각해요.

자본가 그 주식수량이 개미의 미래를 결정할 것입니다.

일반 투자자들은 주식매매기술만 배우다 보니, 주식을 가격으로만 생각하고 싸게 사서 비싸게 팔려고 합니다. 그런데 사실 주식이 싼지 비싼지는 아무도 모릅니다. 안다면 이미 하루하루 복리로 수익률을 올리며 세계 최고의 부자가 되어 있을 것입니다. 싼 건 사고 비싼 건 공매도하면 되니까요. 그런데 실제로는 알 수가 없습니다. 예측 불가능한 주식 가격에 신경 쓰기보다는 주식투자에 더 집중해야 합니다.

그런데 주식 가격을 보고 투자하지 말랬더니, 상품 가격을 보고 투자하는 사람들도 있습니다. 반도체 가격이 오르면 반도체 주식으로 우르르 몰려갔다가, 철강 가격이 오르면 철강 주식으로 우르르 몰려갑니다. 과연 이것이 제대로 된 투자일까요? 투자는 기업과 함께 해야 하는데, 상품의 가격만 보고 투자합니다. 다행히 수익이 나면 좋지만 이렇게 해서는 수익을 내기 어렵습니다. 가격에 이미 다 반영되어 있고, 앞으로 상품 가격이 오를지 내릴지 알 수 없기 때문입니다. 미래의 상품 가격을 알 수 있다면, 주식 말고도 상품을 매매해서 세계적인 부자가 될 수 있습니다. 하지만 아직까지 주식 가격과 상품 가격을 예측해서 세계적인 부자가 된 사람은 나타나지 않았습니다. 예측 불가능한 주식 가격·원자재 가격보다는 주식 투자를 늘려야 합니다.

S&P500 지수의 수익률은 연평균 11.5%(1982년부터 2021년까지 연평균 10% + 배당수익률 1.5% = 11.5%)이고 워런 버핏의 수익률은 21%입니다. 우리가 워런 버핏처럼 수익률을 올리려면 주식을 열심히 공부하는 방법도 있지만 그 방법은 너무나도 어렵습니다. 투자금을 올리는 방법도 있습니다. 내가 좋아하는 일을 더욱더 열심히 해서 원래는 100을 투자할 것인데 소득을 늘려서 200을 투자한다면, 수익률이 낮아도 수익금은 높아지죠. 예측 불가능한 가격을 예측하느라 고민하지 말고, 투자금을 늘려서 수익금을 높여야 합니다.

114

주식회사의 주식(株式)도 주식(株式)이고, 우리가 먹는 밥도 주식(主食)입니다. 그런 의미로 주식투자를 쌀이라고 생각해 봅시다. 우리는 쌀값이 오른다고 해서 쌀을 안 사먹지는 않습니다. 주식도 마찬가지입니다. 주가가 오른다고 해서 안 사면 안 됩니다. 쌀은 가격이 중요한 것이 아니라 양이 중요합니다. 몇 kg을 사서 보유하는지가 중요합니다. 주식도 그와 같습니다. 주가는 우리가 컨트롤할 수 없지만, 몇 주를 가지고 있느냐에 따라서 수익금에는 많은 차이가 납니다. 쌀값은 인플레이션일 때는 많이 오릅니다. 현금을 가지고 있다가는 미래에 가격이 올라간 쌀을 사기 어렵습니다. 그렇다고 해서 미리 사두면 보관하기가 어렵습니다. 그러니 주식수량에 미래의 쌀수량을 저장해야 합니다. 즉, 주식수량을 모아가면서 미래의 쌀수량을 모아간다고 생각해야 합니다.

주식투자는 기업과 동행하는 것입니다. 예를 들어 애플, 마이크로소프트, 아마존, 구글, 페이스북과 동행하는 것과 같습니다. 그러므로 최대한 많은 수량을 모아가며 동행하는 것이 중요합니다.

기업과
동행하라

개미 드디어 투자해서 10% 수익을 올렸어요.

자본가 축하합니다. 이제부터 시작이군요.

개미 지금까지 감사했습니다. 10% 수익이 났으니 수익금으로 여행을 다녀올까 해요. 자본가 님, 그동안 고마웠어요.

자본가 흠, 얼마 투자해서 얼마 벌었나요?

개미 100만원 투자해서 10만원 벌었어요.

자본가 10만원 벌면 인생이 역전되나요? 노후에 생활비로 충분할까요? 10만원 벌었는데 여행으로 50만원 쓰면, 복리효과가 있을까요?

개미 생각해 보니 액수가 너무 적네요.

자본가 10만원이든 100만원이든 1,000만원이든 벌었다고 해서 매도하면 복리로 수익률을 올릴 수 없습니다. 중간에 매도하는 건 황금알을 낳는 오리의 배를 가르는 것과 같아요.

개미 그럼 얼마나 벌어야 하나요?

자본가 얼마나 버는 것보다 얼마나 오래 기업들과 동행하느냐가 중요합니다. 그러다 보면 5배, 10배, 20배, 이렇게 벌게 됩니다. 자, 주식투자가 뭐라고 배웠죠?

개미 주식회사가 발행한 증권이고, 순이익과 순자산에 대해서 지분청구권을 가지고 있다고요.

자본가 맞습니다. 주식투자를 한다는 건 기업과 동행한다는 뜻입니다. 아마존의 제프 베이조스에게 이번에 10% 벌었으니까 그만 보자고 할 건가요?

개미 아마존에서 매달 구매하는데 미안하네요.

자본가 구글의 래리 페이지에게 10% 벌었으니까 이만 헤어지자고 할 건가요?

개미 구글 검색, 유튜브도 매일 사용하는데 미안하네요.

자본가 페이스북의 마크 저커버그에게 10% 벌었으니까 페이스북 이제 안 할 거라고 할 건가요?

개미 페이스북과 인스타그램을 매일 쓰는데, 미안한걸요.

자본가 이제 이해가 됐나요?

개미 한번에 이해가 됐어요. 이제부터 그냥 여행 안 가고 투자 여행 갈래요.

주식을 가격으로 보니까 10% 벌면 좋다고 여행 가고, 쓰고, 10% 떨어지면 손절하고, 술 사마시고 하느라 결국 버는 게 없습니다. 가격으로만 보니까 조금만 수익이 나도 팔고, 더 싼 주식을 찾아서 떠납니다. 그러다가 손절해서 본전 되고, 아무 의미 없는 일들을 반복하게 됩니다. 당연히 복리로 수익률도 올릴 수 없습니다. 복리로 수익률을 못 올리면 주식에서는 돈을 벌 수 없습니다. 하지만 주식을 가격으로 보지 않고 수량으로 보면 기업들과 동행할 수 있습니다.

아마존의 제프 베이조스, 구글의 래리 페이지, 페이스북의 마크 저커버그, 버크셔해서웨이의 워런 버핏과 함께할 수 있다면 과연 "10% 벌었으니 고마워요. 나는 이제 떠날게요."라고 할까요? 대부분 평생 함께하자고, 내

자산을 대신 투자해 달라고 매달릴 것입니다. 주식을 가격으로 보지 말고 수량으로 보면 제대로 투자할 수 있습니다.

전 세계의 부자 1%가 전체 부의 44%를 보유하고 있습니다. 부자 순위를 보면 모두 주식을 보유한 자본가입니다. 창업자도 있는데, 주식투자로 부자가 된 사람은 워런 버핏 단 한 명뿐입니다. 우리는 워런 버핏의 방식으로 투자해야 합니다. 세계적인 부자들은 단기투자를 하지 않습니다. 빌 게이츠는 주가가 10% 올랐다고 해서 팔지 않습니다. 창업자들은 지분이 많아서 단기간에 못 판다고 생각할 수도 있는데, 실제로는 창업하면서 투자를 받다 보면 많이 희석돼서 생각보다 지분을 많이 보유하고 있지는 않습니다. 그러나 대부분이 최대한 장기로 보유하면서 복리로 수익률을 올리고 있습니다.

우리도 이들처럼 투자해야 합니다. 한번 매수하면 팔지 말아야 합니다. 이들은 그 덕에 부자가 된 것입니다. 세계적인 주식을 보유해서 팔지 않는 것이야말로 세계 최고의 부자들과 동일한 주식투자 방식입니다. 그러므로 주식은 가격보다는 수량으로 보고 지속적으로 매수해야 합니다.

주식의 변동성은
예측할 수 없다

자본가 개미는 주식을 계속 가격으로 보니까, 주가를 예측해서 변동성을 맞히는
거라고 생각하죠?

개미 주식은 쌀 때 사서 비쌀 때 파는 거 아닌가요?

자본가 주가가 낮은지 높은지 알면 이것만 가지고 매매해도 큰돈을 벌 수 있을 겁
니다.

개미 그렇네요. 주가가 싼지 비싼지 알 수가 없으니까요.

자본가 주식의 가격은 매일 변합니다. 그런데 주식의 가격은 누가 알려주죠?

개미 시장이 알려주죠.

자본가 주가는 미스터마켓이라는 시장이 매일매일 제시하는 가격일 뿐입니다.
미스터마켓은 우리가 통제하지 못합니다. 그러면 우리가 가지고 있는 건
무엇일까요?

개미 주식수량이요.

자본가 우리가 할 수 있는 건 주식수량을 늘리거나 줄이는 것입니다. 그래서 주식
수량을 늘려야 하죠.

개미 그래도 싸게 사서 비싸게 팔고, 또다시 싸게 사면 수량을 더 효과적으로

늘릴 수 있지 않나요?

자본가 개미 말대로 주가의 변동성을 맞혀서 하루에 1%씩 수익을 얻으면, 복리로 세계 최고 부자가 되겠군요.

개미 그렇죠. 주식방송이나 인터넷에 보면 실제로 맞히는 사람도 있어요.

자본가 단기로는 맞힐 수도 있습니다. 하지만 장기로 보면 찾기 어렵습니다.

개미 계속 맞힌다면 분명히 엄청난 부자가 될 텐데요.

자본가 맞아요 그래서 포브스지에 나오는 세계 부자 순위에는 없죠! 포브스지에서 나오는 사람들은 장기로 투자한 사람들이죠

개미 업종은 맞힐 수 있지 않을까요?

자본가 마찬가지입니다. 가치주, 성장주, 배당주, IT주, 산업주를 단기적으로는 맞힐 수 있다고 생각합니다.

개미 AI자동화가 대세니까 IT주가 좋지 않을까요?

자본가 지금까지는 IT주가 좋았지만, 앞으로도 IT주가 좋다고 예측할 수는 없습니다. 혁신은 모든 산업에서 나타나기 때문입니다. 가치주, 성장주, 산업주가 돌아가면서 오르는 것처럼요. 예전엔 산업주가 많이 올랐죠.

개미 그러고 보니 1900년대에는 산업주가 좋았던 것 같아요. 가치주가 좋은 시절도 있었던 것 같고요. 지금은 완전히 다 바뀌었네요.

자본가 대세가 바뀔 때마다 알아맞히는 건 불가능합니다. 알고 있더라도 바꾸기가 쉽지 않죠.

개미 모두 들어 있는 걸 사야겠군요.

자본가 그래서 S&P500이 좋은 겁니다. 가치주, 성장주, 산업주, 배당주, 기술주가 다 들어 있으니까요.

개미 주가를 예측하지 말고 투자해야겠어요.

자본가 우리는 합리적으로 행동해야 합니다. 맞지도 않는 주가를 예측하는 것보다 그 시간에 더 노력해서 돈을 벌어 주식수량을 늘리는 것이 어떨까요?

개미 그게 더 효과적일 것 같네요. 차라리 그 시간에 회사일을 열심히 해서 받은 성과급으로 주식수량을 늘려야겠어요.

자본가 그렇게만 되면 회사에서 인정받는 전문가도 되고, 주식투자도 잘하게 되겠군요. 그게 바로 이기는 방법입니다.

아직도 주식 가격을 예측해서 변동성을 맞힐 수 있다고 생각하는 투자자가 많습니다. 그래서 주식 가격에 대해서 항상 연구합니다. 그러나 주식 가격은 시장에서 제시하는 것이지, 우리가 원하는 가격은 아닙니다. 따라서 가격에는 신경 쓸 필요가 없습니다. 어차피 우리가 통제할 수 없기 때문입니다. 우리가 할 수 있는 건 주식수량을 늘리는 일입니다. 회사에 다니고 있다면 성과를 내서 성과급을 받아 주식수를 늘리는 것이 합리적입니다.

업종도 맞힐 수 있을 거라고 생각합니다. IT주, 바이오주, 산업주, 가치주, 배당주, 성장주 등 많은 업종 펀드들 중에 운이 좋아서 10년간 맞혔다고 칩시다. 그러나 앞으로 100년간도 맞힐 수 있을까요? 쉽지 않습니다. 업종 펀드들은 유행을 타서, 잘못 매수하면 지수는 오르는데 업종 펀드는 내립니다. 그러므로 내리기 전에 나와야 합니다. 이 말은 곧 지수가 떨어지기 전에 매도할 수 있어야 한다는 뜻입니다. 결국 개별 주식이 오를지 내릴지 알고 매매해야 한다는 말인데 우리는 알 수 없습니다.

미국 배당주에 잘 투자해서 빨리 은퇴하라는 이야기가 많습니다. 지금은 금리가 낮아서 배당주가 인기가 있지만, 앞으로 금리가 오르면 배당주당주의 수익률은 떨어질 수 있습니다. 그리고 기업이 어려워지면 배당을 못 줄 수도 있습니다. 코로나19 위기 속에 많은 기업들이 배당컷을 했습니다. 또, 국민건강보험 지역가입자의 경우 배당 수익이 1,000만원 이상이면 국민건강보험료를 내고 2,000만원 이상이면 종합소득세를 내야 합니다. 이러한 세금과 건강보험료를 합치면 수익률은 더 낮아집니다. S&P500 지수 수익률과 비교해도 배당주의 수익률이 더 낮습니다. 미국 배당주를 믿고 은퇴했는데 금리가 올라서 주가가 내려가고, 기업 실적이 나빠져서 배당컷을 당한다면 위험할 수도 있습니다. 그러면 그전에 팔고 나가면 되지 않느냐고들 하는데, 그건 주식의 매매타이밍을 알아야 하므로 불가능합니다.

그러니 할 수도 없는 주가 예측은 포기하고, 11개 업종의 세계적인 기업들이 포진해 있는 S&P500 지수에 투자하세요.

투자를 복권 사듯 하면
안 된다

개미 제발 10%만 올라주세요.

자본가 지금 뭐 하는 거죠?

개미 자본가 님 말씀대로 S&P500 기업 주식을 사서 빌고 있습니다.

자본가 투자는 삶과 함께 가는 것입니다. 결혼보다 더 오래가죠. 복권처럼 투자하면 안 됩니다. 주식을 사서 10%만 오르게 해달라고 빌고, 복권도 사자마자 당첨되게 해달라고 빌고, 다시 주가가 떨어지면 본전만 되게 해달라고 빌고, 복권도 제발 5,000원이라도 받게 해달라고 비는 건 투자가 아니에요. 주식을 계속 가격으로 보고 오르기만을 기다리는 거죠.

개미 현실적으로 계속 가격만 보게 돼요.

자본가 투자는 인생의 동반자입니다. 부모님보다, 남편보다, 자식보다 더 오래 함께 가는 동반자예요. 애플, 마이크로소프트, 아마존, 페이스북, 구글과 함께 힘든 세상 같이 가는 겁니다. 대대손손 자식들에게 물려주는 것이기도 합니다.

로또를 사는 사람들은 사자마자 하느님과 부처님에게 제발 당첨되게 해달라고 빌고, 당첨되면 몰래 은행에 가서 상금을 타서는 바로 집과 자동차도 사고, 여행도 다닐 계획을 세웁니다. 그런데 주식도 복권처럼 사는 사람들이 많습니다. 주식을 사자마자 이렇게 빕니다. "하느님, 부처님, 제발 오르게 해주세요. 1만원에 샀으니 2,000원만 오르면 팔게요. 20%는 욕심 내는 것 아니잖아요." 그러다가 주가가 내려가서 8,000원이 되면 "다시 하느님, 부처님, 본전만 되게 해주세요. 제발! 본전만 오면 팔고 주식투자 다시는 안 할게요!"라고 합니다. 주식투자를 복권 사듯 하는 것입니다.

진정한 투자는 나보다 똑똑한 천재들이 24시간 운영하는 세계 최고 기업과 동행하는 것입니다. 세계 최고 기업들이 성장하면 나도 결국 같이 성장합니다. 애플의 팀 쿡, 마이크로소프트의 빌 게이츠, 구글의 래리 페이지, 아마존의 제프 베이조스, 페이스북의 마크 저커버그, 테슬라의 일론 머스크를 현실에서 만날 수 있을까요? 혹은 통화라도 한번 할 수 있을까요? 식사를 한번 할 수 있을까요? 이 모두가 불가능하지만, 주식에 투자하면 같이 성장할 수 있습니다. 이들이 새로운 사업을 같이 하자고 하면 어떨까요? 대출을 받아서라도 당장 하자고 나설 것입니다. 이렇듯 결국 위대한 기업과 같이 가는 게 투자입니다.

이렇게 투자하면 주가가 오르든 내리든 상관이 없습니다. 오히려 내리면 더 저렴하게 살 수 있는 기회로 생각하고 추가로 매수할 수 있죠. 팀 쿡과 빌 게이츠, 제프 베이조스랑 일론 머스크와 동업하는데, 바로 팔까요? 아니면 50년간 투자해서 최대로 수익을 낼까요? 저라면 영원히 함께하겠습니다.

과거 차트에는
과거만 보인다

자본가 제가 로또 당첨번호 알려드릴까요?

개미 정말요? 그걸 어떻게 알죠?

자본가 과거에 3번이 세 번 나왔고, 10번이 다섯 번 나왔고, 13번이 세 번 나왔고….

개미 지금 뭐 하시는 거예요? 과거 당첨번호를 보고 지금 당첨번호를 어떻게 알아요.

자본가 그러면 이번에는 제가 물어볼게요. 주가는 과거 차트를 보고 어떻게 알까요?

개미 그거야 과거 차트에서 추세지표를 보고….

자본가 하지만 미래를 볼 수는 없죠.

개미 과거 차트를 보고는 미래 주가를 알 수 없다는 거군요. 주식을 가격으로 보고 접근하니까 차트를 보게 되는 거네요. 이때 매수했다면, 이때 매도했다면 하면서요.

자본가 맞아요. 가격으로 보니까 불가능한 걸 가능하다고 보는 것입니다. 앞으로 가격의 움직임을 예상할 수 있다고 생각해서 매매하고, 그러면서 계속 수수료가 나가게 됩니다.

개미 그럼 무엇을 봐야 하나요?

자본가 주식수량을 봐야 합니다. 어제보다 1주 더 사고, 또 1주 더 사서 주식수량을 늘려 어제보다 부자가 되는 거죠.

주식투자를 시작할 때부터 매매기술만 배운 사람은 아직도 주식을 싸게 사서 비싸게 파는 게 투자인 줄 압니다. 그렇게 가격만 보니까 심지어 과거 가격으로 주식을 판단합니다. 과거의 가격이 미래 가격을 반영한다고 착각하게 만드는 것들이 보조지표들을 만들어 냅니다. 싸게 사면 좋지만, 싼지 비싼지 알 수가 없습니다. 로또 당첨번호를 과거에 많이 나온 번호로 예측한다고 하면 어이없어하면서, 주식투자를 할 때는 과거의 차트로 매매하는 사람들이 많습니다.

과거 20년간 S&P500 지수 추이

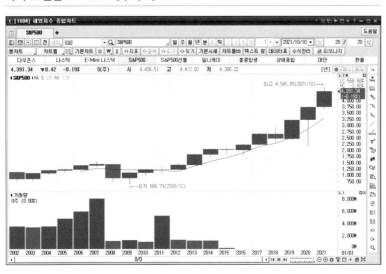

과거의 수익률이 과연 의미가 있을까요? 과거 10년간 수익률이 높았던

상품을 살펴봅시다. 2001년부터 2010년까지 S&P500 지수는 1,320에서 시작해서 1,257에서 끝났습니다. 마이너스 수익률을 올린 거죠. 반대로 예금은 단리로 2%씩 이자를 받았다면 20% 수익이 났습니다. 2011년부터는 예금에 투자해야겠다고 생각했더니, 이번에는 S&P500 지수가 2011년 1,257을 시작으로 2020년에 3,756으로 끝났습니다. 200% 수익률을 올린 것입니다. 과거의 수익률만으로 판단했다면 S&P500 지수에 투자할 기회를 놓쳤을 것입니다.

우연히 우리 집 고양이가 밥을 먹을 때마다 주가가 오릅니다. 통계학적으로 높은 상관계수가 나왔습니다. 그렇다고 해서 이것이 의미 있는 결과일까요? 아무 의미도 없습니다. 주가 상승을 바라는 만큼 고양이만 뚱뚱해질 뿐입니다. 단지 주가 상승의 결과를 찾기 위해서 의미 없는 변수 찾기에만 몰두하는 것입니다. 과거의 자료가 미래 수익을 결정한다면, AI가 투자를 잘해서 자금이 몰리면 더 이상 초과수익이 나지 않을 것입니다.

결국 과거의 수익률도, 차트도 미래의 수익률을 알려주지 못합니다. 그렇다면 알 수 없는 미래에는 무엇에 투자해야 할까요? 시스템에 투자해야 합니다. 기업은 주주 수익을 극대화하기 위해서 가격결정권을 가지는 독점기업이 되고자 합니다. 더 나아가서는 전 세계적인 독점기업이 되려고 하죠. 이러한 글로벌 독점기업이 탄생할 수 있는 시스템이 있는 곳에 투자해야 합니다.

개미들은 대부분 차트를 다음과 같이 해석합니다.

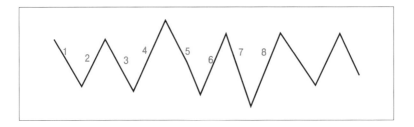

1. 가격이 하락했으니 손절해야겠다.
2. 외바닥으로 반등했다. 반등할 때는 외바닥이 가장 세니까 매수하자.
3. 외바닥의 저점을 깨고 내려갔으니 손절해야겠다.
4. 역시 쌍바닥이다. 그러니 매수해서 올라가자.
5. 쌍봉이다. 쌍봉일 때는 강력하게 매도해야 한다.
6. 3중 바닥이다. 개미털기이니 매수해야 한다.
7. 헤드앤솔더형이니 매도해야 한다.
8. 길게 조정할수록 좋다. 개미들은 못 견디니 매수하자.

개미들은 이렇듯 여전히 과거 차트에서 헤어나오지 못한 채 가격을 예측하고 해석하려고 합니다. 차트는 랜덤으로 움직이는데, 의미를 두면서 해석하려고 하죠. 그리고 해석에 맞는 차트를 찾아서 과거에는 이렇게 움직였으니, 앞으로 이렇게 움직일 거라고 생각합니다. 아직도 가격에서 벗어나지 못하고 있는 것입니다.

주가가 어떻게 움직일지는 아무도 모릅니다. 시장에서 제시하는 가격이기 때문이죠. 내가 투자하는 것과는 하등 상관이 없습니다. 그래서 주식은 수량으로 이야기해야 합니다. 오늘 1주 사고, 내일 1주 사고, 이런 식으로 점점 주식수량을 늘려서 부자가 되어야 합니다. 어제보다 오늘 주식수량이 많아지면 어제보다 오늘 더 부자가 된 것입니다.

6

주가는 왜
오르는가?

개미 주식수량을 최대한 늘렸는데, 장기적으로 안 오르면 어쩌죠? 제가 매수하
면 내리고 매도하면 올라요. 누군가 꼭 저를 보고 반대로 매매하는 것 같
아요.

자본가 주가가 장기적으로 반드시 오른다는 보장은 없습니다. 그러나 자본주의
가 유지되는 동안에는 오를 수밖에 없어요. 기업들이 계속 주식시장으로
들어오기 때문이죠.

개미 기업들이요?

자본가 예를 들어 보겠습니다. 슈퍼를 24시간 편의점으로 바꿨는데 너무 잘되는
거예요. 그래서 편의점을 더 내려고 은행에 갔더니 토지담보대출을 50%
만 해준다는 겁니다. 주인은 편의점을 100개 내고 싶은데 말이죠.

개미 토지담보대출로는 1개밖에 못 내잖아요.

자본가 그래서 잘되는 기업들은 결국 주식시장으로 오게 되어 있습니다. 그래야
자금을 투자받아 주인은 편의점을 30개 갖고, 투자자들은 70개를 가질
수 있으니까요. 그래도 주인은 편의점이 1개에서 30개로 늘어나 30배 많
은 수익을 올릴 수 있고, 투자자들 입장에서도 은행에서 이자 0.5% 받는

주식수량이 많아야 수익이 올라간다

것보다는 편의점 70개에서 얻는 수익률이 큽니다.

개미 결국 우량회사들이 계속 들어올 수밖에 없네요.

자본가 그러다가 경쟁자가 생기면 A편의점, B편의점, C편의점이 치킨게임에 들어갑니다. 서로 경쟁하듯 가격을 인하하고 광고를 더 많이 하게 되죠.

개미 그러면 상당히 타격이 있겠는데요?

자본가 그렇죠. 다들 망하는 걸 아니까 편의점 회사끼리 모여서 우리 싸우지 말고 합치자고 하게 됩니다.

개미 자동으로 M&A가 되는 거군요. 경쟁하는 것보다 이익이 크니까요.

자본가 서로 합치면 규모의 경제가 일어나, 중복투자나 광고가 없어지고 이익은 크게 올라갑니다.

개미 주가도 오르겠네요. 그런데 정부에서 가만히 있을까요? 독점인데요?

자본가 꼭 독점일 필요는 없죠. 3개 기업만 있는 과점만 되어도 서로 싸우지 않고 협력하니까요.

개미 그런데 기업들의 최종 목표는 가격결정권을 가지는 독점기업이잖아요?

자본가 맞습니다. 우연인지 필연인지 모르지만 해외에서 경쟁자가 들어옵니다. 무인편의점인 편의점 go가 들어옵니다.

개미 편의점 A, B, C 모두 큰일이네요?

자본가 편의점 A, B, C가 모여서 공정거래위원회를 찾아갑니다. 글로벌 기업인 '편의점 go'가 들어와서 경쟁이 안 된다, 글로벌 기업과 경쟁하게 M&A를 승인해 달라, 우리도 전 세계로 나가야 되고 글로벌 기업이 들어왔으니 이제 독점이 아니다….

개미 공정거래위원회 입장에서도 자국 기업들이 세계로 나가야 하고, 자국 기업을 규제해 봐야 '편의점 go'만 남으니까 승인해 줘야겠네요?

자본가 그렇죠. 그러면 편의점 A, B, C가 모여서 M&A를 한 다음, '편의점 go'와 경쟁해서 이기고 세계로 나가게 됩니다.

130

개미 그러면 국내에는 '편의점 go' 외에 편의점 a,b,c,를 M&A한 편의점 abc만 남겠네요.

자본가 맞습니다. 그러면 주주 수익은 극대화되겠죠.

개미 이런 식으로 계속 M&A가 이뤄지면 기업은 몇 개만 남게 되나요?

자본가 요즘은 M&A가 글로벌화되어서, 결국엔 글로벌 기업 몇 개만 남게 됩니다. 벌써 핸드폰 앱은 애플의 앱스토어와 구글의 플레이스토어, PC의 OS는 마이크로소프트와 애플, SNS는 페이스북과 인스타그램 같은 글로벌 기업 몇 개만 살아남았습니다.

개미 그래서 수수료가 비싸군요.

자본가 대부분의 기업들이 거대 자본을 바탕으로 M&A를 통해서 독점화한 거예요. 구글의 유튜브, 지도, 안드로이드 모두 자본으로 기술을 인수한 사례입니다.

개미 기술을 개발한 것이 아니라 자본을 통해서 만든 거군요.

자본가 자본 시장이 약한 나라는 기술이 좋으면 오히려 M&A 대상이 됩니다.

개미 강한 기술로 독자 생존할 수 없나요?

자본가 기술이 강해도 자본이 없으면 시장에서 살아남기 어렵습니다. 그래서 어쩔 수 없이 M&A를 하게 되죠.

개미 그럼 전 세계 돈의 절반이 모여 있는 월 스트리트가 유리하겠네요.

자본가 그래서 우리가 S&P500 지수에 투자하는 겁니다.

개미 그러고 보니 S&P500 지수에 우리가 이야기한 기업들이 다 들어 있네요. 저도 주주니까 응원할래요.

자본가 이제 응원까지! 잘하고 있군요.

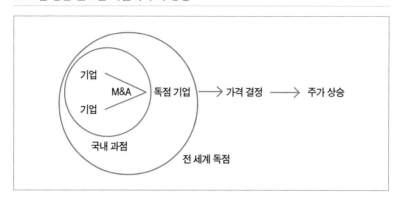

　　벤처기업이 컴퓨터, 노트북, 핸드폰, 편의점, 카페를 개발했는데 사업을 확장하고 싶다면 투자금을 얻으러 어디로 갈까요? 은행으로 가면 담보 물건의 50% 정도만 대출이 가능합니다. 토지와 건물, 기계 담보로는 추가로 1개 더 만들기도 어렵습니다. 그런데 주식시장으로 와서 100개를 만들고 싶으니 투자해 달라고 하면 투자자들이 나섭니다. 100개를 만들어서 30개는 벤처기업이 가져가고, 나머지 70개는 투자자들에게 나눠주죠. 그래도 벤처기업은 기존의 1개가 아닌 30개를 개발할 수 있어서 30배의 수익률을 올릴 수 있고, 투자자들도 은행 예금이자 0.5%보다 더 높은 수익률을 달성할 수 있습니다. 이런 식으로 새로운 기업들이 계속 주식시장에 들어와서 주식시장은 결국 우상향합니다.

　　기업들은 서로 경쟁하다가 또다시 고민합니다. '우리가 꼭 경쟁해야 하나? 하나가 되면 중복투자도 줄이고 수익도 극대화할 수 있는데.' 그래서 M&A를 합니다. M&A를 할수록 경쟁자들은 줄어들고 국가마다 결국 3~4개 정도 업체가 살아남습니다. 그런데 글로벌 시대를 맞아 세계적인 기업들이 국내에 들어오기 시작합니다. 그러면 국가마다 3~4개 남아 있던 국내 기업들이 다시 1개 기업으로 합칩니다. 즉, 독점화가 되는데 이는 글로벌 기업들과 경쟁하기 위해서는 어쩔 수 없는 선택입니다. 각 국가도 독점의 폐해를 알지만, 규제를 했다가는 외국 기업들이 몰려와서 국내 기업을 무너트릴 수 있어서 어쩔 수 없이 승인해 줍니다. 이제는 1국가 1기업이 대세입니다. 국가는 국내 독점기업과 해외기업이 경쟁하기를 원하지만, 이미 치킨게임에서 알 수 있듯이 기업들은 서로 경쟁하면 손해라는 걸 잘 압니다. 글로벌 독과점 기업은 경쟁하지 않습니다. 동네 PC방만 경쟁하죠. 그래서 국내 독점기업이 가격을 결정하면, 해외기업은 그 가격에 맞춰 80% 수준에서 가격을 결정합니다. 형태는 과점이지만 독점처럼 물건의 가격을 정하죠. 결국 상품의 가격은 매년 오르고, 기업들의 수익도 따라서 증가합니다. 기업들의 수익이 매년 증가하니, 주가도 당연히 오릅니다. 이것이 주식시장에 투자하는 이유입니다.

주식시장의 수익률은 결과론적인 이야기입니다. 10년, 20년 전에 투자했는데 지금 주가가 많이 올라 수익이 많이 났다고 해서 앞으로 10년, 20년 후에도 그럴지는 아무도 모릅니다. 급등할 수도 있고, 횡보할 수도 있고, 내릴 수도 있습니다. 그러나 결국 나의 자산을 인플레이션으로부터 지킬 수 있는 유일한 방법은 기업들이 M&A를 통해서 글로벌 독과점 기업이 되는 주식시장에 투자하는 것입니다. 글로벌 독과점이 되면 기업의 이익을 극대화하기 위해서 상품 가격을 올리고, 따라서 주가도 올라갑니다. 이러한 시스템을 믿고 글로벌 독과점 기업에 투자해야 합니다.

워런 버핏도 경제적 해자가 있는 기업에 투자하라고 했습니다. 경제적

해자를 가지고 있는 것이 바로 독과점 기업들입니다. 글로벌 독과점 기업들이 가장 많은 곳이 S&P500이죠. 애플, 마이크로소프트, 아마존닷컴, 페이스북, 구글, 테슬라, 제이피모건체이스, 존슨앤존슨, 월트디즈니, 월마트, 비자, 프록터앤드갬블, 유나이티드헬스, 마스터카드, 엔비디아, 홈디포, 코카콜라, 세일즈포스, 어도비, 화이자, 페이팔, 넷플릭스, 머크, 나이키, 펩시, 인텔, 오라클, ASML홀딩, 시스코시스템즈, 코스트코홀세일은 모두 글로벌 독과점 기업들입니다.

주식회사는 주주 수익 극대화를 위해서 결국 M&A를 통해 독과점 기업이 됩니다. 독과점 기업이 되면 시장의 가격결정권자가 되어 수익을 극대화할 수 있으므로, 글로벌 독과점 기업들이 있는 주식시장에 투자해야 합니다.

7

주가는
명목 GDP만큼 오른다

개미 주가가 기업의 투자와 M&A만으로 오르기는 쉽지 않을 것 같아요.

자본가 주가는 명목 GDP만큼 오릅니다. 실제로 명목 GDP랑 주가지수의 상관관계는 0.8을 넘습니다.

개미 상관관계요?

자본가 같은 방향으로 움직이는 건데, 1에 가까울수록 성향이 같다고 보면 됩니다.

개미 어떻게 연관이 있나요?

자본가 정부에서 돈을 풀면 인플레이션이 일어나고, 상품 가격이 오릅니다. 그러면 매출이 올라서 기업들의 수익도 오르죠.

개미 그럼 경제도 성장하고, 주가도 오르겠네요.

자본가 그래서 정부에서는 일정한 인플레이션을 유발하기 위해 돈을 풀고 돈이 유통되는 속도를 늘립니다. 하지만 돈을 풀어도 우리가 저축하고, 집에 두고, 지갑에 넣어두면 돈이 돌지 않으니까 정부에서는 지속적으로 돈을 풉니다.

개미 그래서 이번 금융위기 때도 정부에서 돈을 풀었군요. 모두 위축돼서 돈을 안 쓰면 안 되니까요.

자본가 맞습니다. 정부는 위기 때마다 돈을 풀어서 소비를 진작하고 인플레이션을 유발하죠.

개미 만약 디플레이션이 되면요?

자본가 디플레이션이 되면 상품 가격이 떨어지고 매출이 줄어서 기업의 수익도 줄어듭니다.

개미 그럼 주가는 떨어지겠네요.

자본가 일본이 그 대표적인 사례입니다. 많은 국가가 디플레이션이 일어나면 경제가 위기인 걸 압니다. 그래서 최대한 인플레이션을 유지하려고 노력하죠.

개미 그렇게 돈을 계속 풀면 주가는 계속 우상향하겠네요.

자본가 그래서 2008년 경제위기 때나 코로나19 때 전 세계적으로 돈을 푸는 바람에 주가가 오른 것에서 알 수 있듯, 경제위기는 주식 매수의 기회라고 볼 수 있습니다.

개미 오호, 엄청난 기회로군요. 주가는 떨어지고, 통화 공급은 많아지고요. 다음 기회가 또 온다면 제가 먼저 매수하겠습니다!

주가는 명목 GDP만큼 오릅니다. 미국의 명목 GDP와 S&P500 지수의 상관관계는 0.8 정도 되는데, 1에 가까울수록 상관관계가 높습니다. 상품 가격이 오르면, 기업들의 매출이 올라서 수익도 오릅니다. 그러면 당연히 주가도 오릅니다. 계속 순환하는 구조이기 때문입니다. 그래서 2008년 금융위기 때나, 코로나19 위기 때 정부는 위축된 소비를 풀기 위해 돈을 대량 유통시켰습니다. 그래서 명목 GDP는 다시 올라가고 주가도 올랐습니다.

만약에 정부가 돈을 안 풀면 소비가 위축되어 디플레이션이 옵니다. 그러면 소비가 더 위축되고 상품 가격은 하락하며, 기업들의 매출도 낮아지게 됩니다. 그러면 수익도 낮아져서 주가도 떨어집니다. 일본의 잃어버린 10년이 바로 디플레이션의 10년입니다. 그래서 각국 정부는 소비가 위축되지 않게 계속 돈을 풀었고, 이번 코로나19 위기에도 주가는 급반등했습니다. 따라서 경제위기는 한편으로 주식의 매수 기회가 되기도 합니다. 결국 주가는 정부가 돈을 푸는 동안에는 계속 올라가게 되어 있습니다.

그런데 서민들의 일자리는 코로나19로 인해 단기 일자리든 계약직이든 다 없어졌습니다. 정부에서 돈을 푸니 물가가 더 올라서 서민들은 더욱더 살기가 어려워졌습니다. 반면에 주가는 코스피가 1,500에서 3,000까지, S&P500은 2,250에서 4,500까지 100% 오르면서 주식을 가진 자본가들의 수익은 늘어났습니다. 이것이 우리도 투자해야 하는 이유입니다.

미국 국내총생산과 S&P500

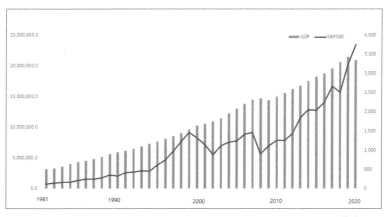

출처: FRED

미국 M2와 S&P500, 한국 M2와 코스피

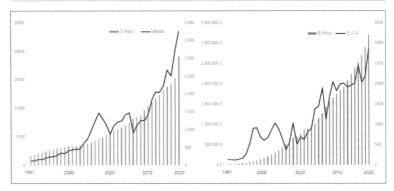

출처: FRED, 한국은행

미국의 M2, 한국의 M2 모두 코로나19 이후 급증했음을 알 수 있습니다.

> M1 = 현금 통화 + 요구불예금 + 수시입출식 저축성 예금(MMDA)
>
> M2 = M1 + MMF, 2년 미만 정기 예적금, 수익증권, 시장형 금융상품, 신탁, 기타
> 통화성 상품(RP, CMA, CD 등)

　요약하면 정부는 디플레이션을 막기 위해서 돈을 풀고, 돈을 풀면 물가가 오르면서 기업의 매출도 오릅니다. 기업의 매출이 오르면 수익도 늘어나서 결국 주가가 오릅니다. 그러므로 위기가 왔을 때도 결국엔 우상향하는 주식시장에 투자해야 합니다.

8

나는 과연 시장평균수익률을 올렸을까?

개미 친구들이 대박 나려고 주식하는 거지, 연간 13% 복리로는 인생 역전하기 어렵대요.

자본가 친구들은 그래서 주식투자로 돈을 벌었나요?

개미 네, 벌었어요.

자본가 얼마나요?

개미 100만원 투자해서 20% 수익이 났어요. 20만원이요.

자본가 그걸로 대박 나서 인생 역전했나요?

개미 소고기 사먹었대요.

자본가 논리적으로 생각해 보세요. 우리는 1년이나 2년 투자하는 게 아니라 적어도 50년 동안 투자합니다. 과연 50년간 시장평균수익률을 올릴 수 있을까요?

개미 개별 종목으로 단타 쳐서 수익을 냈던데요?

자본가 친구는 100만원으로 했지만, 만약 10억원을 1개 종목에 다 투자할 수 있을까요?

개미 1개 종목은 솔직히 상장폐지될까 봐 무섭고, 5,000만원씩 투자해서 20개 종목을 사면 어떨까요?

자본가 종목이 늘어나면 시장수익률을 따라잡기 어렵습니다.

개미 그래도 수익률은 높던데요. 20%면 거의 2년치 수익률이 한 번에 나온 거예요.

자본가 수익률보다는 수익금을 봐야 합니다. 100만원으로 20% 수익이 나면 겨우 20만원이지만 1,000만원으로 S&P500 지수에 투자해서 10% 수익이 나면 100만원입니다. 수익을 올릴 수 있는 자산에 많은 돈을 투자해서 장기적으로 복리 수익률을 올려야 합니다.

개미 내가 안심하고 투자할 수 있는 곳에 많은 자산을 투자해야 하는군요.

자본가 단기투자로는 S&P500 지수의 장기 수익률을 따라잡기 힘듭니다. 수익금이 복리로 재투자돼서 단기투자보다 수익률이 높거든요.

개미 자금이 커질수록 개별 주식은 더 위험해서 투자 못 할 것 같아요.

자본가 저도 소액으로는 개별 주식투자가 가능하지만, 전 재산으로는 어려울 것 같습니다. 수익률보다 수익금을 봤을 때, 많은 자산을 투자할 수 있는 상품은 S&P500 지수인 것 같네요.

내가 지금까지 투자한 자산의 수익률을 비교해 봅시다. 100만원, 200만원을 투자하는 게 아니라 내 전체 자산의 수익률을 보고 판단해 보는 것입니다. 100만원을 투자해서 20% 수익이 나 봐야 20만원이니, 인생에는 별 영향이 없습니다. 1억원 정도를 계속 복리로 투자해야 노후에 생활비가 부족할 때 매도해서 생활비로 사용할 수 있습니다.

S&P500 수익률

투자기간	수익률	연간 배당수익률 1.5% 포함
1년(2020년)	16%	17.5%
5년(2016 ~ 2020년)	84%	91.5%
10년(2011 ~ 2020년)	199%	205%
15년(2006 ~ 2020년)	201%	223.5%
20년(2001 ~ 2020년)	185%	215%

500개 종목으로 구성된 포트폴리오의 장기간 수익률을 이기긴 쉽지 않습니다. 1~2종목으로는 이길 수도 있지만, 그만큼 개별 주식 리스크를 가지고 투자하는 거라서 위험 대비 수익률은 낮습니다.

2013년 버크셔해서웨이 주주총회에서 워런 버핏은 자신은 평생 400개에서 500개 기업의 주식을 보유했지만, 대부분의 돈을 벌어준 것은 10개 기업이라고 했습니다. 동업자인 찰리 멍거는 최고 투자 사례 몇몇을 제하면 버크셔해서웨이의 장기 실적은 거의 시장평균에 가깝다고 말했습니다. 주식투자로 전 세계적인 부자가 된 워런 버핏도 몇 개 회사를 제외하면 시장평균수익률에 가까운 결과를 얻은 것입니다. 그만큼 시장평균수익률을 이기기는 어렵습니다. 이렇게 어렵고 안 될지도 모르는 일에 많은 시간을 써가면서 인생을 낭비하지 말고, 내가 원하고 가장 잘하는 일을 하면서 시장평균수익률을 올리는 것이 더 합리적으로 보입니다.

전 재산으로 투자가 가능한 상품에 장기로 투자해야 의미 있는 수익금이 발생한다는 것을 잊지 마세요.

9

S&P500 시장수익률이
높은 수익률이다

개미 투자를 잘해서 S&P500 지수 수익률을 이기고 싶어요.

자본가 누구나 S&P500 지수 수익률을 이기고 싶어 합니다. 그게 안 되니까 S&P500 지수에 투자하는 거죠.

개미 S&P500 지수 수익률을 이겨야 진정한 투자가 아닐까요?

자본가 S&P500 지수에 20년만 투자해도 일반 투자의 90%가 이 수익률을 못 따라갑니다. 자연스럽게 상위 10% 투자자가 되죠. 그래도 시장을 이기고 싶다면….

개미 그러면요?

자본가 그래도 어렵습니다. 시장을 이기는 사람이 있다고 쳐도, 이 사람도 결국에는 시장에 포함되어 있으니까 이길 수 없죠. 궤변 같은 것입니다.

개미 시장은 못 이겨도 시장수익률은 이기던데요.

자본가 그렇죠. 시장수익률을 몇 번은 이길 수 있습니다. 보통 내부자들이 미리 정보를 받아 개별 종목에서 수익을 크게 내면 시장수익률을 이길 수 있죠. 하지만 결국엔 전체 기업의 내부자 정보를 계속 받을 수는 없기 때문에 아는 종목 몇 개로 몇 번 이기는 데 그치고 맙니다.

개미 전문투자자, 애널리스트, 펀드매니저도 잘하던데요?

자본가 AI도 시장에 들어왔죠. 저궤도위성으로 기업 공장에 트럭들이 들어오고 나가는 것을 분석하고, 원자재 창고의 그림자를 분석해서 재고가 부족한 지 많은지까지 분석합니다. 그런 틈바구니에서 개미가 과연 주식으로 더 높은 수익률을 올릴 수 있을까요?

개미 저는 이제 처음 하는 거고, 그분들은 몇십 년 했는데, 이기기 어렵겠죠.

자본가 맞습니다. 그런데 이런 사람들의 내부자 정보, 전문투자자·애널리스트·펀드매니저의 초과수익률은 시장수익률을 올려주는 역할을 합니다. 시장수익률은 결국 전체 주식시장의 수익률이니까요.

개미 이 사람들의 투자수익이 올라가면 시장수익률도 올라가는 거군요.

자본가 그렇습니다. 내부적인 호재를 알면 주식을 먼저 사니까 시장수익률이 올라가고, 반대로 내부적인 악재를 알면 공매도를 하니까 주가가 내려가서 자동으로 S&P500에서 빠지게 되죠. 그래서 초보자들이 시장수익률을 따라가기 어려운 겁니다.

개미 S&P500 지수에 투자하면 전문투자자들이 자동으로 수익률을 올려주니까 상위권이라고 할 수 있네요.

자본가 맞습니다. 한번 5년 동안 투자해 보세요, 시장수익률을 이길 수 있는지. 내부자 정보, 전문투자자, 애널리스트, 펀드매니저가 포함된 시장수익률을 올릴 수 있는지요.

개미 저는 S&P500 지수에 투자하고 구경이나 해야겠어요. 전문투자자들이 올려주는 수익률을 보면서요.

자본가 주식을 전문적으로 하지 않는다면 S&P500 시장수익률을 따라가는 게 현명합니다.

개미 네. 시장에 맡길게요!

S&P500 지수의 수익률은 결국 S&P500개 기업의 평균입니다. 우리가 알고 있는 전문투자자 그룹, 내부자 정보그룹, 애널리스트, 펀드매니저가 분석한 정보를 이용해 주식에서 초과수익이 났다면, 그것이 바로 S&P500 지수의 평균수익률을 높여주는 셈이 됩니다. 즉, S&P500 지수에만 투자해도 아무것도 모르는 개미투자자의 수익률보다 좋아지는 거죠. 전문투자자 그룹, 내부자 정보그룹, 애널리스트, 펀드매니저도 1~2종목 정보로 시장초과수익률을 내는데, 전 종목의 내부자 정보를 아는 게 아닌 이상 당연히 몇 년을 제외하고는 이기지 못합니다.

이런 이유로 20년 정도 지나면 90%의 펀드들이 S&P500 지수의 수익률을 못 따라갑니다. 반대로 내부적으로 악재가 있다면 내부자들이 공매도를 합니다. 주가는 떨어지고 시가총액이 낮아지면서 자연히 S&P500에서 제외됩니다. 그러면 더 이상 부실기업에 투자하지 않으므로 S&P500 지수 수익률은 좋아집니다. 이것이 바로 대부분의 투자자들이 장기적으로 S&P500 지수 수익률을 이기지 못하는 이유입니다. 따라서 S&P500 지수에 투자하면 높은 수익률을 올릴 수 있습니다.

10

50년 동안 꾸준히 매수할 주식을 사라

자본가 개미는 주식을 어떻게 사죠?

개미 주식을 평가해서 싸다고 생각되면 사요.

자본가 주식을 매수했는데, 올라가면요?

개미 이제 팔 준비를 해야죠.

자본가 추가로 매수하지는 않나요?

개미 네. 추가로 매수하면 매수단가가 올라가서 수익률이 떨어지거든요

자본가 그러면 내릴 때 매수하나요?

개미 아니요. 물타기는 하지 말라고 배웠어요. 손실이 더 크게 날 수 있으니까요.

자본가 그러면 정말 좋은 주식도 수익금이 낮겠네요. 추가로 계속 매수하지 않으니까요.

개미 그렇겠죠. 새로운 주식을 찾아야죠 뭐.

자본가 종목 선택 능력이 뛰어나시군요.

개미 아니요. 여러 종목을 가지고는 있는데 수익은 안 나요.

자본가 그렇다면 처음부터 50년 동안 계속 떨어지든 내리든 상관없이 매수할 종목을 찾는 게 어때요?

개미 아하, 애초에 종목을 선택할 때 꾸준히 살 수 있는 종목을 선택해야겠네요.

자본가 그렇습니다. 주식수량이 늘어나야 수익이 올라가니까요.

종목을 선택할 때 가격으로 보지 말고 수량으로 보면 선택이 쉽습니다. 개미들은 보통 주식을 한번 산 뒤에는 오르면 팔고 내리면 손절합니다. 주식을 가격으로만 보니 계속 매매하는 것입니다. 처음부터 50년, 100년 뒤 내 자녀 세대까지도 계속 이어서 매수할 수 있는 종목을 선택해야 합니다.

워런 버핏은 내일 당장 주식시장이 문을 닫아서 5년 동안 개장하지 않는다는 가정하에 투자한다고 했습니다. 얼마에 팔지도 생각하지 않는다고 했습니다. 이렇듯 주식투자는 주식 가격과는 상관이 없습니다. 주식 자체가 아니라 기업을 인수한다는 생각으로 투자하기 때문입니다.

평균수익률을 올리는 것이 중요합니다. 주식투자를 할 때 가장 견디기 어려운 것이 시장에서는 평균 13% 수익이 났는데, 나는 6% 수익에 그치는 것입니다. 반대로 시장에서는 평균 10% 손실이 났는데, 나는 20% 손실이 나도 견디기 어렵습니다. 같이 투자한 친구가 20% 수익을 올리면 나는 더 높은 수익률을 올리려고 더 공격적으로 투자하게 됩니다. 그러다가 변동성 높은 소형 개별주에 투자했다가 손실도 크게 납니다. 한번 크게 손실이 나면, 추가 매수도 어렵고 장기투자도 어렵습니다. 매년 수익을 잘 내다가도 1년간 손실이 나거나 수익률에 실망하면 추가로 투자하기가 어렵죠. 매년 시장평균수익률을 올려야 계속 매수할 수 있고, 장기투자도 가능합니다. 이것이야말로 추가매수와 장기투자를 가능하게 하는 요인입니다.

대부분의 펀드들이 S&P500 지수를 벤치마크합니다. 개별 액티브펀드가 S&P500 지수보다 못한 수익률을 올린다면 투자자 입장에서는 S&P500 지수에 투자하는 게 수수료면에서 효율적이기 때문입니다. 그래서 투자 자산운용사의 액티브펀드 수익률은 S&P500 지수 수익률보다 높아야 합니다. 그것도 1~2%가 아니라 더 높아야 합니다. 그래야 투자자들이 선택하니까요. 수익률을 올리려면 상대적으로 변동성이 큰 자산에 투자해야 합니다. 단기적으로는 변동성이 커서 S&P500 지수보다 높은 수익률을 올릴 수 있지만, 결국 장기적으로 변동성은 음의 복리효과가 있기 때문에 수익률이 떨어집니다. 그래서 장기적으로 보면 S&P500 지수를 이기기가 쉽지 않습니다.

20년만 투자해도 90%의 펀드보다 S&P500 지수 수익률이 높습니다. S&P500 지수에 투자하면 이렇듯 추가매수와 장기투자가 가능합니다. S&P500 지수는 50년 후 자녀세대에서도 살아남을 것이므로, 향후 50년간 계속 매수할 수 있는 S&P500 지수에 투자해야 합니다.

11

평균수익률이
장기투자를 만든다

개미 S&P500 지수보다 워런 버핏이 운영하는 버크셔해서웨이가 더 좋은데, 많은 투자자들은 왜 S&P500 지수에 투자할까요?

자본가 합리적인 투자자라면 S&P500보다는 버크셔해서웨이에 투자해야겠죠? 자, 과거로 돌아가 봅시다. 투자자 입장에서는 S&P500 지수에 투자하면 평균수익률을 올릴 수 있습니다. 워런 버핏은 지금까지 21% 정도 수익률을 올렸습니다. 하지만 앞으로도 수익률이 높을지, 후계자가 앞으로 계속 높은 수익률을 올릴지는 모르는 일입니다. 그리고 대부분의 자산은 높은 수익률을 올린 뒤에는 다시 평균으로 회귀하려는 성향을 가지고 있어서 높은 가격에 매수하기가 어렵습니다. 그래서 선택하기 어려운 거예요.

개미 결국은 미래를 알 수 없으니까 평균을 선택하는 거네요.

자본가 평균수익률이 낮다면 선택하지 않겠지만, 20년만 투자해도 상위 10% 안에 들어가니까요. 그리고 우리 다음 세대도 이해가 가능해서 장기투자가 가능하죠.

개미 아하, 꾸준한 평균수익률이 장기투자를 만드는군요!

워런 버핏의 수익률은 80년간 연평균 21%이고, S&P500 지수의 수익률은 2008년 이후에 연평균 13%입니다. 합리적인 투자자라면 당연히 워런 버핏이 운영하는 버크셔해서웨이에 모두 투자해야 합니다. 그런데 S&P500 지수에 투자하는 투자자들이 훨씬 많습니다. 무엇 때문일까요? 첫 번째는 워런 버핏의 수익률이 미래에도 계속될지 의구심을 가지고 있기 때문이고, 두 번째는 워런 버핏의 나이가 90세이다 보니 후계자에 대해서도 의구심을 가지고 있어서 그렇습니다. 이런 의구심들이 장기투자를 못 하게 막는 것입니다. 반대로 그보다 수익률이 낮은 S&P500 지수에는 많은 투자자들이 투자합니다. 앞으로도 주식시장은 계속 우상향하고, 항상 시장평균수익률을 올릴 것이라서 S&P500 지수의 움직임을 장기투자자들도 예상이 가능하기 때문입니다.

워런 버핏과 피터 린치는 대단한 투자자들입니다. 결과론적인 이야기이지만, 이들처럼 주식에 장기로 투자해서 보유했다면 아마도 역사적인 수익률을 올렸을 것입니다. 그런데 투자자들은 왜 투자를 못 하고, 보유도 하지 못했을까요? 당연히 이렇게 될 줄 예측하지 못한 탓이겠죠. 예측하지 못하면 장기투자는 어렵습니다. 반면에 매년 투자로 올리는 평균수익률을 합하면, 20년 뒤에는 상위 10%의 수익률을 올릴 수 있다고 생각하면 장기투자는 쉽습니다. 평균수익률이 장기투자를 만들고 장기투자가 복리 수익률을 만듭니다. 그러므로 S&P500 지수에 투자해야 합니다.

주식수익은
보유기간에서
나온다

PART 4

투자수익은
어디에서 발생할까?

개미 주식수량만 늘리면 주식수익이 올라가나요? 그럼 돈만 많으면 바로 부자

가 되겠네요?

자본가 한번 생각해 봅시다. 주식수익은 어디서 올까요?

개미 종목 선정에서 오는 거 아닐까요? 좋은 종목을 사야 수익이 나니까….

자본가 물론 좋은 종목을 선택하는 것은 중요하지만, 지금까지 투자한 종목들 중

에 나쁜 게 있었나요?

개미 아니오. 삼성전자, SK하이닉스, LG화학, 네이버, 현대차 다 괜찮았죠.

자본가 얼마나 수익이 났나요?

개미 10% 수익 나고 판 것 같아요.

자본가 그렇다면 종목 선택을 잘못해서 수익이 저조한 건가요?

개미 종목 선택은 잘했는데, 제가 단기로 투자해서 그런 것 같아요.

자본가 맞아요. 주식의 수익은 보유기간에서 나옵니다. 오랫동안 보유하면 주가

상승과 배당으로 복리의 수익을 얻을 수 있습니다.

개미 이제 알겠어요. 제가 투자한 종목들이 나쁘지 않은데도 수익이 안 나오는

이유를요. 그런데 저도 향후 50년간 투자하고 싶지만 삼성전자, SK하이

닉스, LG화학, 네이버, 현대차가 50년 후에도 살아 남을지 궁금하고 확신이 없어요.

자본가 전설적인 마젤란펀드를 보면 알 수 있죠. 마젤란펀드는 1977~1990년까지 연평균 29% 올랐습니다.

개미 그 펀드에 투자한 사람은 엄청 벌었겠네요.

자본가 그렇지 않습니다. 절반 이상이 손해가 났습니다.

개미 펀드가 연평균 29% 수익이 났는데 절반 이상이 손해를 봤다고요?

자본가 개미들이 가입은 했지만, 펀드가 오르면 가입했다가 내리면 환매를 반복했기 때문이죠.

개미 펀드로도 단타를 쳤나요?

자본가 네. 그래서 보유기간이 중요합니다. 펀드가 오를지 내릴지 모르는데 예측하고 매매하니, 고점에서 사고 저점에서 손절하는 걸 반복하는 거죠. 확신이 없었을 겁니다. 그래서 장기간 가져갈 수 있는 투자철학도 중요합니다.

개미 슬픈 현실이네요.

자본가 미국의 니프티50 장세에서 50개 종목이 1970년부터 급등하기 시작했습니다. 결국 S&P500 수익률의 2배 이상 나왔죠.

개미 황금장이었네요. 지수의 2배 수익률이라니!

자본가 하지만 이때도 개인투자자들은 절반 정도가 수익을 못 냈습니다.

개미 또 단기매매를 했나요?

자본가 그렇습니다. 이번 코로나19 때 코스피 지수가 1,500에서 3,000까지 왔습니다. 개미는 이 기간에 투자해서 100% 수익률을 달성했나요?

개미 전 손절하고 2,000에 다시 시작했으니 50% 수익이 나야 하는데, 실제로는 10% 정도?

자본가 그래서 우리는 예측하지 말고, 항상 그리고 장기간 투자해야 합니다. 2,000에서 1,400으로 가니까 불안해서 손절하고, 2,000으로 오르는 것을 보고 다시 샀으니 3,000이 돼도 실제 수익은 지수보다 못하죠.

개미 하락할 때 공포가 심해서 손절하고 나니 다시 급등하네요. 장기수익률에 영향이 있을 것 같아요.

자본가 그래서 최대한 보유기간을 길게 잡고 투자해야 합니다. 지수의 수익률을 최대로 얻기 위해서는 보유기간을 늘려야 해요.

개미 네, 알겠습니다. 사놓고 다른 일을 하면 되겠네요.

투자자들에게 수익에서 가장 중요한 것이 무엇이냐고 물어보면, 대부분 내부자 정보와 종목 선택이라고 대답합니다. 내부자 정보는 범죄이고, 알기도 쉽지 않습니다. 오히려 역정보로 인해 대부분 고점에서 매수해서 손실을 봅니다. 종목 선택도 중요한 요소이지만, 지금까지 상승한 삼성전자, SK하이닉스, LG화학에 투자 안 한 투자자들은 거의 없을 것입니다. 그렇다면 종목 선택은 잘했는데, 왜 수익이 안 날까요? 바로 보유기간이 짧기 때문입니다. 주식의 수익은 보유기간에서 나옵니다. 주가의 상승과 배당에 복리의 힘이 작용해야 주식의 수익이 증가합니다.

보유기간에 따라서 수익이 달라지기 때문에 나는 지수가 3,000일 때 투자했는데, 다른 사람은 지수가 2,000일 때 투자해서 수익이 나보다 높을 거라고 생각하는 것도 잘못입니다. 나는 3,000일 때 투자해서 오랫동안 보유하다가 6,000이 되면 100% 수익을 올릴 수 있지만, 다른 사람은 2,000에 투자해서 올라가면 따라 사고 내려가면 손절하면서 계속 샀다 팔았다 하면 손실이 발생합니다. 이런 경우는 세계적인 투자에서도 비일비재합니다. 그러니 지수가 높고 낮고, 종목이 비싸고 싸고는 별로 의미가 없습니다.

마젤란펀드는 S&P500 지수를 이긴 펀드로 유명하죠. 하지만 2000년 이후에는 S&P500 지수와 격차가 벌어지며 시장 평균을 밑도는 상황이 되었습니다. 그래도 마젤란펀드는 무려 2,700%나 올랐습니다. 그렇다면 마젤란펀드에 투자한 개인투자자들은 돈을 벌었을까요? 이상하게도 50%는 손실을 봤습니다. 마젤란펀드가 2,700% 수익을 올리는 동안 50% 개인투자자들은 이 펀드로 단기매매를 했습니다. 올라가면 따라 사고, 내려가면 손절하기를 반복하다 보니 손실을 본 것입니다. 이들은 차라리 투자를 안하는 것이 좋을 뻔했습니다. 반대로 수익이 난 사람들은 보유기간을 길게 가져간 사람들이었습니다. 오를 때 주가가 높다고 예측하지 않고, 내릴 때 더 내려갈 것으로 예측하지 않고 투자한 사람들입니다.

미국에 니프티50(S&P500지수에 편입된 종목 중 상위 50종목) 장세가 나타났습니다. 50개 종목이 S&P500 지수보다 무려 2배의 수익률을 올렸죠. 그러면 니프티50 장세에서 개인투자자들은 수익을 냈을까요? 마젤란펀드처럼 50%는 손실이 났습니다. 똑같이 단기로 오르면 사고, 내리면 손절하면서 손실이 난 것입니다. 수익을 많이 낸 투자자들은 누구였을까요? 역시 주가를 예측하지 않고 보유기간이 가장 긴 투자자들이었습니다.

「개인투자자의 주식투자 성과」를 분석한 논문에서 1998년부터 2003년까지 6년간 개인투자자 1만명의 거래자료와 잔고자료를 분석했습니다. 동 기간 거래소 수익률은 13.6%, 개인투자자의 총수익률은 12.3%, 거래비용을 고려한 순수익률은 8.3%로 연간 270%가 넘는 거래가 일어났습니다. 투자금액 상위 20%는 시장수익률과 비슷한 수익률을 올렸고, 나머지 80%는 시장수익률에 크게 미치지 못하는 성과를 냈습니다. 개인투자자들은 포트폴리오의 체계적인 위험에 상응하는 수익을 올렸고, 펀드도 마찬가지였습니다. 결국 시장평균수익률을 올린 것입니다. 따라서 개인투자자들의 종목 선택은 무의미하고, 시장평균수익률을 올리는 데 그치며, 거래 회전율이 높은 개인투자자들은 거래비용을 많이 내서 수익률이 시장평균수익률에 미치지 못함을 확인할 수 있었습니다.

2015년 한화투자증권에서 고객 6만명의 데이터를 분석한 결과 거래 회전율과 수익률은 반비례했습니다. 거래 회전율이 100% 이하인 그룹은 연수익률이 7%, 거래 회전율이 2,000% 이상인 그룹은 연수익률이 -18%로 나타났습니다. 거래 회전율이 높을수록 거래비용이 증가해 수익률은 낮아집니다. 반대로 보유기간이 길수록 수익률은 높아집니다.

이 사실은 2020년 코로나19 때도 동일하게 드러났습니다. NH투자증권에 따르면 2020년 1월부터 11월까지 신규 주식계좌 70만개를 대상으로 조사한 결과, 단기투자를 주로 한 남성 투자자의 수익률은 18%, 장기투자를 주로 한 여성 투자자의 투자수익률은 24%로 나타났습니다. 20대 남성의 투자수익률은 평균 3.8%로 가장 낮았고 거래 회전율은 6,832%로 가장 높았습니다. 높은 거래 회전율은 거래비용을 높여 수익률을 악화시킵니다. 이것은 코로나19 상황에서도 명확히 나타났습니다. 이렇듯 보유기간이 길수록 수익률은 높아집니다.

자본시장연구원에서 2020년 3월~10월까지 고객 20만명(신규 6만명)의 주식투자를 분석했습니다. 전반적으로 개인투자자들의 경우 전체 투자자의 59%, 신규 투자자의 73%가 3종목 이하로 보유했습니다. 거래 회전율을 보면 기존 투자자는 6.5%, 신규 투자자는 12.2%로 평균보유기간은 15.4일, 8.2일이었습니다. 중소형주 투자자, 20대, 남성, 소액 투자자들의 거래 회전율이 높았습니다. 종목 교체 비율은 일평균 10.8%였고, 신규 진입 후 매도까지 19거래일이 걸렸습니다. 투자 수익률을 보면 기존 투자자는 15%, 신규 투자자들은 -1.2%였고, 전체 투자자들은 약 46%, 기존 투자자들은 39%, 신규 투자자들은 62% 손실이 났습니다. 분석해 보면 투자자산 규모, 보유종목 수, 대형주 비중이 높을수록 분산투자 시 수익률이 높았고, 신규 투자자, 20대, 소액 투자자일수록 성과가 저조했습니다. 따라서 분산투자 하고 보유기간이 길수록 수익률은 높아짐을 알 수 있습니다.

2021년 6월 1일 미래에셋증권에서 최근 1년 동안 100만원 이상 넣고 투자하는 93만계좌에 대해서 조사한 결과, 거래 회전율이 50% 미만인 투자자 33만명의 1년 수익률은 47.8%, 회전율이 50~300%인 38만명의 수익률은 45.3%였습니다. 회전율이 300% 이상인 21만명의 수익률은 17%였습니다. 거래 회전율이 300% 이상인 20대 단타족의 1년간 수익률은 6.9%, 6개월간 수익률은 -2.4%로 나타났습니다. 20대 단타족은 작년 급등장에서 벌어들인 수익을 최근 횡보장에서 다 까먹고 있었죠. 역시 거래 회전율이 높으면 거래비용 증가로 수익률이 낮아지고, 반대로 보유기간이 길수록 수익률은 높아짐을 알 수 있습니다.

2021년 7월 12일 NH투자증권에서 고객 계좌를 조사한 결과, 18세 미만 계좌 수익률이 2019년, 2020년, 2021년 모두 1위를 한 것으로 나타났습니다. 반대로 매매를 많이 하는 30대, 20대의 수익률이 꼴찌였습니다. 미성년자 계좌의 경우 부모가 우량주식을 매수해서 장기간 보유하는 데다 자녀 명이라서 매매하기가 불편하니 처음부터 장기간 보유할 종목을 선택합니다. 그에 따라 보유기간이 길어져 수익률이 높아집니다.

　개인투자자들의 패턴은 왜 이렇게 역사적으로 반복될까요? 이들은 주식은 위험하다고 생각해서 적은 금액으로 투자를 시작하는데, 수익률은 높여야 되니까 변동성이 큰 소형주에 집중 투자합니다. 변동성이 큰 소형주를 선택하다 보니, 조금만 떨어져도 손절하고, 올라가면 따라 매수해서 거래 회전율이 높아집니다. 거래 회전율이 높아지니 거래비용이 많이 나가서 시장수익률을 올리기 어렵습니다. 이제는 반대로 큰 금액으로, 대형주로 분산해서, 장기로 투자하며 시장평균수익률을 올려야 합니다. 이것이 수익을 내는 비결입니다.

　아무리 이렇게 이야기해도 개미들은 막상 투자할 때 보면 그저 싸게 사려고만 합니다. 차트를 보고 "이렇게 많이 올랐는데 어떻게 사?"라면서 10%만 조정이 오면 산다고 합니다. 10% 조정이 오면 또 10% 조정이 오면 산다고 합니다. 지금 못 사면 떨어져도 못 삽니다. 단기로 100에 사서 150에 팔면 50% 수익이지만, 150에 사서 장기로 300에 팔면 100% 수익입니다. 시점은 무의미합니다. 보유기간이 중요하죠. 그리고 50년 투자할 경우 매월 한 번씩 600번 사는데, 1번 비싸게 산다고 해서 600번 평균값에 큰 의미가 있을까요? 거의 없습니다. 매수했는데 떨어지면 어떡하느냐고요? 매우 좋은 기회입니다. 어차피 계속 매수할 텐데 싸게 사서 좋은 거죠. 2008년 금융위기, 2020년 코로나19 때는 어땠을까요? 역시 매우 좋은 기회였습니다.

　그러면 위기 때 사면 수익이 더 클까요? 물론 크겠지만 타이밍을 잘 맞추기는 불가능합니다. 그냥 적금처럼 사면 됩니다. 기계처럼 매일, 매달 일정하게 사는 것입니다. 그러다가 금융위기 때처럼 저렴하게 사면 좋은 것이고요. 하루라도 빨리 사야 복리효과를 누릴 수 있습니다. 지금 매수해서 대대손손 투자하세요.

아무리 좋은 주식과 펀드에 투자하더라도 장기투자 해야 복리로 수익률을 올릴 수 있습니다. 그러니 우리는 보유기간을 최대한 늘리는 투자를 해야 합니다.

워런 버핏의 수익률도 보유기간에서 나온다

2

개미 자본가 님은 투자하면서 후회한 적이 있나요?

자본가 20세부터 주식투자를 했는데, 단기로 투자해서 수익이 별로 안 났습니다. 그때부터 안 팔고 가지고 있었으면 더 많은 수익이 났을 텐데 말이에요.

개미 누구나 하는 후회 같은데요.

자본가 워런 버핏도 후회한 적이 있습니다. 11세 때부터 주식을 매수했는데 5세 때부터 매수했으면 좋았을 거라며 후회했다고 하더군요. 그때부터 투자해서 지금까지 올린 연평균 21% 수익의 90%가 65세 이후에 얻은 수익입니다. 55년간 복리로 수익률이 누적되면서 지금의 수익률이 된 거죠. 한정된 시간을 아주 잘 활용했는데도 5년 정도 더 빨리 투자했다면 싶었나 봅니다.

개미 지금 90세니까 80년간 복리로 쌓은 수익률이네요.

자본가 지금은 110조원으로 세계 4위 정도 됩니다.

개미 대단하네요. 제가 그 정도로 투자할 수 있을지 모르겠어요.

자본가 그런데 워런 버핏보다 더 높은 수익률을 낸 사람도 있습니다.

개미 누구인가요?

자본가 르네상스테크놀로지 창업자 제임스 사이먼스가 1998년부터 올린 수익률은 연평균 66%였어요.

개미 그러면 워런 버핏보다 더 많이 벌었을 텐데, 부자 순위에는 없네요?

자본가 투자성적은 3배 높지만 순자산은 27조원으로 3분의 1도 안 되니까요.

개미 왜 그렇죠?

자본가 투자기간에 차이가 나기 때문입니다. 워런 버핏은 11세 때부터 투자해서 90세가 되었고, 제임스 사이먼스는 훨씬 늦은 나이에 투자를 시작했으니까요.

개미 아무리 투자수익률이 높더라도 보유기간을 이길 수는 없군요.

자본가 그렇습니다. 보유기간이 길면 수익률이 낮더라도 복리라서 결과적으로는 더 높아지죠. 워런 버핏은 90세인데 아직도 투자하고 있어요. 앞으로 세계 부자 1위가 될 확률이 높습니다.

개미 그럼 저는 자녀들에게 증여해서 워런 버핏보다 보유기간을 더 길게 늘려야겠네요.

자본가 그렇게 대대손손 증여하는 게 최대한으로 투자하는 방법이죠.

워런 버핏은 투자를 하며 5세 때부터가 아니라 11세 때 투자한 것을 후회한다고 했습니다. 5년 먼저 투자했으면 지금의 자산보다 더 많이 보유했을 것이기 때문입니다. 초기투자의 복리 수익률이 중요한데, 5년만 더 빨리 투자했어도 지금의 자산보다 100%는 더 많이 벌었을 것입니다. 워런 버핏은 역사상 최고의 주식투자 부자입니다. 그는 연평균 21%의 수익률을 올렸습니다. 11세 때부터 주식투자를 시작했는데, 올해 90세이니까 80년간 투자했습니다. 그런 워런 버핏도 "5년 더 빨리 투자해서 보유할걸." 하고 후회한다고 하니, 우리도 최대한 빨리 투자해야 하지 않을까요?

그러나 워런 버핏의 수익률은 최고가 아닙니다. 세계 최고의 수익률은 르네상스테크놀로지 창업자 제임스 사이먼스가 올린 것으로, 1988년 이래 연평균 66%에 달합니다. 그런데 투자성적은 3배 높지만, 그의 순자산은 27조 원으로 워런 버핏의 3분의 1도 안 됩니다. 보유기간에서 큰 차이가 나기 때문입니다. 버핏은 11세 때부터 투자했지만, 사이먼스는 훨씬 늦은 44세에 창업했습니다. 버핏은 90세가 넘은 나이에도 계속 투자하고 있습니다. 보유기간을 최대한 늘려서 복리의 힘을 발휘하고 있는 것입니다.

　워런 버핏은 80년간 주식을 보유하면서 투자하여 역사상 복리의 힘을 가장 크게 누리는 투자가가 됐습니다. 그가 11세부터 투자했으니, 우리 자녀들에게는 1세부터 투자하게 해주면 워런 버핏보다 보유기간이 더 길어집니다. 그는 60세가 되었다고 해서 안정적인 채권에 투자하지 않았습니다. 그런 만큼 다른 투자의 대가들보다 수익률이 높습니다. 우리 역시 60세에도 투자를 멈추지 말고 계속해야 합니다. 더 빨리 투자할수록 60세에 아무리 조정이 와도 내가 투자한 지수보다 내려가지는 않습니다. 이렇듯 워런 버핏처럼 보유기간을 최대한 길게 가져가야 주식상승의 수익과 배당이 복리로 투자됩니다.

3

대대손손 증여해서
투자하라

개미 보유기간을 최대한 늘려서 복리의 힘을 발휘하려면 어떤 방법이 좋을까요?

자본가 아주 좋은 질문입니다. 주식수익은 보유기간에서 오는데, 보유기간을 늘리는 최선의 방법은 대대손손 증여하는 거죠.

개미 증여하면 수익금에 대해서 세금도 안 내고, 배당을 받아도 건강보험료를 안 내니 좋네요.

자본가 그렇습니다. 만약 1억원 정도 수익이 났다고 하면, 미성년 자녀에게 2,000만원, 성년 자녀에게 5,000만원, 아내에게 6억원까지 세금 없이 10년마다 증여가 가능합니다.

개미 수익이 나면 250만원을 공제하고, 세금을 22% 내야 하는데 안 내도 되니 좋은데요.

자본가 여기서 주의할 점은 배당소득이 1,000만원을 넘으면 지역가입자는 건강보험료를 납부해야 한다는 것입니다. 보통 배당이 2%니까 1인당 5억 이하로 증여해야겠죠.

개미 저는 그럴 돈이 없으니 걱정 안 해도 되겠네요.

자본가 복리의 힘을 믿으세요. 금방 5억 이상으로 될 겁니다.

개미 20년 뒤에나 될 것 같은데요.

자본가 그래서 연금펀드를 운용해서 세금과 건강보험료를 줄여 절세해야 합니다.

개미 지금부터 준비해야겠군요. 이렇게 대대손손 자녀들에게 증여하면 분명히 복리의 힘을 가장 크게 누릴 수 있긴 할 텐데, 도대체 언제 매도하죠?

자본가 매도는 쌀 떨어지면 해야죠. 생활비가 부족하면요. 60대에도 투자하고, 100세에도 투자해야 합니다. 자녀들을 위해서요.

개미 마치 명문가의 유산 같네요.

자본가 저는 S&P500을 명문가의 유산으로 봅니다. 계속 증여해서 자녀의 자녀까지 힘들게 살지 않게 할 계획입니다.

개미 후손들은 좋아할 것 같아요. 저도 자녀들에게 대대손손 증여해야겠어요.

보유기간의 이점을 최대한 발휘할 수 있는 방법은 대대손손 증여하는 것입니다. 그래야 100년이고 200년이고 투자가 가능합니다. 그리고 증여하면 세금도 절세됩니다. 해외주식을 매도하면 수익에서 250만원을 제외하고 세금을 22% 내야 하지만, 수익이 난 상태에서 증여하면 증여받은 사람은 증여가(증여일 전일종가 기준)로 증여받아서 수익이 없어서 세금도 안 냅니다.

미성년 자녀는 2,000만원, 성년 자녀는 5,000만원, 배우자는 6억원까지 10년마다 증여가 가능합니다. 자녀들 명의로 해외주식 계좌를 만들어서 10년마다 증여하세요. 생활비가 필요하면 배우자에게 증여해서 매도하여 활용하세요. 그러면 세금 없이 강제적으로 장기투자를 하게 됩니다.

평범한 유대인은 어떻게 부자가 됐을까요? 유대인들은 13세 성인식을 통해 축하금을 받습니다. 우리나라 결혼 축의금처럼 5만달러 정도를 받죠. 이 돈으로 유대인들은 13세부터 투자를 시작합니다. 창업해서 꼭 세계적인 기업가가 되지 않더라도 13세부터 투자를 시작하니 65세가 되면 총 52년을 투자하게 되어 부자가 됩니다. 미국인은 25세에 퇴직연금을 시작하고 한국인은 30세에 취업해서 겨우 투자를 시작하니, 유대인에 비하면 많이 늦는 셈입니다.

(단위: 만달러)

	유대인 13세	미국인 25세	한국인 30세
65세 은퇴자금	1436.3	389	225.7

유대인은 13세부터, 미국인은 25세부터, 한국인은 30세부터 5만달러를 연평균 11.5% 나오는 S&P500 지수에 투자해서 65세에 은퇴자금을 받는다고 해봅시다. 유대인은 미국인에 비하면 12년 먼저 투자하니까 3.69배 많고, 한국인에 비하면 17년 먼저 투자하니까 6.36배 더 많습니다. 우리가 유대인과 미국인보다 더 부자가 되려면 어떻게 해야 할까요? 최대한 보유기간을 늘리면 됩니다. 내가 투자해서 자녀에게 증여하고, 또다시 그 자녀에게 증여하는 식으로 대대손손 증여하면 유대인보다, 미국인보다 더 많은 자산을 보유할 수 있습니다.

워런 버핏이 가장 좋아하는 보유기간은 영원히라고 했습니다. 11세 때부터 주식투자를 시작한 그는 지금 90세가 되어도 주식을 팔지 않고 보유하고 있습니다. 주식종목은 교체해도 주식투자를 그만둔 적은 없죠. 우리도 대대손손 증여해서 주식을 영원히 보유하면 됩니다. 가문의 유산으로 대대손손 증여하세요. 100년을 넘어 200년이 되어도 투자를 계속하세요.

★★★
4

매수시점은
상관없다

개미 주식을 매수하려고 했는데, 지금 지수가 3,000이라서 너무 무서워요.

자본가 뭐가 무섭죠?

개미 곧 2,000으로 떨어질 것 같아서요.

자본가 2,000일 때는 어땠나요?

개미 코로나19 때 떨어져서 1,400부터 올라왔으니, 2,000일 때도 무서웠어요.

자본가 1,400일 때는요?

개미 2,000에서 떨어져서 1,400으로 가니 금방 1,000으로 갈 것 같아서 무서웠죠.

자본가 무서워할 필요 없습니다.

개미 왜죠?

자본가 우리가 살펴본 마젤란펀드, 니프티50을 비롯해 코로나19 때도 S&P500 지수의 수익률은 엄청났죠? 그런데 개인들의 수익률은 어땠나요?

개미 손실 난 경우가 많았어요.

자본가 고점에 따라 사고 저점에 손절해서 50% 이상 손실이 났습니다. 결국 단기로 매매해서 손해가 났죠. 그렇다면 무엇이 중요할까요?

개미 보유기간이 중요해요. 오래 보유할수록 수익률이 높으니까요.

자본가 그렇습니다. 그래서 지금의 지수는 상관이 없습니다.

개미 아, 보유기간을 늘리려면 지금 사야 되는군요.

자본가 복리의 힘을 최대한 발휘하려고 해도 지금 사야 합니다.

개미 이제야 알겠어요. 언제 사느냐가 중요한 게 아니라, 얼마나 오래 보유하느냐가 중요하다!

자본가 그리고 어차피 월급 받을 때마다 살 거니까, 적립식으로 보면 결국 매수단가는 평균에 수렴합니다.

개미 이제 지수가 2,000이든 1,000이든 아무 상관 없네요. 지금 사러 가야겠어요.

　　지수가 3,000일 때는 너무 높아서 투자를 못 하고, 1,400일 때는 1,000이 무너질 것 같아서 투자를 못 하고, 2,000일 때는 반등을 많이 해서 못 사고, 결국엔 아무것도 못 삽니다. 주식을 가격으로 생각해서 벌어지는 일입니다. 보유기간으로 생각하면 가격은 상관이 없습니다. 그래서 투자가 가능합니다. 보유기간이 수익률을 결정하므로, 최대한 하루라도 빨리 투자해야 합니다.

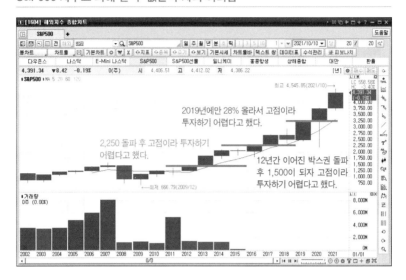

그리고 하루라도 늦게 팔아야 합니다. 오늘 바로 매수해서 최대한 보유기간을 길게 늘려야 합니다. 그러고 나서 대대손손 증여해야 합니다. 어차피 우리는 미래의 쌀을 모아가야 하므로 계속 사야 합니다. 그러면 한 달에 한 번 주식을 매수할 경우 40년간 투자한다고 할 때 480개월 동안 주식을 사는 셈이므로, 480번을 사는 데 있어서 1번 정도는 평균단가에 영향을 주지 않습니다. 그러니 지금 사도 아무런 문제가 없습니다. 보유기간을 늘리려면 바로 지금 사야 합니다.

5

미래를 예측할 수 없다면, 항상 투자하라

개미 오를 때만 투자하고 내릴 때는 투자 안 할래요. 손해 보는 건 싫거든요.

자본가 그 말은 곧 주식의 변동성을 예측해서 투자하겠다는 건데, 그걸 맞힌 사람은 지금껏 없습니다. 개미들은 주식의 변동성을 맞히려고 합니다. 그러다 보면 결국 돈을 못 벌죠. 우리는 워런 버핏처럼 항상 그리고 장기로 투자해야 합니다.

개미 그런데도 많은 투자자들이 단기로 투자하네요.

자본가 누구나 처음에는 그렇게 시작합니다. 투자의 단계로 보면 되죠. 제가 실험해 봤는데 5년 동안 장기로 투자했다면 84% 수익이 납니다. 그런데 여기서 단 5일만 단기매매로 투자를 못 해도 수익률은 28%로 낮아집니다.

개미 5년 동안 5일만 투자를 못 했을 뿐인데 수익률이 그렇게 낮아진다고요?

자본가 가정이긴 하지만, 가장 수익률이 높은 5일을 빼면 그렇습니다. 5년 동안 단 10일만 단기매매로 투자를 못 했을 경우 수익률이 3%, 15일만 단기매매로 투자를 못 했을 경우 수익률이 -12%로 손해를 보게 되죠.

개미 무섭네요. 꾸준히 투자하다가 10일, 15일 동안 너무 많이 올랐다고 해서 현금화했다가는 손해를 보게 되니까요.

`자본가` 실제로 저는 많이 경험하고 봐왔습니다. 주식은 언제 많이 오를까요?

`개미` 코로나19 때 보니, 폭락하다가 반등할 때 많이 오르더라고요.

`자본가` 맞습니다. 폭락하고 나서 반등할 때 많이 오르는데 그때 많이들 더 빠질 줄 알고, 아니면 망하는 줄 알고 팔죠. 그래서 막상 반등할 때 수중에 주식이 없는 경우도 많습니다. 그러고는 다시 사죠.

`개미` 아, 그래서 항상 투자해야 하는군요. 언제 오를지 맞힐 수 없으니까요.

`자본가` 개미는 어떻게 투자하고 보유하죠?

`개미` 종목을 선택해서 보유하다가 조정이 올 것 같으면 현금화해요.

`자본가` 그러면 항상 투자하기가 어렵습니다. 처음부터 항상 투자할 종목을 선택하세요. 항상 보유해야 수익률이 좋으니까, 처음부터 항상 보유할 종목에 투자해야 합니다. 그리고 바로 지금 투자해야 합니다.

`개미` 내일 오를지 내릴지 예측할 수 없으니까요?

`자본가` 그렇죠. 그리고 결국 주가는 우상향하기 때문에 하루라도 빨리 투자해야 합니다. 그래야 복리 수익률을 최대한 올릴 수 있어요. 주식은 계속 횡보하다가 상승하는데 상승구간은 짧습니다.

`개미` 상승구간에 내가 주식을 가지고 있지 않으면, 수익률이 낮아지는군요.

`자본가` 맞습니다. 그런데 언제 상승할지 모르니 항상 투자해야 합니다.

주식의 미래를 예측할 수 없다면, 왜 항상 투자해야 하는지는 실험을 해보면 알 수 있습니다.

최근 5년(2016~2020년) 동안 계속 주식을 보유한 사람과 하락을 예측하고 같은 기간에 5일, 10일, 15일간 주식투자를 안 한 사람을 비교해 봤습니다.

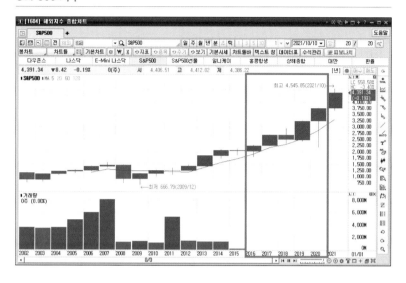

- S&P500 지수의 약 5년간 투자수익률이 약 84%일 때, 하락할 것으로 예측해서 단 5일만 투자를 안 해도 수익률은 어떻게 될까요? → 28%(5일간이 최고수익률일 경우 제외)
- S&P500 지수의 약 5년간 투자수익률이 84%일 때, 하락할 것으로 예측해서 단 10일만 투자를 안 해도 수익률은 어떻게 될까요? → 3%(10일간이 최고수익률일 경우 제외)
- S&P500 지수의 약 5년간 투자수익률이 84%일 때, 하락할 것으로 예측해서 단 15일만 투자를 안 해도 수익률은 어떻게 될까요? → -12%(15일간이 최고수익률일 경우 제외)

가장 높은 수익률을 올린 날 투자를 못 하면 이렇게 수익률이 낮아집니다. 주식시장은 상승할 때 단기간에 급등하는데, 이때 투자를 안 하면 수익을 못 올리게 됩니다. 실제로 코로나19 때도 폭락했다가 반등할 때 빠르게 상승했습니다. 하지만 조금 더 빠지면 저점에 사려고 현금화한 사람들, 망할 것 같아서 현금화한 사람들은 장기적으로 봤을 때 수익을 못 올리게 됐습니다. 그래서 항상 투자해야 하고, 장기로 가져가야 합니다.

개미들은 먼저 종목부터 선택하니까 경제위기가 오면 자신이 투자한 기업이 부도날 것 같아서 흔들립니다. 그래서 종목을 덜컥 선택하기 전에 항상 보유할 수 있는 종목인지 알아본 뒤 선택하는 게 중요합니다. 항상 보유해야 수익률이 높기 때문에 금융위기에도 흔들림 없이 보유할 수 있는 종목인지가 중요합니다. S&P500 지수는 상위 500개 기업에 투자하므로 경제위기가 와도 항상 보유할 수 있습니다.

S&P500

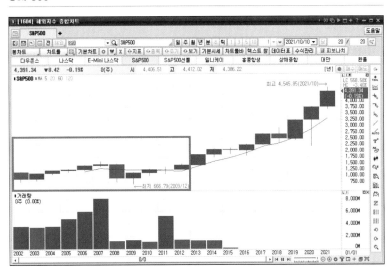

2001년부터 2012년까지 12년 동안 S&P500 지수는 횡보했습니다. 그러다가 2013년부터 상승하기 시작하여 2021년까지 상승했습니다. 2001년부터 투자한 개미가 2013년에 박스권 상단이라고 판단하고 매도했다면 어떻게 됐을까요? 약간의 수익만 보고 나왔을 것입니다. 실제로도 많은 투자자들이 박스권 상단이라고 예측했습니다. 그러므로 예측하지 말고 항상 꾸준히 투자해야 합니다. 주식은 횡보가 기본입니다. 계속 횡보하다가 어느 순간에 상승합니다.

《가치투자의 비밀》의 저자 크리스토퍼 브라운에 따르면, 주식투자 수익의 80~90%는 전체 보유기간의 2~7%에서 발생한다고 합니다. 상승기간은 짧지만 빠르게 올라갑니다. 따라서 상승구간을 못 잡으면 수익이 안 납니다. 그렇다면 상승구간을 알 수 있을까요? 그렇다면 주식마다 상승구간만 찾아서 투자해서 세계 최고의 부자가 될 것입니다.

아직 타이밍 매매로 세계적인 부자가 된 사람은 없습니다. 로또처럼 운이 좋아서 몇 번 맞힌 것에 불과하죠. 미래를 예측할 수 없다면, 복리의 힘을 최대한 발휘하기 위해 S&P500 지수에 항상 100% 투자해야 합니다. 이것이 주가가 올랐을 때 확실히 부자가 되는 방법입니다. 시스템을 믿고 항상 투자하세요.

6

단기투자와 장기투자의
확률을 비교하라

개미 단기투자로는 정말 수익 내기 어려운가요?

자본가 아직도 단기투자 마인드를 벗어나지 못했군요.

개미 TV나 방송, 유튜브를 보면 단기로 투자해서 수익을 낸 분들이 많더라고요.

자본가 투자기간이 짧거나, 내부자 정보를 알거나, 노하우가 있겠죠. 그래도 대대
손손 증여해서 투자하기는 어렵습니다. 당연히 복리의 수익률도 달성하
기 어렵고요.

개미 나 혼자만 알고 있으니, 다음 세대로 이어지기가 어려운 거군요.

자본가 그래도 하고 싶다면 S&P500으로 단기매매를 해보세요.

개미 단기로 매매했는데 잘하면요?

자본가 그길로 나가서 세계 최고 부자가 되는 거죠. 매일 복리로 수익률을 올릴
수 있을 테니까요. 워런 버핏의 90년 수익률을 몇 년 안에 달성하는 거죠.

개미 이렇게 들으니까 또 어렵네요.

자본가 단기투자가 얼마나 어렵고, 장기투자가 얼마나 쉬운지 알려드릴게요. 자,
S&P500 일봉차트입니다. 5,083일 중 시가에 사서 종가에 팔면 수익일수
가 2,723일, 손실일수가 2,354일, 보합이 6일.

개미 그래도 상승일수가 54%네요.

자본가 S&P500 주봉차트입니다. 1,064주 중 시가에 사서 종가에 팔면 수익인 주가 590주, 손실인 주가 474주.

개미 그래도 상승주가 55%네요.

자본가 S&P500 월봉차트입니다. 243월봉 중 시가에 사서 종가에 팔면 수익월봉이 147월, 손실월봉이 94월.

개미 이제부터 61%로 올라가네요.

자본가 S&P500 연봉차트입니다. 20년봉 중에 시가에서 종가에 팔면 수익연봉이 14년, 손실연봉이 6년.

개미 와, 연봉으로하면 70% 확률이네요.

자본가 S&P500 10년봉입니다. 20년봉 중 시가에 사서 종가에 팔면 수익연봉은 20년이네요.

개미 와, 10년봉으로 하면 100% 확률이네요.

자본가 S&P500 20년봉입니다. 20년 중에서 시가에 사서 종가에 팔면 수익연봉은 20년이네요.

개미 20년봉으로 하면 100% 확률이네요.

자본가 이렇게 장기로 투자할수록 수익 날 확률이 높아집니다.

개미 놀라운 마법 같아요.

자본가 당연한 결과예요. S&P500 지수는 천천히 상승하니까 결국에는 장기로 투자할수록 수익이 나죠.

개미 결국 우상향하니까 길게 보고 투자하면 수익이 나는군요. 저도 장기로 투자해야겠어요.

아무리 장기투자가 좋다고 해도 쉽사리 믿기 어렵습니다. 유튜브나 TV

에서는 매일같이 단기로 투자해서 큰 수익이 났다고 합니다. 그러면서 회원가입이나 교육을 유도합니다. 그렇게 수익이 잘 나는데 왜 회원가입이나 교육을 유도할까요? 고민해 봐야 합니다. 수익이 잘 나면 혼자 하면 되지 왜 남들을 끌어들일까요? 회비와 교육비가 더 많은 수익을 내는 건 아닐까요?

2021년 3월 11일 ~ 2002년 단기투자가 좋은지 장기투자가 좋은지 실험해 보면 알 수 있습니다. 일봉, 주봉, 월봉, 연봉으로 실험해보자. 시가에서 사서 종가에 매도했다고 하면 상승 확률이 어떻게 될까요?

투자기간	보유기간	상승기간	하락기간	상승확률
5,083일	하루	2,723일	2,354일, 보합 6일	54%
1,064주	일주일	590주	474주	55%
243월	1월	147월	94월	61%
20년	1년	14년	6년	70%
20년	10년	20년	0	100%
20년	20년	20년	0	100%

일간으로 투자할 경우 상승확률은 54%, 주간으로 투자할 경우 55%, 월간으로 투자할 경우 61%, 연간으로 투자할 경우 70%, 10년으로 투자할 경우 100%, 20년으로 투자할 경우 100%입니다. 길게 투자할수록 수익이 날 확률이 높은 것입니다. 이것도 당연합니다. 주가지수는 명목 GDP만큼 상승하니까 결국 길게 보면 우상향합니다. 그러니 장기로 투자하면 손실 확률이 줄어듭니다.

S&P500 지수 투자 기간별 상승 확률: 일간 상승·하락 확률 50:50으로 가정

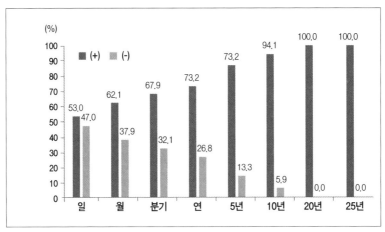

출처: Bloomberg, 메리츠증권 리서치센터

S&P500 투자 기간별 상승 확률 상세

미국(S&P500)		기간의 수		계	확률(%)	
		(+)	(-)		(+)	(-)
수익률	일	11,526	10,224	24,175	53.0	47.0
	월	640	391	1,031	62.1	37.9
	분기	233	110	343	67.9	32.1
	연	747	273	1,020	73.2	26.8
	5년	843	129	972	86.7	13.3
	10년	858	54	912	94.1	5.9
	20년	792	0	792	100.0	0.0
	25년	732	0	732	100.0	0.0

출처: Bloomberg, 메리츠증권 리서치센터

S&P500 지수를 역사적으로 살펴보면 결과는 비슷합니다. 장기적으로 투자해야 수익확률이 높아집니다. 하루 투자하는 것보다는 월로, 분기로, 연으로 투자하는 편이 수익을 올릴 확률이 높습니다. 20년 이상 투자하면 언제든지 수익 100%의 결과를 가져옵니다. 이것은 인플레이션이 이유일 수도 있습니다. 물건 가격이 오르니, 장기적으로 소비자 가격에 전가되어 기업의 수익이 오르고, 결과적으로 주가가 상승하는 것이죠.

코스피 지수 투자 기간별 상승 확률: 일간 상승·하락 확률 50:50으로 가정

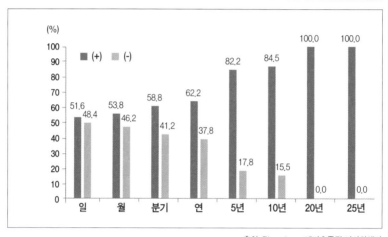

출처: Bloomberg, 메리츠증권 리서치센터

코스피 지수 투자 기간별 상승 확률 상세

한국(코스피)		기간의 수		계	확률(%)	
		(+)	(-)		(+)	(-)
수익률	일	11,217	10,533	21,750	51.6	48.4
	월	555	476	1,031	53.8	46.2
	분기	202	141	343	58.8	41.2
	연	634	386	1,020	62.2	37.8
	5년	799	173	972	82.2	17.8
	10년	771	141	912	84.5	15.5
	20년	792	0	792	100.0	0.0
	25년	732	0	732	100.0	0.0

출처: Bloomberg, 메리츠증권 리서치센터

우리나라도 역사적으로 보면 결과는 비슷합니다. 장기적으로 투자해야 수익이 날 확률이 높아집니다. 하루 투자하는 것보다 월로, 분기로, 연으로 투자하는 것이 수익을 올릴 확률이 높습니다. 20년 이상 투자하면 언제든지 수익 100%의 결과를 가져옵니다. 이것 또한 인플레이션의 이유일 수도 있습니다.

그런데 우리는 단기적으로만 투자해서 수익을 올리려고 합니다. 매일매일 투자하면 이길 확률이 54%입니다. 50%를 넘으니 그래도 이기는데 왜 손실이 날까요? 개인투자자들은 내리면 사고 오르면 파는 게 아니라, 실제로는 오르면 앞으로 못 살까봐 따라 사고, 내리면 무서워서 손절합니다.

개미는 코로나19를 경험한 뒤 지수가 1,500일 때 100만원을 투자하고, 지수가 2,000을 넘으면 1,000만원을 투자하고, 지수가 3,100을 넘으면 이제 본격적인 상승장이라고 대출을 받아서 주식을 2억원어치 삽니다. 그러면 개미의 평균단가는 3,000입니다. 평균단가가 항상 고점이기 때문에 조금만 조정 받아도 손실이 납니다. 그러다 2,500으로 내려가면 다 손절합니다. 그러니 주가가 올라도 개미의 계좌는 늘 마이너스입니다.

누차 말하지만 결국엔 보유기간입니다. 더 오래 보유할수록 상승확률은 높아집니다. 그래서 보유기간을 최대한으로 늘려 투자해야 합니다.

7

5060의
후회

자본가 많은 분들이 50~60대가 돼서 후회하곤 합니다.

개미 어떤 걸 후회하나요? 저라면 삼성전자, SK하이닉스, LG화학, 네이버를 못 산 걸 후회할 것 같아요.

자본가 아닙니다. 주식투자자 중에 삼성전자, SK하이닉스, LG화학, 네이버를 한 번도 매매 안 한 사람은 없을 것입니다.

개미 하긴, 우리나라 대표 주식이니까요.

자본가 다들 너무 빨리 팔아서 후회합니다. 너무 빨리 팔고 나와서 수익이 적거나 손실이 난 것을 후회하는 거죠.

개미 저도 그래요. 버티다가 손실 난 뒤에야 나왔어요.

자본가 보유기간이 몇 년이었나요?

개미 6개월이요.

자본가 평균이 6개월이죠. 대부분 너무나 짧게 보유하고 판 것을 후회합니다.

개미 일찍 팔아서가 아니고, 판 것을 후회한다고요?

자본가 네. 판 것을 후회합니다. 그동안 팔지 않고 기다렸다면 50~60대에 얼마나 수익이 났을까요?

주식수익은 보유기간에서 나온다

개미 2021년이 사상 최고 장세였으니까 엄청나게 수익이 났겠죠. 그런데 사실 떨어지는 종목을 매수했으면 이런 장에서도 손실이 났을 거예요

자본가 그래서 분산투자를 하는 겁니다. 불안해서 분산투자를 하다 보면, 결국 지수화가 됩니다.

개미 장기로 투자하려면 결국 지수화된 S&P500이 좋겠군요.

자본가 그렇죠. 보유기간을 최대한 늘려도 불안해하지 않을 투자상품에 투자하는 겁니다.

개미 그럴 것 같아요. 50~60대인 분들이 더 일찍 S&P500 지수를 알았다면, 최대한 오래 보유했을 거예요. 그러고 보니 개별 종목에 단기투자 하는 것보다 S&P500 지수에 장기투자 하는 게 수익금이 더 크겠네요.

자본가 그렇습니다. 보유기간이 늘수록 수익이 늘어나서 더 큰 수익을 올릴 수 있습니다.

개미 그럼 얼마나 오래 보유해야 하나요?

자본가 계속 가는 거죠. 나의 인생과 함께요.

50~60대가 가장 많이 후회하는 것은 종목선정도 아니고, 내부자 정보도 아닙니다. 바로 주식을 너무 빨리 매도했다는 것입니다. "내가 그때 삼성전자를 얼마에 샀는데, 얼마에 팔았습니다."라는 것이죠. 일단 다들 삼성전자는 한 번씩 샀습니다. 그런데 수익 난 사람은 별로 없습니다. 삼성전자 소액주주만 215만명이 넘는데 이 중에서 돈을 많이 번 사람이 몇 명이나 될까요? 이론적으로는 엄청 많아야 하지만 별로 없습니다. 삼성전자로 돈을 벌면 신문에 나옵니다. 어떤 택시기사님이 월급을 받으면 무조건 삼성전자만 사서 결국 부자가 됐다는 기사가 거의 전부이다시피 합니다.

그 이유는 보유기간이 짧기 때문입니다. 지금 50~60대는 압니다. 주식을 너무 빨리 매도했다는 것을. 이렇듯 직접 투자해보고 연구해보고 후회해봐야 알 수 있습니다. 적어도 20년은 투자해 봐야 아는 것을 워런 버핏은 11세에 알았습니다. 그래서 세계 최고의 주식투자 부자가 됐죠. 필자도 40세지만, 20세 때부터 20년간 투자해서 이제야 알았습니다.

가장 수익이 좋았던 건 세액공제를 받으려고 연금펀드에 가입한 S&P500 ETF였습니다. 아무리 좋은 정보로 투자해도, 장기간 투자한 S&P500 ETF를 이길 수 없었습니다. 그렇다면 우리나라의 종합지수에 투자하면 어떨까요? 우리나라 종합지수는 2,000에서 3,000까지 올라왔습니다. 50% 이상 수익이 났죠. 결국 수익률은 보유기간에서 나온다는 사실을 개인투자자들도 빨리 알아차리기 바랍니다.

8

은퇴시점에
주가가 내려간다면?

개미 노후에 생활비로 사용하려고 주식에 투자했는데, 제가 60세 때 주식시장
이 폭락하면 어쩌죠?

자본가 좋은 질문입니다. 노후자금으로 쓰기 위해 현금화하려는 목적이 있으면
투자하기 힘듭니다. 노후 생활비가 아니라 대대손손 자녀들에게 물려준
다고 생각하고 투자해야 오래 할 수 있죠.

개미 저처럼 노후자금으로 활용하려는 사람들이 많을 것 같아요. 노후자금으
로 쓰기는 어렵나요?

자본가 근본적인 건 보유기간입니다. 보유기간에 따라서 다릅니다. 20세부터 투
자해서 60세에 은퇴한다, 그런데 주식이 빠진다? 20세 때부터 했으니 조
정이 와도 내 매수단가 위에 있겠죠.

개미 맞아요. 40년간 투자하면 웬만해선 손실이 안 날 것 같아요.

자본가 그래서 노후자금도 장기로 투자해야 합니다.

개미 노후자금을 50대에 투자해서 60대에 마련하는 게 아니라, 20대에 투자해
서 40년간 마련해야 하는군요.

자본가 그래야 노후자금 마련이 가능하죠.

개미 그럼 50대가 노후자금을 마련하려면 어떻게 해야 하나요?

자본가 50대부터 노후자금을 마련하려면 신중해야 합니다. 3년은 유지할 수 있는 생활비 보유가 중요해요. 이번 코로나19 조정에는 6개월이 걸렸습니다. 2008년 금융위기 때는 전고점 회복에 3년 정도 걸렸어요.

개미 조정이 올 때 버틸 수 있는 자금이 필요하군요.

자본가 2000년대에는 조정을 정부에서 양적 완화로 해결하고 있어서 주식투자를 하기에 좋은 환경입니다. 그래서 조정장도 빨리 끝나는 편이죠.

개미 자녀들이 1세 때부터 노후자금을 마련해줘야겠네요.

자본가 그렇죠. 남들보다 하루라도 빨리 투자하는 게 좋습니다.

투자자들은 꼭 이런 질문을 합니다. 내가 노후자금을 모아서 60세에 투자했는데, 경제위기가 와서 지수가 50% 조정을 받으면 어떻게 하느냐는 것입니다. 경제위기가 오면 바닥에서 매도할 확률이 높습니다.

그래서 빨리 투자해야 합니다. 20세부터 투자해서 60세가 됐다면, 조정이 와도 어차피 나의 매수단가는 훨씬 아래라서 상관없습니다. 1세부터 투자했다면, 60세 때 온 조정은 차트에서 보이지도 않을 정도로 흔들림 없이 계속 투자할 수 있습니다. 계속 투자해야 남은 인생도 편안합니다. 그러니 S&P500 지수에 자녀가 1세 때부터 투자하게 하세요.

9

보유기간이
주식전문가다

개미 내부자 정보를 준다기에 주식클럽에 가입했다가 손실만 봤어요.

자본가 그분이 전문가가 맞나요?

개미 본인이 전문가라며 내부자 정보를 잘 안다고 하더라고요.

자본가 그러면 본인이 직접 투자해서 수익을 내면 되는데 왜 회비를 받죠?

개미 마음씨가 좋아서 남들 도와주고 싶은 거 같던데요.

자본가 진짜 투자자인지 확인도 중요합니다.

개미 그런 식으로 하면 확실한 사람이 누가 있나요?

자본가 워런 버핏이 있죠. 전 세계 부자들 중에서 주식투자로 유일하게 순위에 있는 분이니, 그분의 검증된 투자방법을 우리도 따라 하면 됩니다.

개미 그 방법이 뭔데요?

자본가 하루라도 먼저 투자하고, 하루라도 늦게 파는 거죠.

개미 주식전문가를 더 찾을 필요 없네요. 보유기간이 전문가니까요.

주식투자에 전문가가 있을까요? 내일 오를지, 내릴지를 알면 전문가가 직접 투자해서 세계 최고의 부자가 되지 왜 힘들게 회원들 모아서 회비를 받을까요? 주식투자에는 전문가가 없습니다. 맞히지도 못하는 걸 예측하는 것일 뿐입니다. 그리고 그들이 정말 수익이 났을까요? 투자도 안 하는 사람들한테 조언을 받고 투자하고 있지는 않은지 고민해 봐야 합니다. 투자로 검증된 사람은 주식투자로 세계 부자 순위에 있는 워런 버핏입니다. 그는 버크셔해서웨이 주식의 지분을 16.2% 가지고 있는데 시장가치로 환산하면 927억달러, 한화로 110조원입니다. 이런 그도 종목을 단기로 추천하지는 않습니다. 왜? 내일 오를지, 내릴지 모르니까요.

주식시장은 결국 오르니까 많은 전문가들이 계속 오른다고 말합니다. 길게 장기투자 하면 결국은 오릅니다. 그런데 너무 많은 사람들이 오른다고 해서 시장이 별로 반응하지 않으니까 다른 전문가들은 내린다고 합니다. 대부분 오른다고 말하는데 내린다고 말했다가 우연히 맞으면 스타가 됩니다. 그래서 그들은 매일 내린다고 이야기하고, 5% 정도 내리면 자기가 맞았다면서 으스댑니다. 그러나 5~10% 조정이 올 때 고점에서 팔고 저점에서 사면 수익이 나지만 고점과 저점을 딱 맞히는 사람은 없습니다. 그래서 내려가는 것 보고 팔고 올라가는 것 보고 사면, 매수와 매도 가격에 차이가 없어서 결국 실제 매매에서는 의미가 없어집니다.

워런 버핏의 투자방법은 하루라도 먼저 사고, 하루라도 늦게 파는 것입니다. 최대한 보유기간을 길게 가져가는 것이죠. 그처럼 보유기간을 길게 가져가면 자문은 필요없습니다.

10

공매도를 내편으로 만드는 투자를 하라

개미 공매도란 무엇인가요?

자본가 주식을 가지고 있지 않은데도 매도를 하는 것입니다.

개미 그러면 나쁜 거네요. 주가가 내리니까요.

자본가 장점도 있고, 단점도 있습니다.

개미 주가가 내리는데, 장점이 있다니요?

자본가 주가는 결국 실적에 따라서 우상향하는데, 단기적으로 공매도가 일어나면, 장기투자자는 거품 없이 저렴하게 주식을 살 수 있거든요.

개미 공매도가 장기투자자들에게는 매수의 기회네요.

자본가 그리고 가장 중요한 회사 내부자가 공매도를 하면 부실기업을 투자에서 제외시키는 효과가 있습니다. 개미는 A회사가 망할 걸 안다면 어쩌겠어요?

개미 전 재산을 투자해서 공매도치겠죠.

자본가 그러면 A회사 주가는 떨어지고 자연히 S&P500 지수에서 탈락합니다.

개미 자연히 부실기업이 투자에서 제외되는군요.

자본가 그렇죠. 그래서 결과적으로 S&P500 지수 수익률을 올려주는 게 됩니다.

그리고 주식을 공매도에 빌려주면 이자도 받을 수 있습니다.

개미 배당수익이랑 이자수익까지 나오겠네요.

자본가 그렇죠. 어차피 우리는 안 팔 거니까 이자수익도 얻을 수 있습니다.

개미 공매도는 내 편이네요.

자본가 그리고 거래량이 없는 종목에 유동성을 공급해 주기도 합니다. 덕분에 장기투자자는 주식을 비싸게 사지 않아도 됩니다.

개미 보유기간을 늘려서 장기 투자하면 공매도도 내편으로 만들 수 있겠네요.

자본가 모두 내편으로 만드는 투자가 성공투자죠.

보유기간을 늘려서 장기투자 하는 투자자에게 공매도는 선물을 가져오는 반가운 손님입니다. 장기투자자 입장에서 공매도의 순기능은 다음과 같습니다.

첫째, 단기투자자에게는 주가를 하락시켜서 주가손실을 주지만, 장기투자자들에게는 고평가된 주식을 공매도해서, 저렴하게 살 수 있는 기회를 줍니다.

둘째, 회사의 내부자들이 공매도를 하면, 자연히 시가총액이 낮아져서 S&P500 지수에서 제외되므로 부실기업에 투자하지 않게 해줍니다. 공매도의 순기능 중 가장 좋은 기능입니다.

셋째, 공매도 투자자들에게 주식을 빌려줘서 이자수익도 얻을 수 있습니다.

넷째, 장기투자자들은 어쩔 수 없이 유동성이 적은 주식도 매수해야 하는데, 공매도 투자자들이 매도호가에 유동성을 공급하므로 비싸게 살 필요가 없습니다.

테슬라는 상장 초기부터 수많은 공매도의 공격을 받았습니다. 결국 미국 시가총액 5위까지 올라가서 공매도 투자자들은 많은 손실을 입었지만, 테슬라 투자자들은 공매도 덕분에 저렴하게 주식을 매수할 수 있었습니다. 미국에 상장한 루이싱커피는 공매도 세력이 CCTV를 확인해서 고객들 수를 파악하여 매출회계부정을 밝혀냈습니다. 당시 중국에서 스타벅스를 이긴 유망한 업체였는데, 공매도가 없었다면 많은 투자자들이 피해를 봤을 것입니다.

어차피 우리는 장기투자자이므로 공매도 투자자들도 우리의 투자 장점으로 만들어야 합니다. 그렇게 해서 공매도자들도 반가운 손님으로 만들 수 있도록 보유기간을 늘리는 투자를 해야 합니다.

11

주식 보유기간으로
자산을 선택하라

자본가 개미는 어떻게 투자를 하나요?

개미 좋은 종목을 선택해서 장기로 투자해요.

자본가 그러면 장기투자가 되나요?

개미 아뇨. 쉽게 팔게 되더라고요.

자본가 그건 순서가 잘못돼서 그런 겁니다.

개미 그러면 어떻게 해야 하나요?

자본가 장기로 투자할 종목을 찾는 게 먼저입니다. 1개월 보유할 종목, 1년 보유할 종목, 10년 보유할 종목, 50년 보유할 종목이 모두 다르죠.

개미 투자 수익률은 보유기간에서 나오니까 저는 50년 보유할 종목을 살래요. 그런데 앞으로 10년도 모르는데 어떻게 50년간이나 보유하죠?

자본가 미래는 예측하기가 어렵죠. 그래서 상위 500개 기업에 투자하는 S&P500 지수가 좋은 겁니다.

개미 맞아요. S&P500 지수라면 50년을 넘어서 100년도 투자할 수 있을 것 같아요.

대부분의 개미들도 처음엔 종목을 매수하면서 장기투자 하려고 마음먹습니다. 하지만 조금만 흔들려도 매도하고 싶어 합니다. 그 이유는 종목을 선택할 때 보유기간에 대해서는 생각하지 않기 때문입니다. 오로지 가격만 생각해서 20%만 수익이 나도 팔고 10% 손실이 나면 손절하겠다고 계획을 세웁니다.

워런 버핏은 10년간 보유할 생각 없으면 10분도 보유하지 말라고 했습니다. 투자할 때 처음부터 장기로 보유할 주식인지가 선택지에 들어가 있는 것입니다. 그는 언제 팔겠다는 생각도 하지 않는다고 했습니다. 매도를 정하지 않고 장기로 계속 가져가겠다는 뜻이죠.

주식수익은 보유기간에서 나온다고 했습니다. 처음부터 보유기간을 길게 가져갈 수 있는 종목을 선택해야 합니다. 1년을 보유할지, 10년을 보유할지, 50년을 보유할지에 따라서 종목을 달리 선택해야 합니다. 당연히 오래 보유할수록 수익이 나니, 50년 이상 보유하며 대대손손 증여할 수 있는 종목을 선택해야 합니다. 그렇게 생각하면 결국 S&P500입니다. 미국 상위 500개 기업에 시가총액 순으로 투자하니, 50년 이후로도 대대손손 보유가 가능합니다.

주가가 조금만 빠져도 투자자들은 흔들립니다. 1~2년만 횡보해도 흔들려서 팔아버리죠. 이렇게 흔들린다면 처음부터 투자자산을 잘못 선택한 것입니다. 주식을 먼저 사고 나서 장기투자 하려고 하니 안 되는 것입니다. 처음부터 대대손손 장기간 기업과 동행한다는 믿음으로 사야 합니다.

그래서 S&P500 지수가 매력적입니다. 조정이 와도, 횡보가 와도 자녀 세대까지 투자가 가능하기 때문이죠.

복리의 힘으로
대대손손 증여하라

PART 5

복리로
장기투자 하라

개미 S&P500 지수에 투자해야 하는 건 알겠는데, 얼마나 오래 투자해야 하죠?

자본가 워런 버핏은 11세부터 지금까지 투자해서 65세 이후에 지금 가진 투자자산의 90%를 벌었습니다.

개미 55년간의 투자가 결실을 맺은 거네요.

자본가 55년간 이어진 복리투자의 힘을 아는 거죠….

개미 복리투자가 뭔가요?

자본가 원금에 붙는 이자를 원금과 함께 계속 반복 투자하는 것을 말합니다.

개미 말하자면 투자해서 안 팔고 계속 가지고 있다가 배당금이 나오면 그것도 다시 투자하는 거네요.

자본가 이해가 빠르군요.

개미 S&P500 지수는 2008년 이후 연평균수익률이 13%라면서요. 수익으로 따지면 얼마나 될까요?

자본가 연평균 13%로 20년간 투자하면 11배, 40년간 투자하면 132배, 50년간 투자하면 450배의 수익을 거둘 수 있습니다.

개미 제가 현재 1,000만원을 가지고 있는데, S&P500 지수에 투자하면 50년

개미 후에는 45억이 되는 건가요?

자본가 50년간 연복리 13%로 투자하면 그렇습니다.

개미 그럼 제가 자본가 님의 나이가 될 무렵엔 더 돈이 많겠네요.

자본가 흠, 저보다 더 부자가 되시겠네요.

개미 저 하루라도 빨리 투자할래요.

자본가 그래서 워런 버핏은 하루라도 먼저 사고, 하루라도 늦게 팔라고 했죠. 즉, 최대한 장기투자 하라는 뜻입니다. 그렇다면 우리는 몇 세 때부터 투자해야 될까요?

개미 성인이 20세니까… 그때부터요?

자본가 아닙니다. 태어날 때부터 투자해야죠. 그래야 하루라도 먼저 사는 게 되니까요.

개미 아기가 태어나면 바로 만들어줘야겠네요. 그래야 복리의 효과를 가장 크게 발휘할 수 있을 테니까요.

자본가 시간은 계속 흘러가니, 지금이 투자하기 가장 좋을 때입니다.

개미 바로 지금 투자해서 대대손손 증여하면 되겠네요.

자본가 그게 바로 핵심입니다.

복리의 수익률을 최대한 활용하려면 최대한 빨리 투자해야 합니다. 개미가 자본가에 비해서 더 가진 것은 바로 시간이죠. 자본가들도 시간을 이용해서 자본을 쌓았고, 2030세대도 복리를 이용하면 충분히 자본가가 될 수 있습니다. S&P500 지수는 2008년 금융위기 때부터 2021년까지 연평균 13%(수익률 11.5%+배당 1.5=13%) 올랐습니다. 10~100년간 연복리 수익금을 원금 대비 자산으로 살펴보면 다음과 같습니다.

10~100년간 연복리 13%일 때 원금 대비 자산의 변화

기간	연복리로 연평균 13%일 때 원금 대비 자산
10년	3 배
20년	11 배
30년	39 배
40년	132 배
50년	450 배
60년	1,530 배
70년	5,193 배
80년	17,630 배
90년	59,849 배
100년	203,162 배

S&P500 지수에 투자 시 10년간 연복리 13%일 때 원금 대비 자산은 3배가 되지만, 50년 장기로 투자하면 450배가 됩니다. 그러니 한 살이라도 빨리 투자를 시작해야 합니다. 복리투자는 최대한 길게 투자해서 최대한 수익을 올리는 것입니다. 1세부터 투자한 사람과 30세 이후에 투자한 사람의 수익률은 연복리 13%로 계산하면 39배 차이가 납니다. 그러니 자녀들에게 증여해서 1세 때부터 투자하게 하세요. 연복리의 힘을 믿는 겁니다.

모소대나무는 씨앗을 뿌리고 나서 4년 동안 3cm밖에 자라지 않습니다. 365일 동안 1cm도 자라지 않는 셈이죠. 그러나 5년이 되는 해부터는 매일 30cm씩 6주 동안 자라서 15m 이상 자랍니다. 3cm밖에 자라지 못한 4년의 시간은 땅속에서 수백m에 달하는 뿌리를 뻗는 인고의 시간입니다. 이렇게 4년 동안 기반을 다진 모소대나무는 15m 넘게 자라도 바람에 흔들려 꺾이지 않습니다. 복리투자도 이와 같습니다. 처음에는 미약해 보이지만 시간이 지날수록 창대해집니다. 워런 버핏도 55년간 모소대나무처럼 뿌리를 내렸습니다.

15세기 스페인의 이사벨라 여왕은 콜럼버스의 탐험에 3만달러를 투자했습니다. 만일 여왕이 그 돈을 연간 4%의 복리로 투자했다면 1962년 무렵엔 약 2조달러가 되었을 것입니다. 이는 미국 상장주식 가치의 총계에 해당한다고 워런 버핏은 복리의 예를 들었습니다.

15세기 프랑스 왕 프랑수아 1세는 레오나르도 다 빈치의 걸작 '모나리자'를 사기 위해 2만달러를 지불했습니다. 2만달러를 5%의 복리로 불렸다면 1964년에는 총수익이 1,000조달러에 육박했을 것입니다. 워런 버핏에 따르면 이 돈은 당시 미국 국가 부채의 3,000배에 달하는 규모였다고 합니다.

1626년 인디언들은 이주민들에게 금융계의 중심지 맨해튼을 24달러에 팔았습니다. 월 스트리트의 전설적인 투자자 존 템플턴은 24달러를 받은 인디언이 만약 매년 8% 복리로 수익률을 올렸다면, 맨해튼뿐만 아니라 로스앤젤레스까지 두 번 사고도 돈이 남아돌 거라고 했습니다. 계산해 보면 24달러$(1+0.08)^{395}$=382조달러가 되는데, 지금의 맨해튼을 몇 개나 살 수 있는 돈입니다.

1867년에는 러시아가 단돈 720만달러에 알래스카를 미국에 매도했는데, 이것을 연복리 8%로 계산해보면 720만달러$(1+0.08)^{154}$=1조달러입니다. 가치가 14만배나 상승했습니다. 알래스카는 전략적 요충지이므로 미국에 유리한 거래이지만, 복리로 계산하면 러시아에도 좋은 거래라고 할 수 있습니다.

워런 버핏도 이 사실을 이미 알고 있었습니다. "복리는 언덕에서 눈덩이를 굴리는 것과 같다. 작은 덩어리로 시작해서 눈덩이를 굴리다 보면 끝에 가서는 정말 큰 눈덩이가 된다. 나는 열네 살 때 신문배달을 하면서 작은 눈덩이를 처음 만들었고 그 후 56년간 긴 언덕에서 이것을 아주 조심스럽게 굴려 왔을 뿐이다. 삶도 눈덩이와 같다. 중요한 것은 습기 머금은 눈과 긴 언덕을 찾아내는 것이다." 실제로 워런 버핏은 11세부터 투자해서 90세까지 80년간 아주 조심스럽게, 손실을 최소화하며 투자했고 지금도 투자하고 있습니다.

S&P500 지수에 투자하면 정말 수익이 날까요? 뱅크오브아메리카는 1930년부터 2021년 2월까지 약 90년간 S&P500 지수의 수익률이 17,715%에 달한다고 발표했습니다. 1976년 S&P500 지수를 복제한 세계 최초의 인덱스펀드인 '뱅가드 500인덱스 펀드 VFINX'의 누적수익률도 2020년에 1만%를 넘었습니다. (1976년부터 2020년에) 뱅가드 S&P500 ETF는 처음 생긴 2010년 9월 7일부터 2021년 9월 30일까지 연평균 15.47% 수익을 올렸습니다. 애플, 아마존, 구글, 페이스북 등 빅테크의 등장으로 플랫폼기업들의 독점화가 진행되면서 S&P500 지수는 높은 연평균수익률을 올리고 있습니다.

지금 당장 매수해야 한다고 아무리 말해도 개미들은 그저 차트만 봅니다. 차트를 보고는 "이렇게 많이 올랐는데 어떻게 사? 10% 조정 오면 사야지."라고 합니다. 막상 조정이 오면 "10% 더 조정이 오면 사야지."라고 하죠. 복리로 수익률을 올리려면 최대한 길게, 하루라도 빨리 투자해야 하는데 이들은 기다립니다. 기다리다가 투자를 못 합니다. 하지만 주식투자에서 타이밍을 맞추기는 불가능하기에 투자시점은 언제든 상관이 없습니다. 길게 투자하는 것이 복리로 수익을 올리는 방법입니다. 하루라도 빨리 100% 투자해서 복리의 수익률을 누려야 합니다.

그러므로 복리의 힘을 최대한 발휘하려면 S&P500 지수를 지금 당장 매수해서 대대손손 증여해야 합니다.

위험과 변동성이 낮은
자산에 투자하라

개미 복리의 힘을 발휘하려면 수익률이 더 높은 쪽이 좋지 않나요? 중국 주식

이나 베트남 주식, 금이랑 원유도 상승폭이 높던데요.

자본가 수익률이 높으면 더 빨리 목표에 도달할 수 있는 게 당연합니다.

그런데 반대로 손실이 나면 어떻게 될까요? 목표는 더 멀어지겠죠.

개미 손실도 크겠지만 수익도 클 것 같은데요.

자본가 예를 들어 50% 손실이 났다고 칩시다. 원금이 되려면 몇 % 수익이 나야

할까요?

개미 100에서 50이 되었다가 다시 100이 되려면 100% 수익이 나야 되네요.

자본가 이렇게 손실이 나면 복리효과를 거두기가 어려워집니다. 그러니 최대한

손실을 줄이면서 방어적으로 투자해야 합니다.

개미 금펀드도 100% 수익이 났다가도 금세 60~70% 손해가 나더라고요.

자본가 변동성 큰 자산에는 많이 투자하지 못합니다. 그래서 투자수익도 작죠. 그

러면 아무리 보유기간이 길어도 수익금이 적습니다. 그래서 내 자산을 최

대한 투자할 수 있는 자산이 좋아요.

개미 금펀드에 100만원 투자해서 10% 수익이 나도 10만원인데, S&P500 지

수에 1,000만원 투자해서 1% 수익이 나도 똑같이 10만원이네요. 앞으로는 S&P500 지수에 다 넣어야겠어요.

자본가 맞습니다. 안정적인 자산에 최대한 투자해서 보유기간을 늘려야 합니다.

많은 투자자들이 더 빨리 목표를 달성하려고 변동성 큰 자산에 투자합니다. 미국 주식보다 중국 주식, 베트남 주식에 투자하면서 금, 은, 원유, 비트코인에까지 투자하죠. 하지만 변동성이 큰 자산은 그만큼 많이 투자하기도, 오래 투자하기도 어렵습니다. 당연히 복리의 힘도 누리기 어렵죠. 그래서 위험과 변동성이 낮은 자산에 투자해야 합니다.

워런 버핏의 첫 번째 원칙은 잃지 않아야 한다는 것이고, 두 번째 원칙은 첫 번째 원칙을 지키는 것입니다. 그만큼 손실을 보면 복리의 효과가 떨어집니다. 50% 손실을 보면 100% 수익을 봐야 본전이고, 100% 수익이 났어도 50% 손실이 나면 다시 본전이 됩니다. 그만큼 손실을 회복하려면 보유기간을 더욱더 늘려야 합니다. 한 번의 손실로 인해 투자기간이 길어지는 것이죠. 그래서 변동성이 적고, 안정적인 국가의 주식을 선택해야 합니다.

주식투자는 한 번만 수익이 나는 것이 아니라, 연속적으로 수익이 납니다. 돈은 복리로 움직이기 때문에, 시간이 지나면서 증가하는 속도가 기하급수적으로 빨라집니다. 이것이 복리의 힘인데 복리는 기하평균에서 나옵니다. 반대로 손실도 기하급수적입니다. 변동성이 큰 자산에 투자할 경우의 수익률을 함께 살펴볼까요?

변동성 큰 자산에 10년간 투자할 때 수익률

기간	10% 변동성	수익률	20% 변동성	수익률	30% 변동성	수익률
1년	10%	10%	20%	20%	30%	30%
2년	-10%	-1%	-20%	-4%	-30%	-9%
3년	10%	9%	20%	15%	30%	18%
4년	-10%	-2%	-20%	-8%	-30%	-17%
5년	10%	8%	20%	11%	30%	8%
6년	-10%	-3%	-20%	-12%	-30%	-25%
7년	10%	7%	20%	6%	30%	-2%
8년	-10%	-4%	-20%	-15%	-30%	-31%
9년	10%	6%	20%	2%	30%	-11%
10년	-10%	-5%	-20%	-18%	-30%	-38%
산술평균	0%		0%		0%	
기하평균		-5%		-18%		-38%

주: 소수점 셋째 자리에서 반올림

변동성이 10%일 때 10년이 지나면 수익률이 -5%, 변동성이 20%일 때 10년이 지나면 수익률이 -18%, 변동성이 30%일 때 10년이 지나면 수익률이 -38%로 변동성이 클수록 손실도 큽니다. 10% 손실일 때는 11.1% 수익이 나야 원금이 되고, 50% 손실일 때는 100% 수익이 나야 원금이 됩니다. 그리고 변동성 큰 상품에서는 수익이 +30% 났다가 -30% 나면 손절하기 쉽고, 다시 수익이 +30% 나면 다음에 -30%가 날 것을 예상해서 매도하는 경우가 많습니다. 매매가 잦아지면 수수료가 많이 나가고, 결국 매매를 자주 하지 않는 시장평균수익률에 미치지 못합니다. 결론적으로 큰 수익보다는 손실 최소화가 더 중요하고, 변동성이 낮아야 장기적으로 고수익을 창출할 수 있습니다.

S&P500의 변동성(1926~2019년)

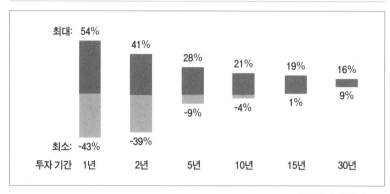

뱅커온파이어의 'How to Hack the Stock Market'에서 발표한 자료를 보면 S&P500 지수에 1년간 투자하면 변동성이 54~-43%로 매우 크지만 투자기간이 길어질수록 변동성은 줄어듭니다. 30년간 투자하면 9~16%로 변동성이 줄어드는데, 이것은 주식상품만의 특징이자 장점입니다. 주식은 단기로 보면 변동성이 큰 만큼 위험 프리미엄이 생겨서 요구 수익률이 높습니다. 그런데 장기적으로 보면 변동성이 낮아집니다. 장기적으로 투자하면 변동성은 낮아지고, 수익률은 높아지는 것입니다. 그래서 투자자 입장에서 S&P500 지수에 장기투자 하면 변동성이 낮아져 장기적으로 고수익 창출이 가능합니다.

여기서 중요한 것은 잃지 않아야 한다는 것입니다. 잃지 않으려면 위험한 투자를 하지 않으면 됩니다. 원자재, 신흥국 주식, 비트코인처럼 위험과 변동성이 큰 종목보다는 안정적인 종목에 장기적으로 투자해야 복리의 힘이 발휘되죠. 흔히 개미들은 변동성이 큰 자산의 경우, 목표를 정하고 투자하면 된다고 생각합니다. 예를 들어 '비트코인으로 10억 벌면 그만두고 은퇴해야지.' 하는 생각으로 비트코인에 투자하죠. 하지만 그러면 9억 9,000만원을 벌어도 10억원을 채울 때까지 버텨야 합니다. 끝까지 가야지 10%만 수익을 얻고 나오고 해서는 안 되죠. 그렇게 끝까지 버티다가 거품이 빠져 손실이 납니다. 사실 이러한 예는 이미 여러 번 있었습니다.

- 17세기 네덜란드 튤립버블
- 18세기 영국 SOUTH SEA 버블
- 19세기 미국 철도버블
- 20세기 닷컴버블

위의 버블 예를 보면 전문가와 생산자의 시장에 일반인들이 들어오면서 가격이 하루에도 50배가 넘게 올랐다가, 결국 최고치 대비 수천 분의 1로 추락했습니다. 목표가격을 보고 버티다가는 이렇게 손실이 납니다.

1995년대 우리나라에서도 기념우표에 거품이 낀 적이 있었습니다. 기념우표가 취미 전문가 사이에서 인기를 끌면서 실제 가치보다 더 높게 거래되자, 돈이 된다고 생각한 많은 사람들이 너도나도 뛰어들면서 백화점에서도 우표를 팔고 우표박람회장에서도 우표를 팔았습니다. 그러나 어느 순간부터 높은 가격에 매수할 사람이 더 이상 나타나지 않았습니다. 돈이 안 되자 인기가 없어졌고, 실생활에 사용할 수는 있지만 자산으로서 수익은 발생하지 않았기에 결국 원래 가치에 맞는 가격으로 돌아갔습니다. 자산은 교환의 가치와 실생활의 가치만으로는 상승하지 않습니다. 자산이 일해서 수익과 배당이 발생해야 가치로서 인정받을 수 있죠.

레버리지 ETF도 주의해야 합니다. 급등장에서는 좋지만, 횡보하거나 하락장에서는 마이너스의 복리효과가 발생합니다. 레버리지 ETF는 추종 지수 기간수익률이 아니라 일간수익률에 연동되므로 변동성이 큰 장세에서는 손실이 커지기 때문입니다. 결국 기초자산에 해당하는 지수가 등락하다가 제자리로 복귀해도 수익률이 떨어지는 구조적인 한계를 지니고 있습니다. 장기투자에는 레버리지 ETF보다는 일반 ETF가 변동성이 낮아서 더 적합합니다.

자본시장연구원에서 2020년 3월~10월까지 고객 20만명(신규 6만명)의 주식투자 현황을 분석했습니다. 전체 투자자 46%는 손실을 봤고, 이 중에서 기존 투자자들은 39%, 신규 투자자들은 62% 손실을 봤습니다. 분석 결과 낮은 가격, 높은 변동성, 극단적인 수익률을 추구하는 복권형 주식을 선호하는 투자자들이 손실을 본 것으로 나타났습니다. 전반적으로 젊은 남성, 소액투자자, 거래 회전율이 높은 투자자가 복권형 주식 거래를 선호했습니다.

그렇다면 어떻게 해야 할까요? 참가자가 적은 시장에서는 세력들에 의해서 가격 왜곡이 일어납니다. 한 지역이나 전문적인 물건의 경우 가격 왜곡이 일어나기 쉽죠. 따라서 누구나 참여가 가능하고, 이해 가능한 시장에 투자해야 합니다. S&P500 지수에는 미국뿐만 아니라 전 세계, 아프리카부터 중동, 아시아, 유럽 할 것 없이 모두가 투자하므로 가격 왜곡이 쉽지 않습니다. 고평가되었을 경우에는 거품을 없앨 수 있도록 공매도도 가능합니다. 단기적으로는 모든 정보가 반영되어 있는 효율적인 시장이 되는 것입니다. 그러니 이런 측면을 잘 살펴서 위험과 변동성이 낮은 S&P500 지수에 지금 당장 투자해서 대대손손 증여해야 합니다.

기업이 50년 후에도
살아남을지 알 수 있을까?

개미 장기로 투자해야 복리 수익률이 내 것이 되는데, 그전에 내가 투자한 기업
이 망하면 어쩌죠? 기업이 50년 후에도 생존할지 알 수 있나요?

자본가 글쎄요. 경쟁이 심해져서 기업의 생존주기가 점점 짧아지고 있으니 알 수
없죠.

개미 그러면 장기로 투자하다가 중간에 그 기업이 없어지면 어떻게 해요?

자본가 그래서 만든 게 S&P500 지수입니다. 신용평가사인 S&P가 11개 업종에서
500개 종목을 선정하여 시가총액별로 1위부터 500위까지 투자하는 거죠.
주가가 하락하면 투자비중도 내려가고, 결국 500위 밖으로 밀려나면 투자
대상에서 탈락하죠.

개미 반대로 500위 기업의 실적이 좋아져서 시가총액이 올라가면요?

자본가 그러면 500위에서 점점 위로 올라가면서 투자비중도 늘어납니다.

개미 시스템 공학적으로 정말 좋네요.

자본가 그래서 S&P500 지수에 투자하면 자연히 상위 500개 기업에 투자하는 셈
이 됩니다.

개미 이제 장기투자 할 수 있을 거 같아요. S&P500 지수에 투자하면 항상 세계

500위 기업에 투자하는 셈이니까요.

자본가 그러다가 안 좋은 기업이 나오면 어떻게 될까요?

개미 칼같이 자르겠죠. 주가가 내려서 500위 아래로 알아서 밀려날 테니까요.

자본가 더 좋은 기업이 나오면 어떻게 될까요?

개미 바로 편입하겠죠. 주가가 올라서 500위로 알아서 올라갈 테니까요.

자본가 개미는 칼 같군요.

개미 소중한 돈인데, 냉정하게 투자해야죠.

장기투자 해서 주가 상승분과 배당을 복리로 받는 게 좋다는 것은 알겠는데, 내가 투자한 기업이 50년 후에도 살아남을지가 항상 걱정입니다. 그러나 반대로 생각하면 장기적으로 기업의 미래가 불확실하니까 장기로 가져가면 수익이 나는 겁니다. 워런 버핏도 단기시장은 효율적이고, 장기시장은 비효율적이라고 했죠. 단기시장은 효율적 시장이라서 이미 모든 호재가 반영되어 있습니다. 장기수익률은 이런 불확실성을 감수하고 투자할 때 얻을 수 있는 것입니다.

그런데 투자한 종목이 50년이 되기도 전에 망해 버리면 어쩌나, 그래서 손실이 나면 어쩌나 하는 마음에 사람들은 대부분 투자를 못 하거나, 분산투자를 하게 됩니다. 여러 개를 가져가는 거죠. 50년 동안 가져가려면 50개도 부족할지 모릅니다. 50개 종목을 하나하나 분석하고 수시로 확인하면서 망하기 전에 팔아야 하니까 신경도 엄청 써야 합니다.

그래서 나온 것이 S&P500 시가총액 방식별 투자입니다. 주가가 올라서 시가총액이 오르면 투자비중을 늘리고, 주가가 내리면 시가총액도 내려가니까 투자비중을 줄이는 방식이죠. 그렇기 때문에 미국의 상위 500개 기업에 지속적으로 투자가 가능합니다. 종목은 S&P500 지수가 알아서 투자해 주니, 우리는 장기로 보유하기만 하면 됩니다.

S&P500 지수 편입 기업의 평균 수명

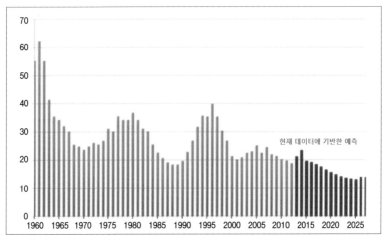

출처: www.onlydeadfish.co.uk

S&P500 기업의 평균수명은 점점 짧아지고 있습니다. 1960년에 60년이었다면 2021년에 15년 정도죠. 그래서 개별 기업에 투자할 때는 기업의 평균생존기간이 짧아져서 장기투자가 어렵습니다. 따라서 시스템 공학적으로 투자해야 합니다.

미국 시장 시가총액 순위 변화

순위	2000년	2004년	2007년	2011년	2015년	2017년	2019년
1	GE	GE	엑손모빌	엑손모빌	애플	애플	애플
2	엑손모빌	엑손모빌	GE	애플	MS	MS	MS
3	화이자	MS	MS	MS	엑손모빌	아마존	아마존
4	시스코	씨티그룹	AT&T	IBM	아마존	알리바바	알리바바
5	월마트	알리바바	P&G	쉐브론	GE	페이스북	페이스북
6	MS	화이자	쉐브론	월마트	J&J	J&J	JP모건
7	씨티그룹	BoA	J&J	GE	웰스파고	JP모건	알파벳
8	AIG	J&J	월마트	P&G	JP모건	엑손모빌	J&J
9	머크	AIG	BoA	AT&T	페이스북	알파벳	월마트
10	인텔	IBM	애플	J&J	알파벳	BoA	비자

출처: IBK증권

　　미국의 S&P500 순위는 빠르게 변하고 있습니다. 2007년 10위권이었던 애플이 아이폰으로 2015년 1위로 올라왔습니다. 요즘 애플에 관한 고평가 논란도 많지만, 분석기법이 빠르게 발전하면서 이제는 저궤도 위성으로 아이폰을 만드는 공장의 트럭 이동까지도 다 체크가 됩니다. 그러니 이런 요소들이 단기시장에 빠르게 반영되면서 주가가 오르고, S&P500의 투자비중도 자연스럽게 늘어납니다.

　　워런 버핏은 10년간 투자할 주식이 아니라면 단 10분도 보유하지 말라고 했습니다. 그만큼 장기투자를 강조했죠. 하지만 실제로 10년 동안 사업을 유지할 종목을 선택하는 데는 어려움이 있습니다. 당장 내년에 살아남을지 어떨지도 모르는데, 10년 후를 예상하기는 어렵죠. 미국의 쟁쟁한 기업들도 평균생존기간이 점점 짧아지고 있는 상황에서 어느 기업이 오래 살아남을 것으로 예상할 수 있을까요?

그래서 S&P500 지수에 투자해야 합니다. S&P500 지수에 투자하면 어떤 기업이 10년 후, 50년 후에도 생존할지 말지에 신경 쓸 필요가 없습니다. 잘하는 기업은 편입하고 못하는 기업은 매도하며, 항상 상위 500개 기업에 자동으로 투자하는 시스템이기 때문입니다.

나는 손절했는데,
매수하는 사람들은 누구일까?

개미 이번 코로나19 때 주식을 대부분 매도했어요. 변동성이 너무 심하더라고요.

자본가 팬데믹 같은 위기가 닥쳐서 주가가 출렁이면 공포심이 극에 달하죠. 개미는 다행히 매도할 수 있었네요. 다들 공포에 질려 매도에 나서면 매도하기 힘든데 말이에요.

개미 다행히 매수세가 있더라고요.

자본가 단기투자자들이 매도하면 누군가는 매수합니다. 2008년 금융위기, 2020년 코로나19 위기 때 보면 엄청난 거래량이 터졌습니다. 누군가는 엄청나게 매집한다는 뜻이죠.

개미 시장이 그렇게 힘든데 누가 사는 걸까요?

자본가 장기투자자들입니다. 주가가 오르기 전 과거로 돌아갈 수 있는 절호의 기회니까요.

개미 과거로 돌아간다고요?

자본가 코로나19 때 저점이 2016년도 저점과 같았습니다. 2020년에서 2016년으로 4년이나 앞으로 되돌아갔으니, 장기투자자들 입장에서는 너무 좋은 거죠. 그러니 매수세가 엄청 들어오는 거고요.

개미 4년 전으로 시간을 되돌려 수익률 30%를 되돌려준 셈이네요.

자본가 그렇죠. 2008년 금융위기 때는 2002년으로 6년이나 되돌아갔습니다.

개미 와! 한 번에 6년 전으로 돌아갔다니! 그럼 50%는 수익이 났겠어요.

자본가 그렇습니다. 장기투자자들에게는 시간을 되돌리는 기술이었죠.

개미 저도 저점에서 매수하는 장기투자가가 돼야겠어요.

　개인투자자들은 사실 시장위험도 버티기 힘든데 개별 주식 리스크까지 가지고 갑니다. 둘 다 가지고 가니, 코로나19처럼 위기가 닥치면 기업들이 망할 것 같아서 버틸 수가 없습니다. 그러나 시장의 관점에서 결국 시장은 극복할 것이고 주가는 오른다고 생각하면 흔들림 없이 보유할 수 있습니다.

S&P500

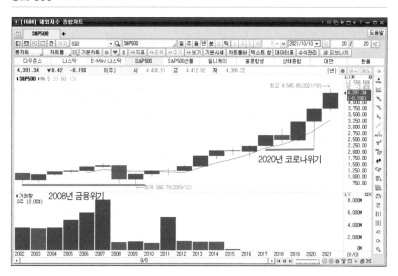

그래서 장기투자가 가능한 포트폴리오를 가져가는 게 중요합니다. 내가 개별 기업 리스크를 가지고 가기 힘든 성향으로 판단된다면, 시장을 매수해서 가져가야 합니다. 아무리 좋은 기업에 투자하더라도 오래 가지고 갈 수 없다면 수익은 안 나옵니다. 수익은 보유기간에서 나오기 때문입니다. 지금까지 여러 번 말 했듯 장기투자가 가능한 것은 S&P500 지수입니다. S&P500을 지금 당장 매수해서 대대손손 증여해야 합니다.

국내 시장에서도
장기투자자가 될 수 있다

개미 국내 시장에서도 장기투자가 가능한가요?

자본가 장기투자는 어느 시장에서나 가능합니다.

개미 그런데 제가 처음 투자할 때는 코스피가 2,000이었는데, 지금은 올라서 3,000은 된 것 같아요.

자본가 2,000에서 3,000이 됐으니 50%나 수익이 난 거네요.

개미 다시 2,000으로 가면요?

자본가 박스권이 시작되는 거죠.

개미 미국 S&P500 지수는 계속 올라가던데요?

자본가 우리나라에는 글로벌 독과점 분야가 반도체밖에 없어서 그렇습니다. 그 래서 반도체 경기가 좋을 때는 삼성전자, SK하이닉스가 올라가서 지수가 오르죠. 이미 지수의 30% 정도가 삼성전자고요.

개미 우리나라 주가는 반도체 경기에 따라서 움직이게 되어 있군요.

자본가 그렇습니다. 그런데 이번에 반도체에 배터리까지 글로벌 독과점이 될 확 률이 높아요. 이렇게 글로벌 독과점이 많아져서 수익이 많이 나면 지수는 오르죠.

개미 미국에는 글로벌 독과점 기업이 이미 많군요.

자본가 그렇습니다. 애플, 구글, 마이크로소프트, 페이스북, 아마존, 인텔, AMD, 비자, 마스터카드….

개미 투자를 하려면 이미 글로벌 독과점 기업이 많은 곳과 앞으로 발전가능성이 높은 곳 둘 중 하나를 선택해야겠네요.

자본가 투자자의 선택이지만, 손실이 적은 곳으로 가야 복리의 힘을 누릴 수 있습니다. 변동성이 크면 손실을 입기가 쉬우니까요.

개미 변동성이 크면 아무래도 뇌동매매를 자주 하게 되는 것 같아요.

자본가 그래서 보수적으로 가야 합니다.

개미 그럼 저는 이미 글로벌 독과점 업체가 많은 곳을 선택할래요.

국내 주식시장에서는 장기투자가 안 된다고 주장하는 투자자들이 많습니다. 그러나 길게 보면 국내에서도 장기투자가 가능합니다. 1980년 기준으로 코스피 지수는 100일 시작으로 2021년 3,000에 도달했습니다. 41년간 코스피 지수에 투자했다면 2,900%의 수익을 올릴 수 있습니다. 국내에는 글로벌 독과점 분야가 반도체밖에 없습니다. 그래서 반도체경기에 영향을 많이 받죠. 삼성전자, SK하이닉스에 따라서 종합지수가 움직입니다. 반도체가 슈퍼호황으로 가면 지수도 오릅니다. 반대로 반도체가 움직이지 않으면 코스피200은 박스권을 형성합니다. 이번에는 배터리까지 글로벌 점유율이 올라가면서 글로벌 독과점 기업이 탄생하기 시작했습니다. LG화학, 삼성SDI, SK에너지의 세계 점유율이 높아지면서 반도체, 배터리를 중심으로 코스피는 2021년 6월 3,316까지 올라갔습니다.

그런데 반도체 기업들의 호황이 계속 이어질까요? 이번에 코로나19로

IT기계의 수요가 폭발하면서 반도체가 부족해졌습니다. 그래서 각 나라는 반도체를 구하려고 외교전을 펼치고 있고, 미국은 반도체를 자국에서 직접 생산하고 있으며, 중국도 반도체를 개발하고 있습니다. 반도체 수익이 좋으면 많은 기업들이 너도나도 뛰어들어 다시 한번 치킨게임이 일어날 수 있습니다. 그러면 코스피도 조정받을 수 있죠. 배터리도 장기적으로는 자동차회사에서 직접 만들 가능성이 높습니다. 배터리는 전기자동차의 엔진격인데 비용을 절감하려면 배터리를 직접 만들어야 하기 때문입니다. 단기적으로는 반도체나 배터리 모두 좋지만, 장기적으로도 좋을지는 더 고민해 봐야 합니다.

S&P500에는 애플, 구글, 마이크로소프트, 페이스북, 비자, 화이자 등 글로벌 독과점 기업이 너무나 많습니다. 한두 기업이 글로벌 경쟁에서 다른 나라에 진다고 해도, 나머지 글로벌 독과점 기업들이 막강하기 때문에 S&P500은 상대적으로 안전합니다. 많은 자본금으로 유망한 기업들을 계속 인수하기 때문에 결국에는 계속 글로벌 독과점화가 이루어집니다.

국내에도 좋은 기업이 있으면 투자해야 하지만, 지금 글로벌 독과점 기업들은 대부분 미국에 있습니다. 앞으로 중국, 인도, 베트남의 글로벌 독과점 기업이 미국을 역전하면 미국 증시도 내려가지 않을지 궁금해하는 개미들이 있습니다. 전혀 상관없습니다. 주식시장은 일단 국가의 승자들이 모여 있는 승자의 게임이라서 증시는 계속 오르니까요. 지금 국내 증시 지수도 2,000에서 3,000까지 올랐고 중국, 인도, 베트남, 대만, 유럽 증시 모두 다 신고가를 향해서 달려가고 있습니다. 그러니 현재 글로벌 독과점 기업이 많이 포함된 S&P500을 지금 당장 매수해서 대대손손 증여해야 합니다.

6

대대손손 이해 가능한 투자철학이 있어야 한다

개미 제가 직접 투자하려니까 너무 어려워요. 어디든 맡기고 싶어요.

자본가 맡길 곳이 믿을 만한지 무엇을 보고 판단해야 할까요?

개미 당연히 과거의 수익률이죠.

자본가 그럼 몇 년간 수익률을 봐야 할까요?

개미 10년 정도? 많든 적든 제 전 재산이니까요.

자본가 저는 적어도 50년은 봐야 한다고 봅니다. 전 재산을 투자하는데 50년간 과거내역은 봐야죠.

개미 그렇네요. 제 돈은 소중하니까요.

자본가 그런데 많은 개미들이 단기수익만 보고 투자하곤 합니다.

개미 50년간 수익을 냈다면 정말 대단한데요.

자본가 S&P500이 그 대단한 일을 해냈습니다.

개미 초과수익을 얻기 위해서 제가 직접 투자하면요?

자본가 단기간에는 초과수익이 날 수도 있겠죠. 그런데 투자하다가 결정적인 실수를 한다면 어떨까요? 나중에 치매라도 와서 실수한다면 지금까지 복리로 모은 자금들이 한순간에 날아갈 수도 있습니다.

개미 지금에야 수익이 잘 나도, 나중에 나이 들었을 때를 생각하면 더욱 S&P500 지수네요.

자본가 더 나아가서 내가 나이가 들어서 죽고, 나의 자녀들이 투자할 때도 생각해 봐야죠. 그래서 다음 세대에도 자녀들이 이해할 수 있는 똑같은 투자전략이 필요합니다.

개미 네. S&P500 지수에 투자하고 계속 증여할래요.

투자를 맡기고 싶은데, 투자를 맡길 곳의 과거 수익과 위험을 얼마 동안이나 살펴봐야 할까요? 대부분 단기간만 투자를 맡기니 맡기는 사람도 불안해서 조금만 맡기고, 그러다 보니 수익도 적습니다. 합당한 이유로 투자를 맡기려면 검증 기간은 길수록 좋습니다. 50년 정도가 적당합니다. 나를 50년 동안 속일 수 있다면, 상대방의 정성으로 속아 넘어가도 억울하지 않을 것 같지 않나요? 50년은 사람이 태어나서 학교도 가고 졸업해서 25세에 직장을 잡은 뒤 75세가 되기까지의 기간입니다. 그런데 75세 펀드매니저에게 주식투자를 맡기기란 쉽지 않습니다.

그래서 시스템에 맡겨야 합니다. 그리고 증여하면 나중에 자녀들도 투자할 텐데, 나도 이해가 가능하고 나의 자녀들도 이해가 가능한 금융상품이어야 합니다. 그래서 섹터펀드는 어렵습니다. 나의 세대에는 수익률이 좋을지 몰라도, 자녀 세대에는 수익률이 낮을 수도 있으니까요. 지금은 IT주들의 수익률이 좋지만, 과거에는 산업주들의 수익률이 좋았습니다. 만약 내 자녀에게 산업주들을 물려준다면, 자녀의 수익률은 낮을 것입니다.

그래서 11개 업종에서 500개 기업의 시가총액을 기준으로 투자하는 S&P500 지수가 좋은 것입니다. S&P500 지수에 투자하면 현재는 IT주들보다 수익률이 낮을 수도 있지만, 자녀 세대에는 높을 수 있습니다. 종목 선택보다는 보유기간이 수익률을 결정하니까 결국 S&P500을 더 많이 보유할 수 있다면, 나의 자녀 세대는 더 높은 수익률을 달성할 수 있습니다. 나의 세대뿐만 아니라, 나의 자녀 세대, 자녀의 자녀 세대까지 이해가 가능한 금융상품에 투자해야 합니다.

뱅크오브아메리카에서는 1930년부터 2021년 2월까지 S&P500의 수익률이 17,715%라고 발표했습니다. 이쯤 되면 S&P500이 나를 속이려고 90년간 17,715% 올렸다고 한들 속아 넘어가도 억울하지는 않을 것 같습니다. 그러니 이런 측면에서 자녀들도 이해 가능한 S&P500 지수에 지금 당장 투자해서 대대손손 증여해야 합니다.

한국에서는 태어나는 환경에 따라서 자녀들의 자산에 큰 차이가 납니다. 부잣집에 태어나면 당연히 부자가 되겠지만, 평범한 가정에서 태어난 사람들이 성인이 됐을 때 부의 차이는 어디서 올까요? 부동산으로 부를 축적한 부모에게서 태어난 자녀는 자연스럽게 부동산으로 부를 쌓고, 주식으로 성공한 부모에게서 태어난 자녀는 주식으로 부를 쌓으려고 합니다. 자신도 부모에게 투자를 배워서 자녀에게 투자를 가르치는 경우와 그렇지 못한 차이가 바로 부의 차이를 만듭니다. 돈이 없어서 가난해지는 것이 아니라, 투자를 배우지 않고 투자에 대해 잘 모르기 때문에 가난해집니다. 투자를 가르쳐야 자녀 세대가 행복하게 살 수 있습니다.

자녀들에게 투자철학을 가르쳐 주려면 어떻게 해야 할까요? 투자로 보여주는 방법이 좋습니다. 그래서 1세 때부터 자녀 명의로 월 적립식으로 투자하다가 자녀가 회사에 입사할 때인 30세 무렵에 계좌를 주면, 자녀는 보유기간이 길수록 투자원금보다 투자수익이 더 커져 목돈이 된다는 사실을 알게 됩니다. 그러면 그때부터는 자녀가 투자를 시작할 것입니다. 자연히 투자철학도 물려주게 되겠죠? 그다음 자녀들도 똑같은 방법으로 투자를 시작하여 이제는 대대손손 투자를 시작하게 됩니다.

7

투자가 이렇게
쉽다니!

개미 S&P500을 지금 사서 대대손손 증여하면 된다고 하셨는데, 투자가 이렇게 쉬운 건가요?

자본가 S&P500을 지금 사는 게 쉬운가요?

개미 S&P500 지수가 너무 많이 올라서 어려워요. 곧 떨어질 것 같아요.

자본가 S&P500을 보유하는 게 쉬운가요?

개미 수익이 얼마나 날지도 모르겠고, 잘 움직이지 않아서 보유하기 어려워요.

자본가 S&P500을 대대손손 증여하는 게 쉬운가요?

개미 자녀들에게 증여하는 것도 쉽지 않을 것 같아요. 그러려면 결혼부터 해야 하니까…. 이렇게 보니 어렵네요.

자본가 S&P500. 지금 사기도 어렵고, 보유하기는 더 어렵고, 증여하기는 더 어렵습니다.

개미 경제위기가 오면 그 시기를 넘기는 게 어려울 것 같아요. 세상이 곧 망할 것 같거든요.

자본가 그렇죠. 대부분 거기서 매도하고 더 싸게 사려고 합니다. 하지만 불가능하죠. 그리고 더 어려운 건 자녀 세대가 보유하는 일입니다. 자녀들도 합리적인 기준에 부합해야 보유할 테니까요. 그래서 S&P500 기준 11개 업종 500개 기업에 시가총액 순으로 투자해야 합니다. 기준이 명확해야 이해하기도 쉽고 보유하기도 쉬우니까요.

개미 자녀에게 어렵겠지만 가문의 유산으로 생각하고 보유하라고 해야겠네요.

"S&P500을 지금 당장 매수해서 대대손손 증여하세요."라고 하면 투자자들은 투자가 이렇게 쉬운 일이냐고 물어봅니다. 그런데 실제로는 쉽지 않아서 투자를 못 합니다. 지금 S&P500 지수가 너무 높아서 조정이 오면 매수하겠다고 합니다. 일단 매수하면 그 다음에는 보유하기가 쉽지 않습니다. 너무 안 움직인다고, 한 달 내내 움직임이 없다고, 이걸로는 인생역전 못 한다면서 팔아버리죠. 이걸 이겨내면 이제는 경제위기가 옵니다. S&P500은 망하지 않을 것 같으니, 팔고 더 싸지면 그때 다시 사고 싶다고 합니다. 더 싸게 사면 수량이 늘어난다고 생각하니까요. 그러다가 저점에서 매도합니다. 이런 사람들에게는 금융상품 연금펀드를 권합니다. 연금펀드는 은행에서 자동으로 이체되고, 손실이 나도 세액공제를 받을 수 있습니다. 시세를 잘 보기 어렵거나 이것저것 신경 쓰기 힘든 개미들에게 시간이 지나면서 수익이 쌓이는 좋은 상품입니다.

다이어트는 성공하기 어렵습니다. 적게 먹고 운동하면 되지만 성공하는 사람은 별로 없죠. 건강도 마찬가지입니다. 술, 담배 안 하고 운동하면 건강해지지만 성공하는 사람은 별로 없습니다. 단순하지만 어렵죠. S&P500도 마찬가지로 단순하지만 투자하기 어렵습니다.

흔히 S&P500 지수 투자는 쉽고 재미가 없다고 합니다. 투자가 꼭 재미 있어야 할까요? 부동산에 투자할 때 재미로 깊은 산골 옹달샘이 나오는 맹지를 매수하지는 않습니다. 다들 우량한 강남아파트를 매수하고 싶어 합니다. 주식도 가장 우량한 기업들이 모여 있는 S&P500을 매수해야 합니다. 부자들은 부자가 되는 과정은 지루하고 오래 걸린다고 이구동성으로 말합니다. S&P500 지수에 투자하면 지루하고 오래 걸리는 것이 당연합니다. 재미에 속지 말아야 합니다.

1930년부터 2021년 2월까지 S&P500 지수는 수익률 17,715%를 기록했습니다. 이렇게 무려 90년 동안 검증된 수익률을 낸 S&P500 지수에 투자하라고 사람들에게 아무리 말해도 안 합니다. 더 많은 증거와 자료를 보여 달라고 하죠. 그러면서 10년도 검증 안 된 회사에 돈을 맡기고, 검증도 안 되는 주식정보 카페에 회비를 내고 가입합니다. 마치 건강한 음식은 제일 저렴한 현미와 채소인데, 더 건강해지려고 많은 돈을 주고 고기를 사 먹는 것과 같습니다. 더 비싼 고기를 사 먹고 건강이 더 나빠진 뒤에야 현미와 채소를 먹듯이, 다단계회사에 돈을 맡기고 주식정보 카페에 가입해서 손해가 나야만 S&P500 지수에 투자합니다. 그래서 S&P500 지수에 투자하는 사람들은 대부분 초보자가 아닙니다. 주식, 선물옵션, 비트코인까지 산전수전 다 겪고 나서 투자하는 사람들이죠. 그러니 지금까지 투자해서 손해가 났다면, S&P500을 지금 당장 매수해서 대대손손 증여하세요.

8

30배 목표로
장기투자 하자

자본가 개미는 목표 수익률이 얼마인가요?

개미 저는 10%만 수익 나도 너무 좋아서 팔고 현금화해요.

자본가 손실은요?

개미 10%만 손실 나도 무서워서 손절해요.

자본가 그러면 수익이 나나요?

개미 아니요. 자꾸 손절만 하게 돼요.

자본가 주식은 변동성이 큰 상품입니다. 2019년 코로나 때는 30% 하락했고, 2008년 금융위기 때는 50%도 넘게 하락했죠. 어떤 종목들은 50~80%도 하락합니다.

개미 너무 무서운 것 같아요.

자본가 이렇게 주가가 하락할 때는 큰 폭으로 떨어지는데, 반대로 수익 날 때는 10%만 나도 팔면 위험 대비 수익률이 너무 낮은 것 아닌가요? 10~50% 수익 나고 팔 거면 안 하는 게 이득입니다. 위험은 높은데 수익이 너무 적으니까 당연히 손실이 날 수밖에 없으니까요.

개미 그러면 수익은 얼마나 나야 하나요?

자본가 제가 봤을 때는 30배는 나야, 위험 대비 적절한 수익으로 보고 투자할 것 같습니다.

개미 30배요? 연복리 13%로도 30년은 투자해야 될 것 같은데요? 그런데 100만원이면 30배라고 해 봐야 별 의미 없잖아요. 1억 정도는 돼야 30배가 의미 있죠. 1억 모으려면 10년은 걸리니까 40년은 돼야겠네요.

자본가 중간에 손실이라도 나면 더 걸릴 수도 있고요.

개미 그럼 제 세대에서는 안 되고, 제 자녀에게 물려줘야 그 수익률이 나오겠는데요?

자본가 다음 세대, 다음 세대 계속 투자하는 거죠.

개미 기본적으로 대대손손 투자해야겠네요.

자본가 맞습니다. 중간에 매도하면 황금알을 낳는 거위의 배를 가르는 셈이 됩니다. 계속 증여하면서 투자해야 합니다.

개인투자자들은 보통 20% 수익 나면 팔고, 20% 손실 나면 손절합니다. 이렇게 하면 수익이 날까요? 어렵습니다. 일단 주식은 위기가 오면 30~50% 손실이 납니다. 종목의 경우는 90%까지도 떨어지고, 상폐되어 0원이 되기도 합니다. 그런데 수익은 20%만 나면 매도하니 잘못된 것이죠. 손실은 많이 날 때까지 버티다가 수익은 조금만 나도 파니까요. 위험 대비 수익률이 너무 낮아서 수익이 안 나는 것입니다.

그러므로 수익이 좀 났다고 하면 30배 정도는 나야 합니다. 운이 나쁘면 상장폐지되어 원금을 다 날릴 수도 있는데, 적어도 30배 정도는 수익이 나야 하지 않을까요? 그러려면 최대한 장기로 투자해야 합니다. S&P500 지수에 투자해서 연평균 13%로 30년 동안 수익이 나면 가능합니다. 강제적으로 장기투자가 되는 것이죠. 목표가 450배라면 50년간 투자해야 합니다. 목표는 높을수록 좋습니다.

50년 투자해서 450배를 벌려면, 투자자산이 50년간 시장에서 살아남아야 합니다. 50년간 살아남을 수 있는 기업이 있을까요? 자신 있게 말할 수 있는 건 S&P500밖에 없습니다. 투자기간을 50년으로 잡으면 나의 자녀 세대까지 투자해야 합니다. 목표를 높게 두고 자녀들 세대까지 투자하도록 하세요.

언제 매도해야 할까?

★ ★ ★

9

개미 매도는 언제 해야 할까요?

자본가 쌀 떨어질 때 매도해야죠. 반찬이 떨어질 때가 아니에요. 정말 필요할 때 매도해서 현금화해야 합니다.

개미 제가 죽으면 남은 돈은 어떻게 하죠?

자본가 자녀에게 상속하고, 다시 그 자녀에 상속하고⋯ 계속 상속하면 됩니다.

개미 그러면 정말 복리의 힘을 제대로 발휘할 수 있겠네요. 노후준비라면 어떨까요?

자본가 언제 은퇴할 예정인가요?

개미 보통 60세에 은퇴하니까 그전에 은퇴를 준비해야죠.

자본가 60세에 은퇴를 바라보고 58세에 S&P500이 최고가라고 생각하여 매도하면 어떻게 될까요? 물가상승률은 1~2%라고 하지만, 우리에게 꼭 필요한 쌀값은 그보다 더 많이 오르죠?

개미 환매해서 안전한 채권에 넣었는데, 쌀값이 폭등해 버리면 큰일이겠군요. 몇십 년 못 버티겠네요.

자본가 기대수명은 몇 살인가요?

개미 100세 시대니까 저도 100세가 아닐까요?

자본가 만약 구글의 영생 프로젝트와 일론 머스크의 뉴럴링크 프로젝트가 성공한다면? 그래서 120세를 넘어서 150세까지 산다면요?

개미 장수가 축복이 아니라 리스크네요.

자본가 이제는 함께 가야 돼요. 도중에 돈이 필요할 것 같아서 매도한다면 나중에 돈이 부족해서 힘들어질 수 있고, 현금화해야 한다는 생각 때문에 투자를 오래 지속하지 못합니다. 오르면 팔아서 현금화해야 하니까요. 그런데 지수는 더 오를지 내릴지 알 수가 없습니다. 내가 얼마나 살지도 알 수 없고요. 당연히 물가가 얼마나 오를지도 알 수 없죠.

개미 그냥 저의 인생과 함께 가는 거로군요.

자본가 그렇습니다. 결국, 투자란 무엇일까요?

개미 투자는 생존인 것 같아요.

자본가 투자는 이제는 산소입니다. 앞으로는 AI자동화로 일자리는 없어지고 물가는 올라서 투자를 하지 않으면 생활하기가 어려워질 겁니다.

개미 그러니까 투자는 공기네요. 없으면 안 되는….

자본가 네. 그러니 계속 투자하면서 자녀들에게 산소를 공급해 주세요.

매도는 왜 해야 할까요? 주식매매 기술만 배워서 매수할 때는 보통 얼마에 매도하겠다는 목표를 설정하고, 그 금액에 꼭 매도해야만 한다고 생각합니다. 하지만 매도를 왜 해야 하는지 생각해 보면 답이 나옵니다. 최대한 복리의 힘을 발휘하려면 매도를 하지 않아야 합니다. 매도할 이유가 없기 때문입니다. 정말 꼽으라고 하면 바로 쌀 살 돈이 없을 때뿐입니다. 먹고살아야 하니까 매도해서 쌀을 사는 것이죠. 여기서 중요한 것은 반찬도 아니고 쌀이라는 점입니다.

60세 이후의 노후를 준비하려고 58세에 최고점이라고 생각해서 팔았는데, 주가는 더 오릅니다. 판 돈을 안전한 단기채권에 투자합니다. 예상수명을 80세로 생각하고, 채권에 투자한 자금으로 생활비를 쓰지만 부족합니다. 80세를 넘어가니 생활비가 없어서 대출을 받다가 결국 노후에 파산하게 됩니다. 주식투자는 노후준비가 아닙니다. 노후에도 꼭 투자를 이어가야 합니다. 왜냐하면 언제까지 살지 모르기 때문입니다. 투자를 하면 오래 살수록 그동안 복리의 힘을 더 누릴 수 있어서 장수가 곧 축복입니다. 자녀들에게 더 많은 유산을 물려줄 수 있으니 인생이 즐겁죠.

우리나라의 평균수명은 계속 늘어나고 있습니다. 대부분 사망원인이 암인데, 암이 곧 정복된다면 평균수명은 더욱더 늘어날 것입니다. 자율주행이 운전을 대신해서 교통사고도 없어지고, 산업재해도 AI자동화가 대신해서 없어지면 평균수명은 더 늘어나겠죠. 평균수명이 늘어나는 게 축복이 되려면 주식투자를 해야 합니다.

주식은 언제 매도해야 할까요? 이론적으로는 디플레이션이 발생할 때입니다. 상품의 공급이 많아져서 재고가 많이 쌓이면, 안 팔려서 상품의 가격이 떨어집니다. 상품의 가격이 더 떨어질 것으로 생각하는 소비자들은 구매를 미루고 내년, 내후년에 사려고 합니다. 그러면 상품은 더 안 팔리고 가격도 더 떨어져서 기업들의 마진이 줄어듭니다. 그러면 수익이 떨어져서 주가도 하락합니다. 그런데 개인투자자들이 이 디플레이션을 알아차렸을 때는 이미 주가에 다 반영된 뒤일 확률이 높습니다. 그 탓에 항상 바닥에서 매도하게 되는 것입니다. 그러니 디플레이션이 단기라면 매도하지 않고 장기투자 하는 것이 현실적입니다.

매도하는 이유를 생각해 보세요. 첫 번째는 투자한 기업 상황이 안 좋을 때입니다. S&P500 지수에 분산투자 하면 500개 기업에 투자할 수 있고, 시가총액별로 투자가 가능해서 좋은 기업은 투자비중이 올라가고, 안 좋은 기업은 비중이 내려갑니다. 그래서 S&P500 지수에만 투자해도 기업이 안 좋아서 매도할 일은 없습니다. 두 번째는 나의 경제사정이 안 좋을 때입니다. 그럴 때는 어쩔 수 없습니다. 쌀이 떨어졌는데 매도 안 하고 버틸 수는 없죠. 그런데 내가 투자한 금액보다 떨어졌을 때 매도하면 문제가 생깁니다. 원금 손실이 생기기 때문입니다. 그래서 장기투자 해야 합니다. 지금까지 어느 시점에 투자하든 20년 이상 장기투자자들의 경우엔 원금 손실이 없었습니다.

"끝날 때까지는 끝난 것이 아니다." 전설적인 야구선수 요기 베라의 명언입니다. 그러니 S&P500 지수와 평생 함께 가야 합니다.

10

복리로 수익률을 올리려면 지금, 최대한으로 투자하라

개미 S&P500 지수에 얼마나 투자해야 하나요?

자본가 워런 버핏은 유언장에 자산의 90%를 S&P500 지수에 투자하고, 나머지 10%는 유동성을 위해서 미국 단기채권에 투자하라고 했습니다.

개미 현금은 어떤가요?

자본가 현금은 가지고 있을수록 손해입니다. 물가상승률이 2% 오르면 현금의 가치는 반대로 2% 떨어지죠. 매년 물가가 오르기 때문에 내가 가진 현금가치가 떨어지는 역복리라고 할 수 있습니다.

개미 현금을 많이 가지고 있으면 역복리에 당하는 거군요.

자본가 그래서 최대한 투자해야 합니다. 그런데 많은 개미가 자산이 1억 있으면 예적금에 9,000만원, 주식에 1,000만원 정도를 투자합니다. 1,000만원으로 10% 수익이 나면 100만원을 벌지만, 물가상승률이 2%라면 200만원이 손해니까 결국 자산은 100만원이 손해입니다. 그래서 최대한으로 투자해야 합니다.

개미 결국 내가 최대한 투자할 수 있는 투자대상이 중요하겠네요.

자본가 그렇습니다. 종목을 선택할 때도 내가 최대한 투자할 수 있는 종목을 선택해야 합니다.

개미 1,000만원 투자해서 1억이 되니까 손실 볼까봐 전액을 투자 못 하겠더라고요. 그래서 다시 1,000만원만 투자했어요

자본가 그러면 복리수익률이 나오지 않습니다. 투자금이 다시 1,000만원으로 돌아오면 단리수익률이 되죠. 복리수익률이 나오려면 원금과 이자를 계속 재투자해야 합니다. 내 자산을 최대한 그리고 오랫동안 투자할 수 있는 종목을 선택해야 하죠.

복리의 힘을 발휘하려면 최대한 많이 투자하고 최대한 길게 투자해야 합니다. 이러한 점을 잘 이용한 사람이 바로 워런 버핏입니다. 그는 11세부터 투자해서 90세인 지금까지도 투자를 계속하고 있습니다.

개미투자자들은 소액으로 대박을 노리려고 합니다. 그러니 우량주보다는 변동성이 큰 종목들을 선택하게 되고, 남은 돈도 다 손실을 보게 됩니다. 정말로 내 자산의 90% 이상을 투자할 수 있는 자산을 선택하는 게 중요합니다. 개별 종목을 선택했다면, 사업이 잘되는지 회사도 방문해 보고 CEO를 만나서 이야기도 들어보면서 최대한 감시해야 합니다. 그러나 현실적으로 개인투자자들을 환영하는 회사도 거의 없고, CEO를 만나기는 불가능합니다. 그러니 주식이 떨어지면 흔들리고 장기투자가 안 됩니다. 장기투자가 가능하다면 개별 주식에 투자해서 수익을 극대화하는 것도 좋은 방법입니다. 그러나 불가능하다면 현실적으로 선택해야 합니다. 장기투자가 가능한 투자자산을 말이죠.

보통 개미투자자들은 생업과 투자를 병행하기 때문에 시간이 별로 없

습니다. 회사도 다녀야 하고 종목도 분석해야 한다면, 효율적으로 투자하는 방법도 생각해 봐야 합니다. 종목 분석할 시간에 생업을 더 열심히 해서 소득을 올리고, 올린 소득으로 S&P500을 매수하면 더 많은 수익이 생깁니다. 개별 종목을 분석해서 매수한다고 해도 장기적으로 S&P500 수익률을 이기기도 어렵습니다. 수많은 펀드매니저들도 장기적으로 S&P500 지수를 이긴 사람은 몇 명 없습니다. 이런 마당에 개인투자자들이 도전해서 승리하기가 쉬울까요? 어렵습니다. 따라서 S&P500 지수에 투자하는 것이 합리적입니다.

개인투자자들은 현금비중을 중시합니다. 조정장을 대비해서 늘 현금을 30% 정도는 가지고 있죠. 하지만 현금을 가지고 있으면 역복리에 당합니다. 역복리는 물가가 상승해서 현금가치를 떨어트리는 것입니다. 물가는 매년 상승하니까 결국 복리로 오르며 내 현금자산의 가치를 떨어뜨립니다. 쌀값이 1만원인데 다음 해에 물가가 5% 오르면 10,500원을 주고 사야 하니 내 현금 가치는 떨어지는 것이죠.

현금을 보유했다가 조정장에 사면 좋은데, 조정장이 언제 올지 모릅니다. 조정장이 언제 올지 안다면 계속 맞혀서 엄청난 돈을 벌겠죠? 잘 알지도 못하는 조정장을 예측하느라 투자 기회만 놓치는 사람들이 많습니다. 복리로 수익률을 올릴 수 있는 기회를 놓치고 있는 것입니다. 2008년 금융위기 후에 2020년 코로나19가 터졌습니다. 거의 12년이나 기다려서 조정이 온 것입니다. 그동안 물가는 엄청 올라서 돈의 가치만 떨어진 상황이 되었죠. 그러므로 현금을 보유하기보다는 S&P500 지수에 투자해야 합니다.

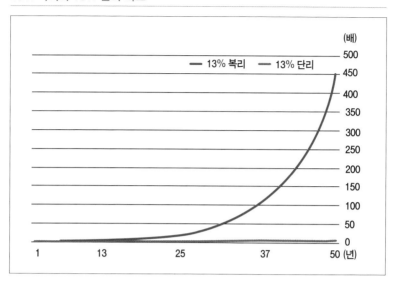

연간 13% 복리로 투자하면 50년 뒤에는 450배가 되고, 연간 13% 단리로 투자하면 50년 뒤에는 7.5배가 됩니다. 아래 표는 원금과 이자의 재투자가 수익률에 얼마나 큰 영향을 미치는지를 보여줍니다.

13% 복리와 13% 단리 비교

기간	13% 복리	13% 단리
1년	1.13 배	1.13 배
10년	3.3 배	2.3 배
20년	11.5 배	3.6 배
30년	39.1 배	4.9 배
40년	132.7 배	6.2 배
50년	450.7 배	7.5 배

13% 복리와 13% 단리는 1년차에는 똑같이 시작하지만, 보유기간이 길어질수록 큰 차이를 나타냅니다. 50년 후 13% 복리일 때는 원금의 450배가 차이 나지만, 13% 단리일 때는 그 차이가 7.5배밖에 되지 않습니다. 최대한 복리로 수익률을 올리려면 지금 최대한으로 투자해야 합니다. 내 자금을 최대한 투자할 수 있는 상품을 선택해서 보유기간을 최대한 늘려야 합니다.

개미들은 1,000만원 투자하다가 1억원이 되면, 한 종목에 무서워서 투자를 못 하거나 수익이 난 금액을 빼서 은행에 저금하는 경우가 많습니다. 이렇게 되면 단리투자자가 되어 버립니다. 복리로 수익률을 올리려면, 원금과 이자에 이자가 붙어야 합니다. 그런데 개미들은 이렇게 하기 어렵습니다. 처음부터 최대한 투자할 자산을 찾지 않고 종목만 분석해서 투자하기 때문입니다. 그러므로 처음부터 내 자산을 최대한 투자하고, 복리의 효과를 누릴 수 있는 종목을 찾아서 투자해야 합니다. S&P500 지수는 미국의 상위 500개 기업에 투자하므로 안심하고 내 자산을 최대한 투자할 수 있습니다. 시간이 지나면 개별 종목보다 복리로 수익률을 발휘하므로 수익금도 더 높습니다.

아무리 지금 당장 100% 투자해야 한다고 해도 개미들은 10%만 사고, 90%는 예금합니다. 10%는 복리로 잘 돌아가는데 90%는 예금으로 잠자고 있죠. 복리의 효과를 발휘하려면 지금 당장 100% 투자해야 합니다. 물론 2008년 금융위기나 2020년 코로나 위기 때 투자했다면 수익률이 더 높겠지만, 타이밍을 맞추기는 불가능합니다. 확실한 건 하루빨리 100% 매수해야 한다는 것입니다.

11

여유자금으로
투자하라

개미 S&P500 지수에 투자하는 게 이렇게 확실한 투자라면 대출받아서 하는 건 어떤가요?

자본가 안 됩니다. 투자는 여유자금으로 하는 거예요. 그래야 횡보나 하락 시 버틸 수 있습니다.

개미 횡보 시에는 대출이자만 나가지만, 하락 시에는 대출금까지 손실이네요.

자본가 그런 상황이 되면 어떻게 될까요?

개미 버티기 힘들죠.

자본가 많은 투자자들이 횡보구간이나 하락구간에서 주식투자를 포기합니다.

개미 실제로도 그런 구간이 나오나요?

자본가 2001년부터 2012년까지 12년간 닷컴버블이 꺼지면서 횡보구간이 나왔습니다. 이때는 이자도 비싸서 5% 이상이었어요.

개미 그러면 12년 횡보하는 동안 원금의 60%가 이자비용으로 나갔겠네요.

자본가 그렇죠. 횡보구간은 나아요. 2008년에는 하락률이 50%였습니다. 대출받아서 주식투자를 하던 사람들은 원금에서 다 손실을 입었죠. 이렇게 대출로 영끌하거나 빚 내서 투자하면 시장에서 버티기가 어렵습니다. 반대로 버틴 사람들은 2008년 말 지수가 900으로 시작해서 2021년 9월 4,500까지 올라 400% 수익이 났습니다.

개미 수익률보다는 하락 시 버틸 수 있느냐가 중요하군요

자본가 얼마나 오랫동안 주식을 보유하는 게 관건이니까요. 주식의 이익은 보유하는 동안 배당과 주가 상승에서 나오기 때문입니다.

개미 이제 알겠어요. 보유기간을 길게 가져가려면 여유자금으로 해야 한다는 것을요.

자본가 이제 투자자가 다 되었네요.

우리 목표는 장기적으로 투자할 수 있는 상품에 투자하는 것이고, 매도하지 않아도 되는 상품을 계속 가져가는 것입니다. 그런데 어쩔 수 없이 도중에 매도해야 하면 계획에 차질이 생깁니다. 이 경우는 바로 대출로 샀을 경우입니다. 대출로 사면 횡보구간이나 하락구간을 버티지 못하고 매도하게 됩니다.

S&P500 지수에도 12년간 횡보구간이 있었습니다. 이럴 때 연 5% 이자로 대출을 받아서 주식을 매수했다면 12년 동안 60%의 이자를 내야 합니다. (연 5%에 12년간 횡보했으니 60% 이자비용 발생) 물론 그전에 매도할 것입니다. 그리고 2008년 금융위기 때는 -50% 조정이 왔습니다. -50%면 그전에 반대매매가 나가서 원금은 다 나가고 대출금만 남습니다. 2020년 코로나19 때도 -30%까지 조정 받았고, 이때도 대부분 반대매매가 나가서 원금은 다 나가고 대출금만 남았습니다.

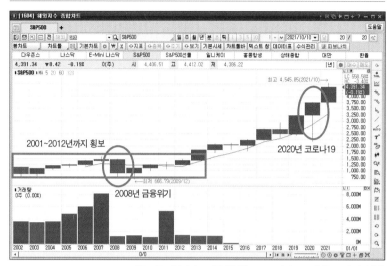

2001~2012년까지 12년간 횡보했고, 2008년과 2020년에는 크게 하락했다.

　　반대로 여유자금으로 투자한 사람들은 주식을 계속 보유할 수 있습니다. 2008년 말 지수가 900일 때부터 보유한 사람들은 2021년 지수가 4,500까지 올라 400% 넘게 수익을 남기고 있습니다. 영끌, 빚투 하면 토끼처럼 빠르게 목표를 달성할 것 같지만, 느릿느릿 가는 거북이처럼 꾸준히 투자하는 것이 결국 수익을 남기는 방법입니다. 따라서 장기투자를 하려면 여유자금으로 투자해야 합니다.

투자철학이
장기투자를
완성한다

PART 6

1

지금까지 투자가
운이었다면?

자본가 개미는 주식투자로 돈을 잃었나요, 벌었나요?

개미 아주 조금 벌었어요. 이번 2020년 코로나 위기 때 들어가서요.

자본가 지금까지 번 돈이 모두 실력이 아니고 운이었다면 어떨까요?

개미 다행히 수익이 나서 지금은 과감하게 투자하고 있는데, 운이었다면 머리
가 아픈데요! 운과 실력의 차이가 뭐죠?

자본가 예를 들어 승률 10%인 A게임은 참가비 5,000원을 내고 이기면 1만원을
받는 게임이고, 승률 50%인 B게임은 참가비 5,000원을 내고 이기면 2만
원을 받는 게임입니다. 둘 중 어떤 게임이 운이고, 실력일까요?

개미 당연히 A게임은 운이고, B게임은 실력이죠.

자본가 이처럼 게임을 시작할 때 운과 실력을 구별할 수 있습니다.

개미 이미 게임을 시작하기 전에 판별이 가능하군요

자본가 그렇습니다. 그런데 주식시장에서는 나만 잘해서 되는 게 아니라, 내가 예
상하는 모든 변수가 내 뜻대로 움직여야 수익을 올릴 수 있습니다.

개미 그러게요. 변수가 너무 많은 것 같아요.

자본가 내가 아무리 분석을 잘해도 경영진이나 경리가 갑자기 횡령하거나, 자회

사를 분할하거나, 상속을 위해서 이용하거나, 갑자기 기업을 팔거나… 혹은 코로나19가 터지거나, 금리가 상승하거나 등등 내가 통제할 수 없는 변수가 너무나 많습니다.

개미 게임은 시작하기 전에 변수 계산이 가능하니까 실력일 가능성이 높고, 주식투자는 변수가 계산이 안 되니까 운일 수도 있겠네요. 주식투자의 변수는 어떻게 통제하나요?

자본가 분산을 통해서 통제합니다. 개별 주식의 위험에서 벗어나야 하니까요.

개미 그러려면 S&P500 지수에 투자해야겠네요.

자본가 맞습니다. 주식투자는 운일 수도 있으니, S&P500 지수에 투자해서 평균 수익률을 올리는 것이 중요합니다. 개미들이 자신의 실력을 믿고 개별 주식에 많은 자금을 투자했다가 실패하는 경우도 많거든요.

개미 그렇다면 주식시장의 실력이라면 무엇일까요?

자본가 장기적으로 S&P500 지수를 초과하는 수익률을 내야 실력이 아닐까요? 평균수익률은 S&P500 지수에만 투자해도 쉽게 올릴 수 있으니까요.

개미 큰돈은 S&P500 지수에 투자하고 적은 돈으로 실력을 키워봐야겠네요.

개별 주식으로 올린 수익은 운일 확률이 높습니다. 아무리 분석을 잘해도 경영진이 횡령하거나, 자회사가 분할하거나, 사업부분을 매각하거나, 코로나19가 터지거나, 경쟁사에서 탁월한 제품이 나오는 등 많은 변수들이 통제 가능하고 다른 투자자들이 적극적으로 매수해야 주가가 오릅니다. 이것은 내가 분석을 잘해서 파악할 수 있는 것이라기보다는 모든 환경이 운 좋게 흘러가야 가능합니다.

우리가 주식에 투자해서 지금까지 얻은 수익이 모두 운이라면 어떻게 해야 할까요? 단순히 주식시장이 강세장이라서 수익이 나는 거라면? 만약 운이라면 평균수익률에 투자해야 합니다. 지금까지 살면서 운이 별로 없었다면, 주식시장에서만 운이 작동하지는 않을 것입니다. 사실 운이 좋아서 부잣집에 태어나면 굳이 주식투자를 할 필요도 없겠죠. 오히려 운이 아니라 실력이라고 믿는 탓에 많은 돈을 투자하고도 실패할 수 있습니다. 그렇다면 지금의 수익은 행운이 아니라 불행일 수도 있습니다.

운과 실력을 어떻게 구별할까요? 운과 실력은 게임을 하기 전에 이미 판단할 수 있습니다. 승률 10%의 A게임은 참가비 5,000원을 내고 이기면 1만원을 받는 게임이고, 승률 50%의 B게임은 참가비 5,000원을 내고 이기면 2만원을 받는 게임입니다. A게임은 로또나 복권처럼 운으로 이겨서 수익을 바라는 게임이고, B 게임은 게임을 할수록 수익이 나니 말하자면 글로벌 독과점 기업 같은 게임입니다. 두 게임은 게임 전에 변수를 모두 계산할 수 있지만, 주식투자는 변수가 너무나 많아서 계산이 불가능합니다. 경영자나 경리가 횡령하거나, 자회사를 분할하거나, 상속을 위해서 이용하거나, 우량 산업을 팔거나 혹은 코로나 19가 터지거나, 금리가 상승하는 등 내가 분석할 수 없는 변수가 많습니다. 그러다 보니 실력보다는 운일 수도 있습니다. 지금까지는 운이 좋아서 수익을 냈지만, 앞으로 운이 안 좋으면 큰 손실이 발생할 수도 있습니다. 따라서 우리는 실력이 아니라면 더욱더 S&P500 시장평균수익률에 투자해야 합니다.

밀물일 때는 누구나 물고기를 잡아서 돈을 법니다. 그러나 썰물일 때는 바닷물이 빠져나가니 물고기도 없습니다. 게다가 썰물에 나도 떠내려갈 수 있습니다. 자산에 조정이 오면 어떻게 살아남을지 준비해서 살아남아야 실력이 됩니다. 호황과 불황은 반복해서 찾아오는데, 불황 때마다 자산에 큰 타격을 입는다면 살아남을 수 없습니다. 그래서 투자한 자산이 하락 시 반대로 상승하는 자산을 같이 보유해서 하락의 변동성을 낮춰야 합니다.

게임뿐만 아니라 주식투자도 투자 전에 이미 판단이 가능합니다. 개별주식 위험을 분산투자로 없애고, 원화로 S&P500만 사고서 상승하기를 기다리는 것은 운입니다. 시장에 위험이 나타나면 큰 손실이 나기 때문입니다. 그러나 S&P500을 달러로 사면 실력이 됩니다. 시장에 위험이 나타나서 주가가 급락하면 달러는 반대로 급등해서 헤지가 가능하기 때문입니다. 주가가 하락하더라도 달러로 수익을 얻을 수 있는 것이죠. 한국에 살면서 원화로 환헤지하지 말고, 달러로 환노출하는 미국 S&P500 지수에 투자하는 게 이득입니다.

코인과 부동산은 운일까요, 실력일까요? 단순히 코인과 부동산을 사서 오르기를 기다리면 운입니다. 급락 시 반대 포지션인 자산으로 헤지가 가능해야 실력이 됩니다. 그런데 코인과 부동산은 반대 포지션의 자산을 가지기 어렵습니다. 급락 시 복구할 수 없을 만큼 큰 손해를 입기 쉽죠. 그래서 운을 보고 투자한다면 투자하지 않거나, 자산의 일정 부분만 투자해야 합니다.

주식투자에서 수익률의 관점에서 볼 때 실력은 무엇일까요? 당연히 S&P500 시장평균수익률보다 수익률이 높아야 실력이 있다고 할 것입니다. S&P500 시장평균수익률은 운과 실력이 없어도 달성이 가능하기 때문입니다. 그렇다면 S&P500보다 장기적으로 초과수익률을 올리는 펀드가 있을까요? 출시 후 20년만 지나도 살아남은 펀드들 중 90%는 S&P500 시장평균수익률을 올리지 못합니다. 50년이 지나면 오직 2개만이 의미 있는 수익률을 올리죠. 이렇듯 아무리 실력이 있어도 장기간 투자하면 초과수익률을 올리기 어렵습니다.

그렇다면 초과수익률을 올리는 게 불가능할까요? 그렇지 않습니다. 로또에서도 1번 만에 1등이 되는 사람도 있고, 카지노에 가서 돈을 따는 사람도 있으니까요. 하지만 우리는 이렇게 운이 좋거나 감이 뛰어난 사람들이 아닙니다. 불행하게도 일확천금은 내 것이 아니죠. 그러나 이러한 사람들이 언론에 자주 나오니까 마치 다수인 것처럼 보입니다. 하지만 이러한 것도 반복적으로 실행하면 결국 대부분 손해가 납니다. 일확천금은 실행 횟수가 짧아야 합니다. 장기적으로 가면 평균수익률에 수렴합니다.

10년을 주식에 투자할 때 시장수익률이 10%인데, 나는 20%의 수익률을 올렸다면? 실력일까요, 운일까요? 복권을 처음 샀는데 당첨되거나, 카지노에 처음 갔는데 돈을 따는 것처럼 운일 수도 있습니다. 이러한 운에 전 재산을 맡기는 사람도 있습니다. 우리는 대대손손 투자할 사람들입니다. 투자기간이 100년이 될지 200년이 될지 모르지만, 10년은 너무 짧습니다. 실행 횟수가 적어서 내가 올린 수익이 운일 수도 있기 때문입니다. 실력은 어떨까요? 주식투자를 워런 버핏처럼 잘한다고 칩시다. 설령 아들에게 주식투자 실력을 물려줄 수 있다고 해도 아들이 나처럼 투자할까요? 대박을 노리지는 않을까요? 투기를 하지는 않을까요? 알 수 없습니다.

100년, 200년, 1,000년을 투자하려면 운과 실력이 없어도 수익이 나는 글로벌 독과점 기업에 투자하는 것이 합리적입니다. 그러므로 운과 실력이 없어도 되고 달러 베이스인 S&P500 시장평균수익률에 투자해야 합니다.

2

개미의 손실은
가격의 예측에서 온다

자본가 개미는 주식을 매수할 때 판단 기준이 무엇인가요?

개미 가격이 오른다고 생각하면 매수해요.

자본가 예상과 다르게 계속 떨어지면요?

개미 손절해야죠.

자본가 반도체주와 자동차주는 왜 매수했죠?

개미 반도체가 오른다고들 하고, 중고 자동차 가격이 오르니까 신차도 오를 거
라고 생각해서요.

자본가 예상과 다르게 오늘부터 반도체 가격이 떨어지고, 자동차 가격이 떨어지
면요?

개미 손절해야죠.

자본가 정유주는 왜 매수했죠?

개미 원유 가격이 오른다고 해서요.

자본가 안 오르면요?

개미 손절해야죠.

자본가 항공, 여행, 호텔주는 왜 매수했죠?

개미 코로나가 끝나면 여행을 많이 다녀서 여행상품 가격이 오를 테니까요.

자본가 코로나가 안 끝나고 변이가 계속 나오면요?

개미 손절해야겠죠.

자본가 이렇게 여러 번 손절하면 수수료와 세금이 많이 나가겠네요. 개미들은 알 수 없는 가격을 예측하고 투자합니다. 그러니 예측이 조금만 틀려도 손절해서 자주 매매하게 되죠.

개미 그러면 무엇을 보고 투자해야 하나요?

자본가 글로벌 독과점 기업의 시스템에 투자해야죠.

개미 아하, 가격을 예측하지 말고, 글로벌 독과점 기업들과 함께 가야 하는군요.

자본가 네. 그러면 가격을 예측하지 않아도 장기투자가 가능합니다.

개미들의 손실은 대부분 가격을 예측하는 데서 옵니다. "주가가 많이 빠졌으니 앞으로는 상승하겠지." 하고 매수하고, "반도체 가격이 내년에는 오르겠지." 하고 매수하고, "원유 가격도 이젠 오르겠지." 하면서 매수하고, "코로나가 끝나면 항공, 여행, 호텔주가 오르겠지." 하고 매수합니다. 이렇게 미래를 예측하고 매수하지만 미래에 가격이 오른다고 해서 주가가 따라서 오르지는 않습니다. 이미 주가에 반영되어 있기 때문입니다. 반대로 미래에 가격이 하락하면 주가는 더 많이 빠집니다.

개미들은 왜 손해를 볼까요? 미래를 예측해서 투자했는데 주식이 안 움직이거나 떨어지기 때문입니다. 근본적인 이유는 미래를 알 수 없기 때문이죠. 앞으로 계속 반도체, 자동차, 원유 가격이 오를지 내릴지는 아무도 모릅니다. 모르는 것에 투자하니까 손실이 납니다. 힘들게 미래를 맞혔다고 해도 주가가 상승하는 문제는 다릅니다. 앞으로 6개월을 보고 투자했는데, 6개월 후에는 또 그 이후 6개월이 중요하기 때문입니다. 더 이상 알 수 없는 미래를 예측하지 말고 투자해야 합니다.

주가전망도 일기예보와 공통점이 있습니다. 비 올 확률이 60%라고 분석가들이 예측해도, 국민들에게는 실제로 비가 오는지 안 오는지가 중요합니다. 주가전망도 마찬가지입니다. 상승확률 60%가 중요한 게 아니라, 실제로 오르느냐 내리느냐가 중요하죠. 확률은 상대적인 거라서, 내가 투자할 때 상승확률이 60%라도 내가 40% 손실확률에 걸려서 손실이 나면 전망은 무의미합니다. 그렇다면 반복적으로 투자할 때는 어떨까요? 반복적으로 투자하면 수익이 날까요? 그러면 개미들은 왜 손실이 날까요? 분명히 상승확률이 높은 곳에 투자할 텐데요. 일부러 손실확률에 투자해서일까요? 아닙니다. 기본적으로 상승확률과 손실확률을 예측할 수 없기 때문입니다. 예측할 수 없으니 손실이 날 수밖에요. 예측하지 않고 항상 우산을 가지고 다니면 혹시라도 비가 올까 걱정하지 않아도 됩니다. 달러로 S&P500 지수에 투자하면 조정이 올 때 달러가 우산이 되어줍니다.

현금비중, 자산배분 모두 미래를 예측하는 일입니다. 시장 타이밍은 예측이 불가능하고, 미래에 조정이 예상되니 현금비중을 확대해야 한다고 예측합니다. 그러나 미래에 조정이 안 오고 상승한다면 상승에 대한 수익을 잃게 되죠. 그러다가 고점에 남들을 따라 사게 됩니다. 또 조정이 오면 현금비중을 확대하고, 과거에 자산배분이 이렇게 움직였으니 미래에도 이렇게 움직일 거라고 생각하고 예측합니다. 하지만 주식, 원자재, 국채가 앞으로 어떻게 움직일지는 아무도 모릅니다. 예측으로 투자하니 예상대로 안 될 경우 손절하고, 다시 자산을 배분합니다. 이렇게 매매비용만

계속 늘어나고 장기투자 하는 주식의 수익률을 따라잡지 못합니다. 결국
엔 포트폴리오 수익을 낮춥니다.

미래를 예측할 수 있다는 사람들이 있습니다. 그런데 왜 세계적인 부자
순위에는 그런 사람들이 없을까요? 워런 버핏은 연평균 수익을 21% 올리
고 세계 부자 Top 10에도 속해 있지만, 미래를 예측해서 주식을 매매하는
사람들은 없습니다. 버핏도 연평균수익률이 21%를 넘기지 못하는데, 과
연 미래를 예측할 수 있다고 해도 연평균수익률이 21%를 넘기지 못하거
나, 미래 예측이 불가능한 건 아닌지 고민해 볼 필요가 있습니다.

그렇다면 무엇에 투자해야 할까요? 시스템에 투자해야 합니다. 기업은
주주 수익을 극대화합니다. 주주 수익을 극대화하는 방법은 독과점 기업
이 되어 스스로 가격을 정하는 것입니다. 국내 독과점 기업보다는 글로
벌 독과점 기업의 수익이 높습니다. 그렇다면 글로벌 독과점 기업에 투자
해야겠죠? 글로벌 독과점 중에서도 앱스토어를 지닌 애플, 윈도를 지닌
마이크로소프트, 페이스북과 인스타그램을 지닌 페이스북, 플레이스토
어를 소유한 구글, 이 밖에도 바자, 마스터카드, 엔비디아, 어도비, 인텔,
AMD, 코로나 백신을 소유한 화이자와 모더나 등 선택 불가한 독과점 기
업에 투자해야 합니다. 그러니 결국 선택 불가 글로벌 독과점 기업이 많
은 S&P500 지수에 투자해야 합니다.

3

소음과 정보

자본가 개미는 소음과 정보를 구분할 수 있나요?

개미 요즘 너무 많은 정보가 쏟아져서 소음인지, 정보인지 잘 모르겠어요.

자본가 그렇다면 가치 있는 정보를 받아도 무엇을 해야 할지도 모르나요?

개미 네. 주식이 한 가지 영향만으로 움직이는 건 아니잖아요.

자본가 앞으로 실업률이 낮아지고 인플레이션이 온다면 어떻게 해야 할까요?

개미 인플레이션이 오니까 주식이 빠지면 금을 살까요?

자본가 그건 알 수 없죠. 실업률이 낮아져서 경기가 좋아질 수도 있으니까요.

개미 정확한 정보를 받더라도 해석하기가 어렵군요.

자본가 소음인지 정보인지도 구분하기 힘든 데다 가치 있는 정보도 해석하기 어렵습니다. 가치 있는 정보를 받았다면, 당연히 시장평균수익률보다는 높은 수익률을 올려야겠죠? 그런데 대부분의 투자자들이 장기적으로 보면 시장평균수익률을 올리지 못합니다.

개미 가치 있는 정보를 받아도 해석하지 못하고, 시장평균수익률을 올리지 못한다면 정보도 결국에는 소음에 지나지 않겠네요.

자본가 그렇죠. 그러므로 S&P500 지수를 매수해서 보유하는 것이 합리적입니다.

아직도 주식투자 수익이 정보에서 온다고 믿고 투자하는 개미들이 많습니다. 주식카페와 카톡방에 회비를 내고 들어가 종목정보를 받고, TV와 신문을 보면서 정보를 찾죠. 가치 있는 정보라면 당연히 시장평균수익률보다 높은 수익률을 가져다줘야 효율적입니다. 그래야 회비와 노력의 대가가 돌아오기 때문입니다. 그런데 장기적으로 보면 투자자들 대부분은 시장평균수익률을 올리지 못합니다. 이들은 소음을 정보로 판단하고 투자해서 실패하는데, 가치 있는 정보를 들어도 해석할 능력이 없는 게 문제입니다. 해석할 능력이 없다면 정보도 소음에 불과하죠. 왜 이렇게 정보를 해석하는 게 어려울까요? 주식투자의 수익은 연속적으로 일어나기 때문에 한 번만 정보 해석을 잘해서는 수익을 내기가 어렵습니다. 계속 정보를 받고 계속 해석을 잘해야 수익률이 높아집니다. 100% 수익이 났다고 하더라도 잘못해서 50% 손실이 나면 본전입니다. 그래서 장기적으로 초과수익률을 올리고 정보를 잘 해석하는 사람은 몇 명 없습니다. 워런 버핏과 투자의 대가들 몇 명뿐입니다.

연속적으로 정보를 잘 해석할 수 없다면 최선의 선택은 무엇일까요? 바로 시장평균수익률을 올리는 것입니다. 시장평균수익률을 올리는 데는 소음과 정보를 구별할 필요도 없고, 정보를 해석할 필요도 없습니다. 더욱이 효율적인 시장이라면 이미 소음과 정보가 시장에 반영되어 있으니 해석할 필요도 없습니다. 우리는 예금처럼 꾸준히 시장을 매수해서 보유하기만 하면 됩니다. 그러므로 미공개 정보가 없어서 투자자를 보호하고 효율적 시장에 가까운 S&P500 지수에 투자해야 합니다.

4

폭락한다고 주장하는
사람들을 조심하라

개미 앞으로 금리가 오르면 주가가 내릴 거라고 하는데요. 지금 금리가 최저치라 앞으로 오를 일만 남았으니 투자하기 어려워지는 게 아닌가요?

자본가 다음 달에 금리가 갑자기 6~7% 급등한다면 주가는 하락할 것입니다. 주식투자 해서 버는 수익보다 은행 예금이자가 더 높으니까요. 그런데 이 사실을 정부도 다 알 텐데, 주가를 갑자기 하락시킬까요?

개미 정부는 물가를 잡는 게 우선이니까 물가가 급등하면 그렇게 하겠죠?

자본가 미국 경제는 소비의 경제라서 주가가 하락하면 소비도 줄어든다는 것을 미국 정부는 최대한 고려할 것입니다.

개미 그럼 확실히 역의 상관관계가 있군요.

자본가 꼭 그렇지만은 않아요. 주가를 주당순이익으로 나눈 PER이라는 지표가 있습니다. 금리가 내려가면 기업들의 순이익이 늘어나서 PER이 내려가고, 금리가 오르면 PER이 올라가죠.

개미 그렇다면 몇십 년 동안 금리가 계속 내려갔으니 PER이 엄청 내려갔겠네요?

자본가 그런데 역사적으로 미국의 PER은 평균 25~30을 지키고 있습니다. 우리나라도 평균 10~15를 지키고 있고요.

개미 어쩌면 금리와 주가는 크게 상관이 없을 것 같네요.

자본가 결국 주가는 기업 실적과 상관이 있습니다. 금리가 오르든 내리든 기업 실적이 오르면 주가는 오릅니다. 새로운 혁신기업이 나와도 주가가 오르고요.

개미 제가 고민이 많았네요. 미래를 예측하지 말고 투자해야겠어요.

자본가 금리도 예측하기 어렵습니다. 2019년에 대부분의 전문가가 2020년에는 금리가 오를 거라고 전망했습니다. 그래서 주가가 출렁거렸지만, 실제로 2020년이 되니 그와 반대로 사상 최대폭으로 금리가 하락했죠. 전문가들의 예측이 다 틀린 겁니다. 연준금리 도표도 틀렸고요.

개미 전문가들도 예측이 어려우니…. 우리에겐 항상 투자하는 길밖에 없군요.

자본가 그렇죠. 그것이 자본가가 되는 길입니다.

흔히 금리가 내리면 주가가 오르고, 금리가 오르면 주가가 내린다고 해서 둘 사이에 역의 상관관계가 있다고 합니다. 정말 그럴까요? 미국 10년 국채 금리와 S&P500 지수를 비교해 보겠습니다.

미국 10년 국채금리와 S&P500

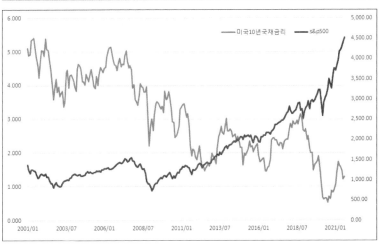

출처: FRED

금리는 2001년 5.1%에서 2003년 5월 3.3%가 빠지고 2007년 6월 5%까지 반등했습니다.

S&P500은 2001년 1,320에서 2003년 5월 963까지 빠지고 2007년 6월 1,503까지 반등했습니다.

금리는 2007년 6월 5%에서 금융위기가 있었던 2008년 12월 2.2%까지 떨어졌다가 2018년 10월 3.1%까지 반등했습니다.

S&P500은 2007년 10월 1,527에서 2009년 2월 735까지 떨어졌다가 2018년 10월 2,711까지 반등했습니다.

오히려 금리가 고점을 찍고 먼저 떨어지기 시작했습니다. 양의 상관관계임을 알 수 있습니다.

금리는 2019년 12월 1.9%에서 코로나 위기였던 2020년 7월 0.5%까지 떨어졌다가 2021년 3월 1.7%까지 반등했습니다.

S&P500은 2019년 12월 3,143에서 2020년 3월까지 2,584까지 떨어졌다가 2021년 3월 3,972까지 반등했습니다.

이상에서 알 수 있듯 오히려 금리와 주가가 같이 움직이는 경우가 많습니다. 앞으로 금리가 오를지 내릴지, 주가와 연관이 있을지는 알 수 없습니다. 연준에서 발표하는 금리 점도표를 봐도 2019년에는 2020년쯤 금리 인상을 예상했지만, 오히려 코로나19로 금리가 사상최저치까지 내렸습니다. 연준 전문가들도 알지 못하는 것입니다. 금리를 예측해서 맞히면, 국채 선물로 주식보다 더 큰 돈을 벌 수 있겠지만 불가능합니다.

외국인이 매도하면 주가가 빠질까요? 많은 국내 투자자들이 외국인 매매를 기준 삼아 주식투자를 합니다. 2020년 투자자별 매매를 살펴보면 개인이 47조원어치를 매수하고, 외국인이 24조원어치를 팔고, 기관이 25조원어치를 팔았습니다.

2020년 투자자별 매수 및 매도 동향

시장구분		개인	외국인	기관계	금융투자	보험	투신	은행	기타금융	연기금등	사모펀드	국가/지자체	기타법인
거래소주식	매도	19,661,346	5,044,262	5,248,593	1,948,720	221,322	425,761	26,562	17,035	2,380,997	228,196	0	254,437
	매수	20,136,253	4,798,610	4,993,221	1,863,624	193,297	357,428	18,604	17,914	2,352,863	189,491	0	280,093
	순매수	474,907	-245,652	-255,372	-85,096	-28,025	-68,333	-7,958	879	-28,135	-38,705	0	25,656
코스닥주식	매도	23,570,935	2,228,259	784,018	321,844	38,410	163,460	6,739	16,888	97,522	139,155	0	184,686
	매수	23,734,111	2,226,783	679,265	305,847	35,503	139,211	3,786	4,480	91,464	98,974	0	129,220
	순매수	163,176	-1,476	-104,753	-15,997	-2,907	-24,249	-2,953	-12,408	-6,057	-40,181	0	-55,465
선물	매도	11,897,041	43,102,818	7,072,413	4,711,716	211,087	1,411,103	36,673	6,227	695,608	0	0	850,438
	매수	11,891,238	43,175,511	7,002,512	4,683,158	206,159	1,383,200	32,666	6,299	691,029	0	0	853,449
	순매수	-5,802	72,692	-69,902	-28,558	-4,928	-27,903	-4,006	72	-4,578	0	0	3,012
콜옵션	매도	229,228	616,277	34,509	30,668	264	3,040	356	118	64	0	0	9,868
	매수	229,979	615,825	34,896	31,454	385	2,514	413	93	37	0	0	9,181
	순매수	752	-452	386	786	122	-526	57	-25	-27	0	0	-687
풋옵션	매도	221,520	683,887	38,889	35,741	15	2,048	935	94	55	0	0	10,413
	매수	225,232	680,675	38,164	35,485	6	1,652	906	69	46	0	0	10,638
	순매수	3,712	-3,212	-725	-256	-9	-396	-29	-25	-10	0	0	225
주식선물	매도	1,253,844	3,950,696	2,710,982	975,527	21,504	265,222	1,778	76	1,446,876	0	0	35,424
	매수	1,269,205	3,948,002	2,697,218	967,311	22,656	267,314	1,788	77	1,438,072	0	0	36,522
	순매수	15,360	-2,694	-13,765	-8,216	1,152	2,092	9	1	-8,804	0	0	1,098

종합지수는 2,200에서 2,800까지 상승했습니다. 2021년 1월에는 3,200까지 상승했습니다. 코로나 위기가 터졌을 무렵인 2020년 3월에는 1,400부터 올라와서 거의 100% 올라왔습니다. 이 기간에 외국인과 기관의 매매동향만 보고 매매했다면 매수하지 못했을 것입니다. 지표를 보고 투자하지 말고, 경제가 성장하면 주식시장도 오른다는 믿음으로 투자해야 합니다.

물가가 올라서 금리가 오르면 주식시장이 폭락할 것처럼 말하는 사람들도 있습니다. 이들은 주식을 매도해서 현금비중을 늘리고 저점에 다시 사야 한다고 합니다. 일단 조정이 올지 상승할지는 아무도 모릅니다. 그리고 미국 국민의 40%가 주식에 직접 투자하고 있으며, 대부분이 퇴직연금으로 간접투자를 하고 있는데, 미국 연방준비은행(FRB)에서 금리를 올려서 주가를 폭락시키려고 할까요? 미국 GDP의 2/3가 소비에서 나오는데 주가를 폭락시키면 어떻게 될까요? 금리를 인상하는 본질적인 이유는 과열된 경기를 진정시키기 위해서입니다. 주가를 폭락시키려고 하는 게 아니에요. 주식시장의 변동성을 줄여야 미국의 개인투자자들도 장기투자자가 됩니다. 어떤 이슈로 주가가 하락하면 장기투자자 입장에서는 저렴하게 살 수 있는 기회죠. 그러니 오히려 금리인상으로 주가가 하락하면 환영해야 합니다.

인플레이션이 올까요, 안 올까요? 2001년 중국이 세계무역기구(WTO)에 가입하면서 지금까지는 글로벌 생산기지 역할을 하며 전 세계에 낮은 가격으로 상품을 공급해 왔습니다. 월마트의 70%가 메인드인 차이나(Made in China)입니다. 덕분에 물가도 안정적이었습니다. 만약 중국에서 인건비가 올라서 인플레이션이 발생하면 어떻게 될까요? 당연히 더 저렴한 곳으로 생산기지를 옮길 것입니다. 지금도 글로벌 체인들은 더 낮은 비용을 추구하기 위해 베트남, 인도네시아, 러시아 등 많은 대체 생산기지로 옮겨 가고 있습니다. 과거에는 일본과 한국이 섬유, 가전, 자동차 생산기지 역할을 한 적도 있죠.

글로벌 체인이 옮겨 간 나라는 소득 수준이 높아집니다. 일본, 한국, 중국의 소득수준도 많이 높아졌습니다. 국민들의 소득수준이 높아지면, 그동안 소득이 낮아서 소비하지 못하던 미국 글로벌 독과점 기업의 상품을 소비합니다. 애플, 구글, 페이스북, 비자, 아마존, 테슬라 등 글로벌 체인이 전 세계로 진출할수록 미국 글로벌 독과점 기업들의 수익은 올라갑니다. 인플레이션이 올지 안올지는 모릅니다. 인플레이션이 오든 안 오든 글로벌 체인은 전 세계에 진출할 것이고, 글로벌 독과점 기업들의 수익은 올라갈 것입니다.

주식시장에 조정이 온다, 망한다, 폭락한다고 주장하는 사람들을 조심해야 합니다. 이들의 주장이 맞다면, 풋옵션 매수나 선물 매도로 막대한 수익을 벌 수 있습니다. 하지만 이렇게 돈을 번 사람은 아직까지 세계 부자 순위에 없습니다. 오히려 이런 주장 때문에 투자시기를 놓치고, 고점에 급하게 매수해서 노후준비를 망치는 피해자들이 나타나고 있습니다. 이렇게 폭락한다고 주장하는 사람들을 경계하고, 항상 주식시장의 미래를 보고 투자해야 합니다.

S&P500 지수에
예금처럼 저축하자

자본가 S&P500 지수 상품도 예금처럼 저축하면 됩니다.

개미 예금은 손해 보지 않지만 주식은 손실을 볼 수 있으니까 위험하지 않나요?

자본가 S&P500 지수 투자는 언제부터 시작하든 20년 투자하면 손해가 없습니다. 지금까지 우상향해서 20년 이상이면 수익이 났죠. 1982년부터 2021년까지 연평균 11.5% 수익이 났습니다.

개미 그래도 예금은 원금이 보장되잖아요.

자본가 은행에 예금해도 예금자보호는 5,000만원까지만 됩니다. 게다가 은행이 망하면 손실이 날 수 있습니다.

개미 은행이 망하면 국가에서 인수하니까, 국가가 망하지 않는 한 은행의 돈은 안전한 것 아닌가요?

자본가 우리나라 은행이나 국가보다 S&P500 기업들의 신용등급이 더 높습니다. 기업이 나라보다 안전한 거죠. 은행의 이자가 얼마죠?

개미 너무 낮아요. 0.5%요.

자본가 물가상승률은요?

개미 0.5%라고 하는데 식료품 값이 너무 많이 올랐어요.

자본가 식료품 물가상승률은 4.4%가 넘습니다. 그래서 살기 어렵죠. 은행에서 이자 0.5%만 받고 있다면 어떻게 될까요?

개미 내년이면 구매력이 3.9% 하락하네요. 즉, 적어도 은행이자가 4.4%는 되어야 하는군요.

자본가 4.4% 물가상승률을 따라잡는 상품은 주식밖에 없습니다.

개미 예금은 인플레이션을 따라잡을 수 없으니, 오히려 더 위험한 자산이네요.

자본가 S&P500 지수 상품을 예금처럼 저축하면 인플레이션을 따라잡을 수 있습니다.

도대체 무엇이 위험자산일까요? 개미들은 흔히 은행 예금은 안전자산이고 주식은 위험자산이라고 생각합니다. 은행 예금은 5,000만원까지 예금자보호가 되고, 주식은 안 되니까 위험하다고 느끼는 경우가 많죠. 그러나 은행도 망할 수 있습니다. 또한, 은행이 망하면 국가가 인수하는데, S&P500 지수에는 신용등급이 다른 국가보다 높은 기업들이 많습니다. 오히려 신용등급으로만 평가하면 이 기업들이 국가보다 더 안전합니다.

한국 소비자 물가상승률 (단위: 2015=100, %)

	2010	2011	2012	2013	2014	2015	2016	2017	2018	2019	2020
소비자물가 총지수	91.1	94.7	96.8	98.0	99.3	100.0	101.0	102.9	104.5	104.9	105.4
소비자물가 상승률	2.9	4.0	2.2	1.3	1.3	0.7	1.0	1.9	1.5	0.4	0.5
식료품· 비주류음료 상승률	6.4	8.1	4.0	0.9	0.3	1.6	2.3	3.4	2.8	0.0	4.4

은행은 원금보장이 되지만, 주식은 손해를 볼 수 있어서 위험하다고들 합니다. 하지만 S&P500 지수는 어느 순간에 투자하든 20년만 투자하면 100% 수익을 줍니다. 지속적으로 우상향하기 때문입니다. 반면에 은행은 원금보장의 함정이 있습니다. 원금보장 상품은 절대로 인플레이션을 따라잡지 못합니다. 2020년 기준으로 예금이자가 0.5%이고 물가상승률이 0.5%라서 구매력이 유지될 것 같지만, 식료품 물가지수만 보면 4.4% 상승했습니다. 먹고 살기가 더 어려워진 것입니다. 은행에만 예금하면 인플레이션 4.4% - 예금 0.5% = 3.9% 손해를 본 셈입니다. 노후준비에는 식료품 물가상승률이 중요한데, 원금보장 상품으로는 결코 따라잡을 수가 없습니다.

매년 물가상승률이 2%일 때 동일한 상품 구매 시 필요한 추가 금액 비율

	100에서 시작	추가 금액 비율
1년	102	2%
10년	121	21%
20년	148	48%
30년	181	81%
40년	220	120%
50년	269	169%

위 표는 매년 물가상승률 2% 시 동일한 상품을 구매할 때 추가로 필요한 금액 비율입니다. 물가상승률도 복리로 누적되어 10년만 지나도 21%가 추가로 필요하며, 40년이 지나면 120%의 금액이 필요해집니다. 그래서 현금을 예금하기보다는 투자를 해야 합니다. 예금과 채권으로는 물가상승률을 따라잡을 수 없기 때문입니다. 물가상승률을 따라잡지 못하면,

미래에는 계속 가난해집니다.

주식은 순자산과 순이익에 대해서 지분청구권을 가지고 있습니다. 그래서 인플레이션이 와도 나의 자산을 지킬 수 있죠. 단기적으로는 원자재 가격이 올라서 생산자 물가가 오르면 소비자에게 바로 전가하기 힘들지만, 장기적으로 보면 결국 소비자에게 전가되어 왔습니다. 그래서 장기적으로 주식에 투자하면 인플레이션으로부터 나의 자산을 지킬 수 있습니다. S&P500 지수는 1982년부터 연평균 11.5%로 꾸준히 상승해 왔습니다. 인플레이션을 따라잡을 수 있는 상품은 주식밖에 없습니다. 주식에 예금해서 지금의 현금가치를 저장해야 합니다.

독과점 기업과 일반 기업들은 인플레이션이 오면 어떻게 할까요? 처음에는 독과점 기업과 일반 기업 모두 눈치 보면서 곧장 제품 가격을 올리지는 못합니다. 바로 올리면 소비자들에게 안 좋은 이미지가 생기기 때문입니다. 그러나 독과점 기업들은 대체재가 없기 때문에 오래 눈치 보지 않고, 다음 버전이나 신기술을 약간만 첨가해서 가격을 올립니다. 일반 기업들은 대체재가 많아서 계속 눈치를 봅니다. 비용은 올라가는데 가격을 못 올리니 실적이 하락하죠. 이렇듯 인플레이션이 오면 독과점 기업과 일반 기업의 차이가 크게 벌어집니다. 예를 들어 애플의 아이폰 가격은 계속 올라갑니다. 그러면 비자나 마스터카드의 결제금액도 올라가서 신용카드 회사의 매출도 따라서 올라갑니다. 이것이 글로벌 독과점 기업에 투자해야 하는 이유입니다.

국내 1인당 GDP는 3만달러를 돌파했지만, 실질구매력은 그대로인 경우가 많습니다. GDP가 1만 5,000달러일 때 쌀을 1만 5,000원에 샀는데, GDP가 3만달러일 때는 3만원에 샀다면 결과적으로 실질구매력은 증가하지 않은 셈입니다. 단순히 인플레이션이 와서 GDP가 올라도 실질구매력은 그대로인 것이죠. 이때 주식에 투자한 자산을 제외하고, 예금에 저축한 자산은 쌀값이 2배 오를 때도 그대로라서 쌀을 사 먹을 돈이 부족해집니다. 돈의 가치가 떨어지는 것입니다. 그래서 물가가 올라서 GDP가 오르는 경우에도 쌀을 과거와 같은 가치로 사먹으려면 주식에 장기투자해야 합니다.

적립금 현황 (단위: 조원, 천건, %)

구분	'18년말	'19년말	계약수	'20년말	증가율	비중	계약수	계약당
보험	100.5	105.6	4,817	109.7	3.8	72.3	4,705	2,332만원
신탁	17.2	17.4	942	17.6	0.7	11.6	895	1,962만원
펀드	12.2	14.5	941	18.9	30.5	12.5	1,395	1,355만원
기타	5.4	5.9	320	5.5	△6.3	3.6	296	1,870만원
합계	135.2	143.4	7,020	151.7	5.7	100	7,291	2,080만원

주: 우체국, 신협, 수협 및 새마을금고에서 판매하는 연금저축공제

수익률 현황 (단위: %)

구분	생보	손보	신탁	펀드	전체
'19년	1.84	1.50	2.34	10.50	3.05
'20년	1.77	1.65	1.72	17.25	4.18

주: 납입원금 대비 수익률(통합연금포털 공시기준)

통합연금포털에서 발표한 2020년 연금저축 적립금 현황을 보면 보험이 72.3%, 펀드가 12.5%, 신탁이 11.6%, 기타가 3.6%입니다. 수익률 현황을 보면 보험, 신탁 수익률은 1~2%에 그쳤고 펀드만이 17.25% 수익률을 올렸습니다. 2020년 식료품비 물가상승률 4.4%를 따라잡는 수익률은 펀드밖에 없습니다. 그러나 인구의 12.5%만 펀드에 가입했기에 나머지는 식료품비가 오르니까 살기가 어려워진 것입니다. 결국 인플레이션을 따라잡을 수 있는 건 주식형 펀드밖에 없습니다. 그러므로 주식투자를 해야 합니다.

제도유형별 운용 현황 (단위: 조원, %)

구분	DB		DC		개인형 IRP		전체	
		비중		비중		비중		비중
합계	153.9	100.0	67.2	100.0	34.4	100.0	255.5	100.0
원리금보장형	146.9	95.5	56.0	83.3	25.2	73.3	228.1	89.3
실적배당형	7.0	4.5	11.2	16.7	9.2	26.7	27.4	10.7

제도유형별/운용방법별 장기수익률 현황 (단위: %)

권역	구분	DB	DC	개인형 IRP	전체
전체	5년	1.70	2.14	1.92	1.85
	10년	2.48	2.76	2.55	2.56
원리금보장형	5년	1.64	1.78	1.32	1.64
	10년	2.45	2.63	2.26	2.47
실적배당형	5년	2.96	4.17	3.89	3.77
	10년	2.81	3.59	3.43	3.34

주: '20년 기준 과거 5년, 10년 동안의 수수료 차감후 연환산 수익률이며, 원리금보장형에는 대기성자금 포함

통합연금포털에서 발표한 2020년 퇴직연금 적립금 운용 현황을 보면 개인저축과 마찬가지로 대부분이 원금보장형에 가입되어 있습니다. 전체 89.3%가 원리금보장형이고, 실적배당형은 10.7%입니다. 수익률도 원리금보장형은 5년 평균 1.64%, 실적배당형은 5년 평균 3.77%로 2020년 식료품 물가상승률 4.4%를 넘지 못하고 있습니다. 투자상품이 인플레이션을 넘지 못한다면 자산 가치는 그만큼 마이너스가 됩니다. 퇴직연금은 위험자산 70%, 안전자산 30%에 투자해야 되니 수익률이 일반펀드보다 낮습니다. 시간이 지날수록 퇴직연금의 가치가 낮아지는 것입니다.

저성장 국가는 임금이 오르지 않아서 소비가 줄어들고 국내 물가는 떨어집니다. 반면에 우리가 사고 싶은 해외 수입 물품은 고성장 국가의 물가에 따라서 오르죠. 결국 해외 수입 물가가 올라가서 구매력이 줄어듭니다. 구매력을 유지하려면 어떻게 해야 할까요? 고성장 국가의 주식에 투자하면 됩니다. 그래야 물가가 오른 만큼 주가도 올라서 구매력을 유지할 수 있습니다. 이것이 바로 우리가 고성장 국가의 주식, 즉 해외 주식에 투자해야 하는 이유입니다.

미국에서는 401K(퇴직연금) 백만장자가 증가하고 있습니다. 미국 근로자들은 25세에 입사해서 401K에 가입한 뒤 65세에 100만달러를 쥐고 은퇴합니다. 은퇴해도 퇴직연금에 계속 투자하며, 세계여행과 취미활동을 즐깁니다. 이처럼 단순하게 예금처럼 계속 매수하면 됩니다. 더 많은 수익을 내려고 예측하고, 매매를 하는 것이 아니라 25세부터 65세까지 40년 간으로 보유기간을 늘려가는 것입니다.

우리도 미국 근로자들과 함께 가면 됩니다. 미국 정부 입장에서도 대부분의 근로자들이 투자하고 있는 S&P500 지수가 하락하도록 방치할 수 없습니다. 그래서 위기마다 미국 정부가 나서서 방어해 줍니다(반대로 급등시킬 수도 없습니다). 미국 근로자들이 고점에 매수하지 않도록 과열되면 진정도 시켜줍니다.

한국에서도 은퇴자금 10억원을 만들려고 40년간 S&P500 지수에 투자한다면 얼마나 필요할까요? 지난 40년간 S&P500 지수는 연평균 11.5% 수익이 났으므로 월 63만원을 투자한다면 은퇴자금 10억원을 만들 수 있습니다. 그런데 내가 투자하고부터 연평균수익률이 11.5%가 아니라 연 10%가 나온다면 어떻게 될까요? 연평균수익률이 10%가 나오더라도 보유기간이 길어서 은퇴자금은 9억 800만원이 됩니다. 이렇듯 보유기간만 길면 수익률이 낮아도 목돈이 됩니다. 그래서 지금 바로 S&P500 지수에 예금처럼 저축하는 것이 중요합니다.

포트폴리오의
목적

자본가 포트폴리오란 무엇일까요?

개미 달걀을 한 바구니에 담지 말라는 말처럼, 여러 종목에 투자해서 위험을 줄이고 수익을 늘리는 거요.

자본가 이번 코로나19 위기 때 개미의 포트폴리오는 잘 작동했나요?

개미 아니요. 다양한 업종의 주식을 담았지만 모두 떨어졌어요.

자본가 포트폴리오가 제대로 작동하지 않았군요.

개미 시장이 위험할 때는 어쩔 수 없는 것 아닌가요?

자본가 아니죠. 그럴 때 더 제대로 힘을 발휘해야 합니다. 개미의 투자의 목적은 뭔가요?

개미 최대한 장기투자 해서 복리의 수익을 올리는 거예요.

자본가 포트폴리오의 목적도 투자의 목적과 같아야 합니다.

개미 최대한 장기투자 해서 복리의 수익을 올리려면 포트폴리오를 어떻게 구성해야 되나요?

자본가 최대한 장기투자 하려면 변동성을 낮추고 수익을 올려야 합니다. 그러니 나의 자산이 하락할 때 반대로 상승하는 자산을 담아야 합니다. 그러면 변동성이 낮아지겠죠?

개미 금이나 원자재를 담아야 하나요?

자본가 변동성이 낮으면서 수익률도 장기적으로 낮추지 말아야 합니다. 금이나 원자재는 주식이 하락할 때 상승하기는 하지만, 장기적으로 보면 주식보다 수익률이 낮죠. 그래서 달러로 S&P500 지수에 투자해야 합니다.

개미 금융위기 때나 코로나19 때 보니까 주식이 하락해도 달러가 급등해서 방어해 주더라고요. 그러면서 장기적인 수익률에도 영향이 없군요.

자본가 맞습니다. 그래서 S&P500 지수에 달러로 투자하면 포트폴리오 구성과 투자의 목적을 모두 달성할 수 있습니다.

투자의 목적은 무엇일까요? 최대한 장기투자 해서 복리로 수익을 올리는 것입니다. 포트폴리오의 목적도 투자의 목적과 같다고 보면, 최대한 장기투자 할 수 있도록 포트폴리오를 짜야 합니다. 하락할 때 변동성을 낮추고, 수익은 극대화해야 장기투자를 할 수 있습니다. 그런데 개미들은 대부분 부동산 150%, 주식 100%, 코인 100% 이런 식으로 투자합니다. 한 방향으로 쏠려서 투자하다 보니, 시장에 조정이 오면 버티지 못합니다. 버티지 못하면 장기투자도 안 되고 복리로 수익률도 올릴 수 없습니다.

장기투자를 하려면 하락할 때 변동성을 낮춰야 합니다. 변동성을 낮추려면 주식이 하락할 때 반대로 상승하는 자산을 포트폴리오에 담아야 하죠. 그러면 전체 자산의 변동성이 낮아져 장기투자를 하기 쉬워집니다.

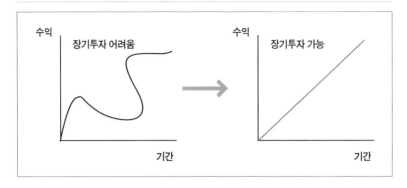

그런데 금과 원자재는 변동성은 적지만, 장기수익률은 주식보다 낮습니다. 장기적 관점에서 금의 연평균수익률은 주식보다 낮고, 원유는 아직도 박스권에서 움직입니다. 금과 원자재는 단기적으로는 주식보다 더 올라도 장기적으로는 주식보다 오르지 못합니다. 하지만 달러로 투자하면 금융위기와 코로나19 때처럼 주식이 하락할 때 반대로 달러 가치가 상승하는 덕분에 주식의 하락을 방어할 수 있습니다. 하락의 변동성을 줄여주는 것입니다. 변동성을 줄여야 장기투자가 가능합니다.

그런데 장기수익률에 영향받지 않으면서 하락의 변동성을 낮추는 자산은 찾기 어렵습니다. 조금만 조정이 와도 손절하고 손실을 확정하곤 하죠. 변동성이 큰 자산은 누구나 보유하기 어렵습니다. 따라서 하락의 변동성을 낮춰주는 달러로 S&P500 지수에 투자해야 합니다.

은퇴해도
S&P500이다

개미 방금 재무설계를 받아왔어요. 앞으로 월 50만원만 저축하면 편안하게 살 수 있대요.

자본가 은퇴시점이 언제인가요?

개미 아마도 60세?

자본가 언제까지 일해야 할지는 정확히 알 수 없죠. 그럼 개미는 언제까지 살 수 있을까요?

개미 아마도 80세?

자본가 만약 100세까지 산다면요? 그럼 재무설계는 소설이 될 것입니다.

개미 그렇네요. 언제 은퇴할지, 언제까지 살 수 없으니 나머지는 소설 맞네요. 그런데 알 수 없는 미래를 어떻게 설계하죠?

자본가 미래를 알 수 없으니, 종신으로 돈을 받는 상품과 장기투자 상품으로 설계해야 합니다.

개미 종신으로 돈을 받는 상품이 있나요?

자본가 국민연금과 종신보험, 주택연금이 있습니다. 내가 죽을 때까지의 생활비와 현금흐름을 일치하게 하면 됩니다.

개미 아, 생활비와 현금흐름을 일치시키면 되는군요. 저는 자산이 부족해서 어려울 것 같은데요?

자본가 그래서 장기적으로 투자할 수 있는 S&P500 지수 상품이 좋습니다. 해외 투자 상품이라서 해외 인플레이션 헤지도 가능하죠.

개미 종신까지 현금흐름을 일치시키고, 나머지는 S&P500 지수에 투자하면 은퇴 재무설계도 가능하네요.

자본가 그렇습니다. S&P500 지수에 꾸준히 투자하면 됩니다.

재무설계, 은퇴설계를 해봐도 대부분 소설로 끝나는 경우가 많습니다. 내가 언제 은퇴할지, 언제 죽을지 정할 수도 없고, 남들이 정할 수도 없는데 계획을 세웁니다. 그리고 개개인의 사정과 수명도 모두 다른데 일괄적인 설계를 하니 소설과 같죠. 그렇다면 어떻게 해야 할까요? 최선의 방법은 나의 생활비와 현금흐름을 일치시켜서 종신이 되도록 현금흐름을 발생시키는 것입니다.

우리나라에는 국민연금과 종신보험, 주택연금 등이 있습니다. 국민연금은 종신이 되도록 현금흐름을 일치시킬 수 있는 아주 좋은 방법입니다. 그런데 아주 부족한 게 문제입니다. 종신보험을 더 넣어야 하는데 현재 금리가 낮다 보니 많은 목돈이 필요해서 어렵습니다. 나머지는 주택연금인데 이것도 종신이 되도록 현금흐름을 일치시키는 아주 좋은 상품이지만 수령액이 적습니다. 그러다 보니 국민연금＋종신보험＋주택연금을 모두 합쳐서 나의 생활비와 일치시키기 어렵고, 국민연금은 물가상승률에 연동되지만 종신보험과 주택연금은 연동이 안 됩니다. 결국 모자란 생활비를 대기 위해 추가로 투자해야 합니다.

인플레이션 측면에서 보면, 2020년 전체 물가지수는 0.5% 올랐습니다. 저성장 국면으로 들어선 것입니다. 우리나라 상품은 거의 오르지 않는 상황이지만, 우리나라는 개방경제라서 해외 수입 상품들이 해외 물가의 영향을 받습니다. 해외 물가가 더 오르면 해외 수입 상품들의 가격도 오릅니다. 나의 소비 성향에 따라서 체감물가는 더 가파릅니다. 그래서 해외 주식에 투자해서 해외 수입 물가 상품들에 대해서 헤지를 해야 합니다. 글로벌 독과점 기업들이 많은 S&P500 지수에 투자하면 해외 수입 물가에 대해 헤지가 가능합니다.

2020년 식료품 물가상승률은 4.4% 상승했습니다. 은퇴 생활자들 생활비의 대부분을 차지하는 게 식료품입니다. 다른 건 아낄 수 있어도 식료품은 아끼기 어렵고 국민연금도 물가지수에 따라서 0.5%만 상승합니다. 물가지수가 0.5% 상승했는데, 식료품 물가지수가 4.4% 상승한 데는 해외 수입 물가가 오른 영향이 있습니다. 4.4%는 평균이라서 필수품인 쌀이나 채소 등은 작년 대비 20~30% 올랐습니다. 매년 식료품비가 4.4% 오른다고 할 때 식료품 물가지수를 따라잡을 수 있는 상품은 주식투자밖에 없습니다. 주식에 내 돈의 가치를 저장해야 노후에 식료품으로 바꿀 수 있습니다.

직장생활을 할 때도 월급의 20%는 S&P500 지수에 투자하고 남는 돈으로 생활하세요. 은퇴 후에도 생활하고 남는 연금은 다시 S&P500 지수에 투자하세요. 돈이 모자랄 때는 해외 주식을 매도하면 수익금에 대해서 22% 세금을 내니까 배우자에게 증여해서 생활비로 사용하면 세금을 내지 않아도 됩니다. 연금계좌는 매년 1,800만원씩 납입하면 세액공제와 주가 상승분을 제외한 나머지 원금에 대해서는 언제든지 찾을 수 있습니다. 생활비가 부족할 때 인출하면 원금부터 인출되고, 나머지 세액공제와 주가 상승분은 원금을 다 인출한 다음에 인출됩니다. 원금은 생활비로 사용하고 나머지 금액은 상속해서 세금을 절약할 수 있으니, 세금 걱정하지 말고 꾸준히 사 모아야 합니다. 이렇듯 해외 수입 물가를 따라잡기 위해서도 S&P500 지수에 원금을 제외한 나머지 자금을 투자해야 합니다.

개미가 수익 내기
어려운 이유

개미 10년을 투자했는데도 수익을 내기가 너무 어려워요.

자본가 왜 어렵나요?

개미 이번에 수익이 나도 다음 종목에서는 손실이 나니까 그걸 반복하다 보면 결국 본전이에요.

자본가 주식투자는 한 번만 투자해서 수익이 나는 게 아니고 연속으로 일어나는 일이죠.

개미 그렇다면 매매할 때마다 수익이 나야 하는데 불가능하지 않나요?

자본가 그렇죠. 1종목으로 계속 수익을 내면서 매매하기는 불가능하죠.

개미 그러면 종목을 늘려서 수익과 손실을 상쇄해야 하는데, 결국은 수익이 나는 종목 선택 능력이 있어야 하겠네요.

자본가 전문가들도 쉽지 않은데, 개미들은 더욱더 어렵겠죠? 이것이 바로 수익은 잠깐이고, 손실은 길게 나는 이유입니다.

개미 현명한 방법이 없을까요?

자본가 다양한 글로벌 독과점 기업에 투자하면 꾸준히 수익을 얻을 수 있습니다.

개미 아하! 시간이 지나면 개별 기업들은 성장하고 후퇴하겠지만, 500개 기업을 계속 리밸런싱하면 되니까요.

자본가 그렇죠. 서로 보완하면서 성장하여 수익을 안겨줍니다.

개미 고민하지 말고 S&P500 지수에 장기투자해야겠네요.

개미들은 아무리 주식에 투자해도 수익이 잘 안 난다고 합니다. 대부분 3종목 이하로 투자하는데, 이렇게 되면 모든 매매가 성공해야 의미 있는 수익률이 나옵니다. 한 번만 실패해도 수익이 안 납니다. 100만원으로 100% 수익이 나면 200만원이 되지만, 여기서 50% 손실을 보면 다시 100만원이 됩니다. 주식투자는 한 번에 끝나는 것이 아니고 연속적으로 이루어지기 때문에 그렇습니다. 그러니 최대한 손실을 피하고 안정적으로 운영해야 합니다.

개인투자자들도 시장 타이밍을 잡기는 어렵지만 종목 선택은 가능하다고 생각합니다. 종목을 선택하는 능력만 있으면, 주가가 떨어져도 내 종목은 올라서 수익을 올릴 수 있습니다. 개인투자자들은 소액으로 소형주에 집중 투자하는 경향이 있습니다. 운이 좋아서 한두 번은 성공할 수 있지만, 10년이나 20년 계속 성공하는 투자자는 거의 없죠. 시장 타이밍이 어려운 만큼 종목 선택도 어렵습니다. 그러니 시장에 투자해서 시장평균 수익률을 올리는 것이 합리적입니다.

2020년 코로나19가 터지자 동학개미운동이 일어났습니다. 2020년 3월 19일 지수가 1,439일 때부터 2021년 9월 30일 지수가 3,068로 오르기까지 개인투자자 매수 총액은 코스피와 코스닥을 합쳐서 128조 8,000억원이었습니다.

투자자별 매매동향 2020년 3월~2021년 9월

시장구분		개인	외국인	기관계	기관									기타법인
					금융투자	보험	투신	은행	기타금융	연기금등	사모펀드	국가/자치	
거래소 주식	매도	37,587,391	9,618,083	9,735,890	3,245,536	381,782	759,483	47,455	34,957	4,846,205	420,472	0	489,508
	매수	38,596,972	9,214,212	9,148,365	3,208,936	310,002	657,605	25,408	25,767	4,570,268	350,378	0	468,682
	순매수	1,009,581	-403,871	-587,525	-36,600	-71,780	-101,878	-22,047	-9,189	-275,937	-70,094	0	-20,826
코스닥 주식	매도	39,920,155	3,944,172	1,273,837	511,325	60,250	279,496	8,741	27,224	161,035	225,767	0	310,131
	매수	40,179,312	3,938,087	1,113,526	482,976	54,598	246,368	4,922	6,756	153,845	164,062	0	218,855
	순매수	259,158	-6,086	-160,311	-28,349	-5,652	-33,128	-3,818	-20,469	-7,190	-61,706	0	-91,276
선물	매도	20,692,118	69,280,347	10,428,331	6,680,508	328,009	2,368,057	55,320	34,166	962,271	0	0	1,607,488
	매수	20,699,657	69,326,970	10,373,928	6,657,493	328,911	2,341,736	54,462	34,366	956,960	0	0	1,607,729
	순매수	7,539	46,623	-54,403	-23,015	902	-26,321	-858	200	-5,311	0	0	241

1,400대일 때부터 매수했으니, 많은 수익을 올렸을 것으로 생각할 수 있습니다. 그러나 좀 더 들여다보면 2021년 1월 7일 지수가 3,000을 돌파할 때부터 2021년 9월 30일 지수가 3,068일 때까지 코스피와 코스닥을 합쳐서 79조원을 매수했음을 알 수 있습니다. 즉, 자금의 63%를 지수가 3,000일 때부터 매수한 거죠.

투자자별 매매동향 2020년 1월~2021년 9월

시장구분		개인	외국인	기관계	기관									기타법인
					금융투자	보험	투신	은행	기타금융	연기금등	사모펀드	국가/자치	
거래소 주식	매도	19,249,504	5,578,734	5,297,343	1,651,021	187,349	399,446	24,358	20,634	2,773,230	241,306	0	268,359
	매수	19,926,953	5,306,773	4,919,231	1,617,245	149,181	364,309	10,971	11,567	2,557,824	208,132	0	238,507
	순매수	677,448	-271,961	-378,112	-33,776	-38,168	-35,137	-13,386	-9,067	-215,406	-33,173	0	-29,853
코스닥 주식	매도	18,710,484	2,052,372	616,787	239,103	26,945	140,391	2,117	1,858	81,954	113,625	0	142,789
	매수	18,823,954	2,040,869	552,228	227,984	24,911	129,519	1,850	2,945	78,094	86,923	0	105,400
	순매수	113,471	-11,503	-64,559	-11,119	-2,034	-10,872	-1,060	-8,913	-3,860	-26,702	0	-37,390
선물	매도	11,511,850	35,021,457	4,906,115	3,071,986	168,454	1,189,110	31,613	28,819	416,132	0	0	938,579
	매수	11,511,112	34,989,077	4,938,771	3,109,226	162,675	1,191,994	32,449	28,653	413,774	0	0	939,039
	순매수	-738	-32,379	32,656	37,240	-5,779	2,884	835	-166	-2,358	0	0	461

연속으로 상승하는 종목도 선택하기 어려운데, 저점에서 수익이 나면 고점에 더욱더 많이 매수해서 개인투자자의 평균매수단가는 지수의 고점에 있을 확률이 높습니다.

주식은 장기투자의 불확실성 위험에 대해서 투자해야 수익이 납니다.

그래서 주식에서 수익이 나려면 첫 번째로 장기투자 해서 복리로 수익률을 달성해야 합니다. 그런데 개인투자자들은 장기투자 할 종목을 선택하는 것이 아니라, 종목을 선택해서 손실이 나면 어쩔 수 없이 장기투자를 합니다. 처음부터 장기투자 할 종목을 선택하지 않고, 단기로 큰 수익률을 올리는 변동성 큰 종목에만 투자하니 손실이 나는 것입니다. 두 번째로는 장기적으로 투자 시 손실이 나지 않아야 합니다. 손실이 나면 역복리로 수익이 나기 때문입니다. 그러기 위해서는 연속적으로 시행되는 주식투자에서 계속 수익이 나야 합니다. 모든 투자에서 수익이 나는 건 불가능하기 때문에 분산을 통해 확률을 높입니다. 그런데 개인투자자들은 대부분 3~5종목에 투자하니까 한 종목만 직원의 횡령 같은 예상치 못한 위험으로 손실이 나도 전체 포트폴리오의 20% 이상 손실이 나게 되죠. 그렇다고 한 종목을 분석하기도 힘든데 알지도 못하는 종목을 매수해서 20종목 이상으로 만들기도 어렵습니다. 결국은 장기투자가 가능하고, 분산이 잘되어 있는 S&P500 지수에 투자하는 것이 최선의 선택입니다.

분산을 통해서 항상 성장하는 포트폴리오를 만들 수 있습니다. 20개 종목으로 분산하더라도 개별 기업을 선택할 수 있는 능력과 미래예측 능력이 있어야 하는데, 이것은 전문가에게도 쉽지 않고 개미에게는 당연히 더 어렵습니다. 결국 미래를 예측하지 말고 글로벌 독과점 기업이 탄생하는 시스템에 투자해야 합니다. 다양한 글로벌 독과점 기업들 중에는 성장하는 기업도 있고, 후퇴하는 기업도 있지만, 500개 전체로 보면 시간이 지나면 서로 보완하면서 결국 성장합니다. 그래서 개미들은 수익을 내려면 다양한 글로벌 독과점 기업이 있는 S&P500 지수에 투자해야 합니다.

주식시장에는
사이클이 존재한다

개미 주식시장에는 사이클이 존재하는 것 같아요. 약 10년 주기로 10년은 횡보하고, 10년은 오르는 식으로요.

자본가 과거의 차트로 보면 그렇습니다. 2001년부터 2012년까지 12년간 횡보하다가 2013년부터 오르기 시작했죠.

개미 2013년부터 2021년까지 엄청 많이 올라왔는데, 이제 횡보할 때도 되지 않았나요?

자본가 횡보할지, 오를지 어떻게 아나요?

개미 주기설이 있으니까요. 게다가 세상은 돌고 도니까….

자본가 개미가 주식 사이클을 믿고 투자 안 했는데 만약 더 오르면요?

개미 그럼 저만 투자 못 하는 거네요.

자본가 그렇죠. 남들은 다 돈을 벌고 있는데, 개미만 못 버는 거죠.

개미 그래도 지금 너무 고평가 같아요.

자본가 다시 미래를 예측하려고 하는군요. 주식시장은 오를지, 횡보할지, 내릴지 알 수 없습니다. 그러나 결국 상승한다고 생각하고 투자하는 거죠. 10년이 아니라 50년, 100년씩 투자한다면 지금의 횡보가 의미가 있을까요?

개미 그래도 싸게 살 수 있다면 기다려야 하는 거 아닌가요?

자본가 계속 기다리다가 못 산다면요? 계속 현금으로 보유할 건가요?

개미 현금은 인플레이션 때 역복리가 되니 싫어요.

자본가 그렇다면 적립식으로 계속 사면 됩니다.

개미 적립식으로 계속 사면 평균단가도 맞춰지겠네요.

자본가 은행 예금이라고 생각하고 투자하면 됩니다.

주식시장에는 사이클이 존재한다고 생각하는 투자자들이 많습니다. 과거의 차트로만 보면 분명히 사이클이 존재합니다. 그런데 문제는 앞으로 어떻게 될지 모른다는 것입니다. 앞으로도 사이클이 나올지, 안 나올지는 아무도 모릅니다. 그렇다고 사이클을 기다리면서 현금을 보유하다가는 인플레이션의 역복리에 당합니다. 반대로 주가가 계속 오른다면 조정을 기다리다가 투자를 못 합니다. 하지만 대부분이 투자를 안 했으니 손해가 아니라고 생각합니다.

그런데 부동산을 봐도 부동산 가격은 계속 오르는데 나만 투자를 안 했다면, 부동산을 살 때 비싼 가격에 사야 합니다. 주식시장도 마찬가지입니다. 내가 투자하지 않았는데 오르면, 투자한 많은 사람들의 소비성향이 높아지고, 이들이 소비해서 인플레이션이 발생하면 내가 가진 돈의 가치는 떨어지게 됩니다. 인기 있는 물건들의 가격이 오르는 것입니다. 그러므로 주식에 투자했는데 주가가 떨어지면 오히려 좋아해야 합니다. 더 싸게 살 수 있으니까요. 계속 적립식으로 매수할 거라면 지금 당장 투자하는 게 현명한 선택입니다. 따라서 S&P500을 적금처럼 계속 매수해야 합니다.

10

S&P500 수익과
가치평가

개미 S&P500 ETF가 이렇게 좋은데, 모두 ETF만 사면 수익이 날까요? ETF에 돈을 몰려서 오히려 고평가되고 수익이 줄어들지 않을까요?

자본가 수익은 어디서 나온다고 배웠죠?

개미 보유기간이요.

자본가 그렇습니다. 기존 투자자들이 1,000에 사서 1,500에 팔면 50% 수익인데, 개미가 늦게 들어가도 1,500에 사서 3,000에 팔면 100% 수익입니다.

개미 늦게 들어가도 보유기간을 길게 가져가면 수익을 얻을 수 있는데, ETF에만 투자자가 몰리면 주식이 고평가돼서 수익이 나기 어렵지 않을까요?

자본가 개미는 미래의 주식을 평가할 수 있나요?

개미 저는 없지만 정보의 우위에 있는 사람들은 알 수 있지 않을까요?

자본가 ETF로 자금이 몰린다면 개별 주식의 주가는 당연히 오릅니다. 내부자들이 기업의 악재를 알고 있는데 개별 주식의 주가가 오르면 공매도를 하겠죠? 그러면 개별 주식의 주가는 내려가서 가치에 수렴합니다.

개미 그렇네요. 공매도만 전문으로 연구하는 투자기관들이 고평가된 주식은 공매도를 하겠네요. 그렇다면 우리가 ETF를 매수해도 주가는 안 오르니,

가치에 수렴하겠네요.

자본가 그렇습니다. 이제 기업의 호재는 어떻게 될까요?

개미 ETF는 전체 주식을 매수하니까, 개별 주식의 주가가 올라서 호재가 상당 부분 자동으로 반영되겠네요.

자본가 그렇죠. 개별 주식의 주가가 먼저 올라서 호재가 반영되는 겁니다. 반영이 안 된다면, 내부자들이 개별 주식을 매수해서 주가를 올리겠죠. 하지만 이미 ETF로 상당히 반영되었으니 내부자들의 호재 반영은 미미하겠죠.

개미 그러면 개별 주식에 투자하는 투자자들은 초과수익을 얻기 힘들겠네요?

자본가 그렇죠. 오히려 호재를 듣고 매수하면 고점일 확률이 높습니다.

개미 S&P500 ETF가 오히려 개별 주식투자보다 수익률이 높을 수 있겠군요.

아직도 주식수익이 개별 주식에서 오는 것으로 보고, S&P500 ETF에 많은 돈을 투자하면 수익 내기가 어렵다고 생각하는 개미들이 많습니다. 주식수익은 보유기간에 따라 주가상승과 배당수익에서 나옵니다. S&P500 지수가 1,000일 때 사서 단기로 1,500에 팔면 50% 수익이 나지만 1,500일 때 사서 장기로 3,000에 팔면 100% 수익이 납니다. 투자시점도 크게 중요하지 않습니다. 보유기간을 늘리면 S&P500 지수 수익률은 크게 올라갑니다. S&P500 지수에 돈이 몰리면 개별 주식으로 수익 내기가 오히려 더 어렵습니다.

개인은 개별 주식, 기관은 펀드로 높은 수익률을 내면 자금이 커지는데 그러면 결국 대형주를 매매할 수밖에 없습니다. 유동성이 적은 주식들은 내가 매수하거나 매도하면 큰 폭으로 움직여서 투자하기가 힘들어지기 때문이죠. 결국 S&P500 지수 안에 있는 대형주를 매매하게 됩니다. 그러면 다들 매매하는 종목이 똑같아서 결국에는 타이밍으로 승부를 내야 하는데, 개별 종목의 변동성은 맞히기 어렵습니다. 결국 자금이 커지면 S&P500 지수에 투자하는 것이 수수료를 아껴서 수익률을 높이는 방법입니다.

효율적 시장은 모든 정보가 반영된 시장이고, 비효율적 시장은 정보가 반영되지 않아 주식매매에 의한 차익이 발생하는 시장입니다. 주식 수익률면에서는 비효율적 시장이 좋지만, 투자자 입장에서 보면 당연히 효율적 시장에 투자하는 것이 합리적입니다. 모든 정보가 반영되어 있어서 입장이 동등하고 안전하기 때문입니다. 같은 맥락에서 주식시장 중에서도 지금까지 어려운 경험을 여러 번 하며 발전해온 미국 주식시장에 투자해야 합니다. 미국 주식시장도 완전한 효율적 시장은 아니겠지만, 전 세계 증시 중에서는 가장 효율적인 시장이기 때문입니다. 개별 종목의 수익보다는 전체 시장을 매수해서 장기투자의 불확실성에 대한 보상을 받아야 합니다.

S&P500 ETF로 돈이 몰리면 개별 주식의 주가가 오르지만, 전문가 그룹이나 내부 투자자들이 악재를 알고 있을 경우 공매도로 개별 주식의 주가를 하락시킵니다. 그래서 개별 주식은 가치에 수렴하게 됩니다. 반대로 호재는 이미 개별 주식의 주가에 반영되었을 확률이 높습니다. 이미 S&P500 ETF에 돈이 몰려 자동으로 개별 주식을 매수하니까 주가가 올라서, 호재가 나와도 적정주가가 됩니다.

여기에 전문가나 내부자들이 매수하면 이것이 호재가 개별 주식의 주가에 또 한 번 반영됩니다. 그래서 개미들이 호재를 듣고 개별 주식을 매수하면 고점일 확률이 높은 것입니다. S&P500 ETF에 돈이 많이 들어올수록 개미들이 개별 주식투자로 수익을 내기는 더 어려워집니다.

워런 버핏도 개인투자자들이 투자수익을 늘리는 비결은 좋은 회사를 고르는 데 있는 게 아니라, 인덱스 펀드를 계속 구입해서 종합지수에 포함된 모든 기업에 투자하는 데 있다고 했습니다. 그러니 개별 주식보다 수익률이 높은 S&P500 ETF에 투자해야 합니다.

실패를 줄이는
투자를 하라

개미 성공적인 투자란 무엇인가요?

자본가 저에게는 장기간 S&P500 시장평균수익률을 올리는 것이 성공적인 투자
이지만, 개인투자자마다 목표가 다르니 알 수 없습니다. 그래도 실패하지
않는 투자를 한다면 조금은 성공적이지 않을까요? 개미는 어떤 실패를 했
나요?

개미 단기로 매매하다가 수수료와 세금만 엄청 내고 손실이 난 적이 있어요.

자본가 매수한 뒤 매도하지 않으면 수수료와 세금을 안 내도 됩니다.

개미 매도하고 주식이 엄청 올라간 적도 있어요.

자본가 그럼 매도하지 않으면 됩니다.

개미 주식시장은 오르는데 내 주식만 안 오른 적도 많아요.

자본가 주식시장 전체를 매수하면 됩니다.

개미 고점에 매수해서 손절하는 경우는요?

자본가 고점에서 매수해도 손절 안 하면 됩니다.

개미 장기투자에 대한 믿음이 부족한 것 같아요.

자본가 글로벌 독과점 기업에 투자하면, 이들은 주주 수익 극대화를 위해서 가격

을 결정하니까 주가는 결국 오른다고 생각할 수 있습니다.

개미 저는 주가가 바닥일 때 사고 싶어요.

자본가 매일, 매주, 매월 사면 그중에 1번은 주가가 바닥일 때 살 수 있습니다.

개미 조정이 오면 견딜 수가 없어요.

자본가 달러로 S&P500 지수에 투자하면 주가가 빠질 때도 환율이 올라서 헤지가 가능해서 견딜 수 있습니다.

개미 주식회사 경영자의 횡령, 자회사 상장, 경쟁자 등장 악재도 많잖아요.

자본가 분산을 통해서 개별 주식 위험을 없애면 됩니다. S&P500 지수에 투자하세요.

개미 주식투자는 위험해서 현금을 많이 투자하기 어려워요.

자본가 현금이 오히려 인플레이션에 역복리에 당해서 더 위험한 자산입니다. 시간이 지날수록 현금의 가치는 떨어지게 돼 있어요.

개미 주식투자를 하면 신경 쓰게 돼서 다른 생활을 못해요.

자본가 S&P500 지수에 투자해서 평균수익률을 올리고 나머지는 소중한 인생에 투자하세요.

성공적인 투자란 무엇일까요? 개인마다 목표가 다르니 성공적인 투자가 무엇이라고 이야기하기는 어렵지만, 실패가 아닌 투자로 생각해 보면 어느 정도 성공적인 투자방법을 발견할 수 있을 것입니다.

개미가 많이 실패하는 투자유형

1. 단기로 매매하다가 수수료와 세금만 많이 물고 결국 손실이 난다.

2. 매도한 주식이 엄청 오른다.

3. 주식시장은 오르는데, 내가 투자한 주식만 안 오른다.

4. 고점에서 매수해서 손절한다.

5. 장기투자에 대한 믿음이 부족하다.

6. 주가가 바닥일 때 사려고 한다.

7. 조정이 오면 불안해서 견디기 어렵다.

8. 개별 주식의 위험이 무섭다.

9. 주식투자는 위험하니까 현금을 많이 보유한다.

10. 주식투자 하다 보면 신경 쓰여서 다른 생활을 못한다.

대부분의 고민은 주식을 가격만 보고 팔려고 하는 데서 옵니다. 이런 문제는 안 팔면 해결됩니다. 매도하지 않고 계속 매수하면 1, 2, 4, 6번이 해결되고, 글로벌 독과점 기업들에 분산투자를 하면 3, 5, 7, 8, 9, 10번이 해결됩니다. 결국 다양한 글로벌 독과점 기업들을 내 인생에 동행한다고 생각하면 됩니다. 주식을 한 번 사면 팔지 말고 계속 적금처럼 모아가는 거죠. 그러니 글로벌 독과점 기업들이 있는 S&P500을 매수해서 매도하지 말고, 대대손손 증여하세요.

미래는 누구도
예측할 수 없다

자본가 개미는 미래를 예측할 수 있나요?

개미 미래를 어떻게 예측해요? 할 수 있다면 이미 세계를 지배했겠죠.

자본가 그런데 왜 주식시장에서는 미래를 예측하려고 하죠? 주식시장에는 많은 격언이 있습니다. 지금부터 제가 하는 말에 대해 답해 보세요.

개미 네, 알겠어요.

자본가 무릎에 사고 어깨에 팔아라.

개미 무릎이 어딘지, 어깨가 어딘지 몰라요

자본가 싸게 사서, 비싸게 팔아라.

개미 싼지 비싼지 몰라요.

자본가 저평가주식을 사고 고평가 주식을 팔아라.

개미 저평가인지 고평가인지 몰라요.

자본가 앞으로 경쟁력 있는 기업을 사라.

개미 앞으로 경쟁력 있는 기업이 무엇일지 몰라요.

자본가 조정을 대비해 현금비중을 높여라.

개미 조정이 올지 안 올지 몰라요.

자본가 배당주, 가치주, 성장주를 사라.

개미 앞으로 어떤 테마가 오를지 몰라요.

자본가 차트를 보고 사라.

개미 차트는 과거인데 미래는 모르는 거죠.

자본가 금리가 오르니 어서 주식을 팔아라.

개미 지금까지 금리가 올라도 주식은 잘 올랐는데요.

자본가 주식시장의 사이클에 따라 매도하라.

개미 과거의 사이클이지, 미래의 사이클인가요?

자본가 자, 개미는 모두 모른다고 답했습니다.

개미 당연하죠. 미래는 모르니까요.

자본가 그러니 모르는 것에서부터 투자를 시작해야 합니다. 모르니까 다양한 글로벌 독과점 기업이 있는 S&P500 지수에 투자하는 것입니다.

미래를 예측할 수 있느냐고 물어보면, 다들 미래를 예측하면 벌써 부자가 됐지 내가 왜 여기 있겠느냐고 합니다. 그런데도 주식시장에서는 미래를 예측하려고 합니다. 미래를 예측하지 못하는데 예측하려고 하니, 틀리면 손절하고 투자를 접습니다. 마치 미래를 알 수 있는 것처럼 저평가 주식을 샀다가 아니면 손절하고, 배당주를 샀는데 안 움직이면 손절하고, 차트를 보고 샀는데 내리면 손절하고, 금리가 오른다고 해서 매도하고, 고점이라고 예상해서 매도하고···. 결국 수익률은 본전이라고 해도 수수료와 세금으로 나의 소중한 자산을 다 써 버립니다.

미래를 예측 가능하다고 해도 꾸준히 투자하는 사람에게는 큰 의미는 없습니다. 코로나로 인해서 -25% 조정이 온다고 맞추더라도 그뒤에

100% 상승했습니다. 예측이 의미가 있을까요? 2001년부터 2012년까지 횡보장을 예측했다고 해도 2013년부터 2021년까지 200% 올랐습니다. 의미가 있을까요? 어제도 사고, 오늘도 사고, 내일도 사서 미래 예측이 필요 없는 투자를 해야 합니다.

　주식투자는 미래를 모르는 것에서부터 시작해야 합니다. 주가가 무릎인지 어깨인지 모르니까 지금 사고, 저평가 주식인지 고평가 주식인지 모르니까 사고, 배당주인지 가치주인지 성장주인지 그중에서 뭐가 오를지 모르니 다 사고, 차트가 내릴지 오를지 모르니까 사고, 금리가 오를지 내릴지 모르니까 사고, 잘 모르니까 지금 매수하고, 잘 모르니까 장기투자한다고 생각해야 합니다. 다양한 글로벌 독과점 기업과 동행한다는 생각으로 투자하면 됩니다. 그러므로 다양한 글로벌 독과점 기업이 있는 S&P500 지수에 투자해야 합니다.

13

고점에서 팔고 바닥에서 사면 행복할까?

개미 저는 주식을 고점에 팔고, 바닥에서 사고 싶어요.

자본가 언제가 고점이죠?

개미 오늘 S&P500이 사상최고가니까 오늘이 고점이겠네요.

자본가 내일은요? 50년, 100년 후에는요?

개미 주식시장은 우상향하니까 100년 후가 고점이겠네요.

자본가 그럼 저점은 어딜까요?

개미 50년, 100년 후 저점은… 오늘이겠네요.

자본가 그래서 워런 버핏이 하루라도 먼저 사고, 하루라도 늦게 매도하라고 한 것입니다.

개미 아니, 이런 거 말고 1년이나 1개월, 하루 중 고점에 팔고 저점에 사고 싶어요.

자본가 그건 불가능합니다. 한두 번은 맞혀도 계속 맞힐 수는 없으니까요. 내가 주식을 고점에 팔고, 바닥에 사는 능력이 있다고 해봅시다. 과연 행복할까요?

개미 너무 행복할 것 같아요. 사고 싶은 것을 다 살 수 있을 테니까요.

자본가 개미가 고점에 매도한 주식을 다른 누군가가 매수해야 하는데, 그 사람이 개미 아버지일 수도, 어머니일 수도, 자녀일 수도 있습니다. 그렇다면 그 사람은 너무나 불행하겠죠?

개미 그럼 저점에서 매수만 할래요.

자본가 개미가 저점에서 매수한 주식은 다른 누군가가 손절한 주식인데, 역시 그 사람은 개미 아버지일 수도, 어머니일 수도, 자녀일 수도 있습니다. 그 사람도 마찬가지로 너무나 불행하겠죠?

개미 그럼 그냥 보유하겠습니다.

자본가 그래요. 매수 후 보유가 우리 모두를 행복하게 하는 길입니다.

주식을 아직도 가격으로 보고 고점에서 팔고, 바닥에서 사고 싶어 하나요? 주식을 가격으로 보면 고점은 어디일까요? 오늘 S&P500 지수가 4,500을 돌파하며 사상최고치를 갱신했다면 고점은 오늘입니다. 너무 단기적으로 투자하면서 고점을 예측하려고 하는데, 50년 후나 100년 후를 생각해 본다면, 고점은 50년 후나 100년 후가 됩니다. 그러니 고점에 매도하려면 50년 후, 100년 후에 해야겠죠? 그렇다면 저점은 어디일까요? 50년 후, 100년 후가 고점이라면 오늘이 저점이 됩니다. 그래서 워런 버핏도 하루라도 먼저 사고, 하루라도 늦게 매도하라고 했겠죠.

미래를 예측할 수 없으니까 주식시장에서도 결국 글로벌 독과점 기업들만 살아남고, 이들이 가격결정권으로 수익을 사상 최대치로 만들기 때문에 주가는 오른다는 시스템을 믿고 투자해야 합니다. 그래도 고점에 팔고 싶다면, 과연 고점에 팔고 나서 저점에 다시 매수할 수 있을 것인지도 생각해 봐야 합니다. 대부분의 투자자들은 고점에 팔지도 못하지만, 운이 좋아서 고점에 팔았다고 하더라도 저점에 못 사고 더 높은 고점에서 충동

매매를 많이 합니다. 그래서 개미들의 경우 지수의 고점이 자신의 평균단가가 되기 쉽죠. 결국 매도하지 않고 보유하는 편이 더 큰 수익을 내는 경우가 많습니다.

14

꼭 초과수익을
올려야 할까?

자본가 개미는 무엇을 위해서 그렇게 열심히 주식 공부를 하나요?

개미 당연히 부자가 되기 위해서 하죠.

자본가 S&P500 지수에 투자하면서 평균수익률을 올리는 것으론 부족한가요?

개미 저는 시드머니가 작아서 엄청나게 수익을 올려야 될 것 같아요.

자본가 개미는 시드머니가 작은 게 아니에요. 젊으니까 40년간 투자하면 큰 자금
이 될 겁니다.

개미 더 많은 수익을 올리면 돈이 더 많아지겠네요.

자본가 세상에는 공짜가 없습니다. 대부분은 등가교환으로 이루어지죠.

개미 등가교환이요?

자본가 같은 것끼리 교환하는 것을 말합니다. 예를 들어 개미가 투자하기 위해서
쓰는 소중한 시간처럼요.

개미 저는 시간이 남는데요.

자본가 주식투자를 하다가 손실을 입고 가족에게 화내고 좌절하는 시간들.
20~30대의 소중한 시간을 주식 호가창만 보면서 지내는 시간들. 작전주나
세력주를 쫓아다니느라 가족들 생일이나 아프다고 해도 신경 못 쓴 시간

들. 주식, 부동산, 코인에 중독되어 나중에는 이런 시간들이 흘러가는지조차 모르죠.

개미 어유, 저는 그냥 S&P500 지수에 투자하면서 평균수익률이나 달성해야겠어요. 인간답게 살래요.

그냥 S&P500 지수에 투자해서 평균수익률만 올리면 안 될까요? 말이 평균수익률이지 20년만 투자해도 펀드 상위 10%의 높은 수익률에 해당합니다. 수익률이 나쁘다고 해서 없어지지도 않습니다. 따라서 평생 장기투자가 가능하고 대대손손 투자도 가능합니다. 이러한 S&P500 지수의 평균수익률을 왜 그냥 흘려보내는지 안타깝습니다. 많은 개미들이 초과수익률을 올리려고 소중한 시간을 허비합니다. 그렇게 해서 초과수익률을 올리는 개미들이 있느냐 하면 거의 없습니다. 100년, 200년 장기적으로 수익을 올리지도 못합니다. 그렇게 오래 살지 못하기 때문입니다. 대대손손 이어가기도 어렵습니다. 자녀들이 투자하다가 손실을 입을 수도 있기 때문이죠.

매년 초과수익률을 낸다고 가정해 볼까요? 초과수익률이 의미가 있으려면 전 재산을 투자해서 매년 10% 이상 초과수익률을 올려야 워런 버핏처럼 됩니다. 그런 사람은 세상에 단 한 명이니 어렵다고 치고, 그렇다면 시장평균수익률보다 1~2% 초과수익률을 올린다고 해 봅시다. 의미가 있을까요? 대부분의 투자자들은 초과수익률을 낸다는 상품에 많이 투자하지 못합니다. 그러니 100만원으로 초과수익률을 내는 것보다, 1억원으로 시장평균수익률을 올리는 게 수익금이 더 많습니다.

매년 개별 주식으로 초과수익률을 올리는 투자자가 A가 있습니다. 다들 워런 버핏보다 수익률이 좋은데 왜 조금만 투자하느냐고 물어봅니다. A는 지금까지는 계속 초과수익률을 올렸지만, 앞으로도 그럴 수 있을지 알 수 없고, 주식시장은 항상 위험하니 현금을 가지고 있어야 한다면서 자신은 그릇이 작아서 이 이상 투자하기 어렵다고 합니다. 결국 최대한 투자할 수 있고 예상 가능한 S&P500 지수는 개별 주식보다 평균수익률도 높지만, 수익금에서도 시간이 지날수록 더욱 차이가 납니다.

　　워런 버핏도 적정 수준을 벗어날 만큼 큰돈은 인생에 별 다른 차이를 만들지 못한다고 했습니다. 그보다는 소중한 시간이 더 의미가 있다는 것이죠. 그런데 많은 개미들이 큰돈을 벌기 위해 도전합니다. 그러면서 더 소중한 시간과 추억을 낭비합니다. 20~30대에 주식, 부동산, 코인에 너무 많은 시간을 소비하며 호가창만 보고 부동산만 찾으러 다닙니다 그러다가 손실이라도 나면 가족들에게 화내고 좌절하며, 그동안 자녀들은 혼자 노는 시간이 늘어납니다. 이처럼 내가 초과수익률을 위해 쓰는 시간들이 반대편에 있는 소중한 시간들과 함께 사라지는 것입니다. 어쩌면 평균수익률을 올리면서 소중한 사람들과 함께하는 시간이 더 값진 것일 수도 있습니다. 그러니 투자는 S&P500 지수에 맡기고, 여러분은 더 값지고 소중한 시간에 투자하세요.

15

가치투자와 성장주투자, 무엇을 선택해야 할까?

개미 저는 앞으로 가치투자를 하겠습니다.

자본가 가치투자가 뭐죠?

개미 경쟁력 있는 기업의 주식을 저렴한 가격에 사서 장기투자를 하는 거죠.

자본가 경쟁력 있는 기업이란?

개미 경쟁기업보다 장사를 잘해서 수익을 잘 내는 기업?

자본가 저렴한 가격이란 뭐를 말하는 걸까요?

개미 가격이 싼 기업이요. 아니면 PBR이랑 PER이 낮은 기업? 잘 모르겠네요.

자본가 장기투자는 가능한가요?

개미 매수하고 나서 안 보려고 계획 중인데 잘 안 되네요.

자본가 경쟁력 있는 기업, 저렴한 가격, 장기투자. 이 중에 한 가지만 충족되지 않아도 가치투자를 하기 어렵습니다.

개미 그러면 성장주에 투자할래요.

자본가 성장주투자가 뭐죠?

개미 20% 정도 고성장하는 기업 주식을 매수하는 거죠.

자본가 내년에 20% 성장할 기업을 우연히 맞힌다고 해봅시다. 그다음 해에는요?

개미 그다음 해에도 20% 성장하는 기업을 맞혀야죠.

자본가 그럼 우연히 내후년도 맞힌다고 합시다. 그다음 해에는요?

개미 아하, 계속 맞혀야 하니까 결국 미래를 예측해야 하네요.

자본가 매년 20% 계속 성장하는 기업은 없습니다. 그리고 결정적인 문제가 있어요.

개미 그게 뭔가요?

자본가 가치주, 성장주를 맞힌다고 해도 주가가 안 오를 수 있습니다. 주가가 오르는 건 다른 문제예요. 그리고 나만 알고 있어야 주가가 안 올랐을 때 미리 살 수 있습니다. 이런 경우가 있을까요?

개미 내부자 정보밖에 없겠네요.

자본가 시장 전체를 사면, 내부자 정보로 주가가 오른 종목의 혜택을 볼 수 있습니다.

개미 S&P500 ETF를 사면 가치주, 성장주, 모두 혜택을 볼 수 있겠네요.

자본가 맞습니다. S&P500 ETF를 사면 모두 다 사는 효과가 있습니다.

가치투자란 무엇일까요? 경쟁력 있는 기업의 주식을, 저렴한 가격에 사서 장기투자 하는 것이라고 합니다. 그러나 경쟁력이 있는 기업, 저렴한 가격, 장기투자 모두 다 어렵습니다. 일단 이 기업이 경쟁력이 있는지는 업계 전문가들도 판단하기 어렵습니다. 미래엔 어떤 기업이 경쟁력이 있을지 모르기 때문입니다. 저렴한 가격도 판단하기 어렵습니다. 미래에 어떻게 될지 모르기 때문에 현재의 가격이 저렴한지 비싼지 알 수가 없습니다. 이렇듯 미래를 알 수 없는 기업에 장기투자 하는 것 또한 어렵습니다. 그리고 이 어려운 세 가지를 판단했다고 해도, 주가가 오르는 건 별개의 문제입니다. 장기투자를 해도 주가가 안 오를 수도 있습니다. 우리가 모르는 악재가 있을 수 있기 때문입니다.

성장주란 무엇일까요? 매년 시장평균보다 크게 성장해야 합니다. 연평균 20%는 성장해야 하는데 매년 성장하는 기업은 없습니다. 내년에 20% 성장하는 기업을 찾았다고 해도, 그 기업이 내후년에 다시 20% 성장하고 다다음해에 또 20% 성장해야 주가가 이를 반영해서 오르는데 이렇게 매년 성장하는 기업은 없습니다. 그리고 성장하는 기업을 따라서 포트폴리오를 교체해야 하기 때문에 장기투자도 어렵습니다. 경쟁 기업들의 실적도 매년 내가 투자한 기업보다 떨어져야 상대적으로 내가 투자한 기업이 성장하는데, 경쟁 기업들의 성장은 내가 어떻게 할 수 없는 문제이기도 합니다.

가치투자, 성장주투자 모두 미래를 예측해야 하므로 어렵습니다. 그리고 알더라도 나만 알아서 미리 사고, 다른 투자자들은 나중에 알아서 한발 늦게 사야 합니다. 그러기 위해서는 PBR, PER처럼 공개된 지표로는 어렵습니다. 그건 다른 투자자들도 다 알고 있으니까요. 다른 투자자들이 안 사고 있으면, 내가 먼저 사고 나서 모르는 투자자들에게 홍보해서 알려야 합니다. 그러다 보면 어느덧 친구들, 카페, 유튜브를 통해서 직접 종목을 홍보하고 있는 자신을 보게 됩니다. 그래서 시스템에 투자해야 합니다. 다양한 글로벌 독과점 기업들이 계속 탄생하는 S&P500 지수에 투자하세요.

금, 원자재, 부동산, 코인에 투자해야 할까?

개미 투자의 대가들을 보면 다양한 자산에 투자하더라고요.

자본가 어떤 자산이 있던가요?

개미 금에도 투자하고, 원유도 투자하고, 코인에도 투자하던데요?

자본가 부자들은 수익을 얻기보다는 자산을 유지하기 위해서 투자합니다. 그래서 다양한 포트폴리오가 필요한 거죠.

개미 상담을 받으니, 다양하게 투자하라고 하던데요. 금에도 투자하고, 부동산에도 투자하고, 원유에도 투자하고, 코인에도 투자하고 싶어요.

자본가 S&P500 지수에 투자하고 있다면 이미 다 투자하는 것입니다. 관련 주식들이 많이 들어 있으니까요.

개미 그렇군요. 금광에 투자하는 회사, 부동산에 투자하는 회사, 원유에 투자하는 회사, 코인에 투자하는 회사….

자본가 개미는 노후준비와 생활비를 위해서 투자하죠?

개미 네. 나이가 들면 돈이 많이 필요할 것 같아요.

자본가 그래서 90%는 S&P500 지수에 투자해야 합니다. 나머지 10%는 S&P500이 조정받을 때 생활비로 쓰기 위해서 미국 단기채권에 투자하고요.

개미 그런데 연기금도 S&P500 지수에만 투자하면 되지 않나요? 왜 다양한 자산에 투자하죠?

자본가 연기금은 의무적으로 계속 연금을 주어야 합니다. 그런데 갑자기 코로나19 같은 위기가 닥치면 주식을 매도해서 연금을 줘야 하는데, 변동성이 클수록 그러기가 어렵죠. 그래서 연기금은 주식 수급 상황에 따라서 자산의 변동성을 통제합니다.

개미 아하, 연기금은 연금을 줘야 하니까 변동성을 줄여야 하는군요. 저는 노후 준비를 위해서 수익률을 올려야 하고요.

자본가 그렇죠. 개미들은 대부분 월급이 나와서 변동성을 버틸 수 있으니까 수익률을 올려야 합니다.

워런버핏은 미래를 예측할 수 없다면 보편타당한 것에 투자해야 한다고 했습니다. 그것은 글로벌 독과점 기업의 주인이 되는 것입니다. 글로벌 독과점 기업은 주주수익을 극대화하기 위해서 상품가격을 정하고 이익을 극대화합니다. 따라서 주가도 올라갑니다. 이러한 글로벌 독과점 기업의 주주수익 극대화 시스템을 믿고 투자해야 합니다.

그런데 개미들은 금, 원자재, 부동산, 코인에 투자해야 할지 말지 많은 고민을 합니다. 과거의 수익률 기록을 가지고 포트폴리오를 준비하지만 그것으로 투자에 성공하는 것은 판타지에 가깝습니다. 과거의 수익률이 미래의 수익률을 보장하지 않기 때문입니다.

개미들은 수익률에 집중해야 합니다. 그래야 노후준비가 가능하기 때문입니다. 금, 국채, 원자재, 부동산 모두 장기적으로 보면 수익률이 주식투자보다 낮습니다. 2011년 8월부터 2021년 7월까지 S&P500 지수는

240%, 부동산은 80%, 금은 -10% 수익률을 올렸습니다. 자산의 변동성을 줄이려고 금, 국채, 원자재, 부동산에 투자해도 20년간 주식에 장기로 투자했을 때 주식의 변동성이 더 적습니다. 금, 국채, 원자재, 부동산은 단기간에는 변동성이 낮지만, 포트폴리오의 수익률도 그만큼 낮습니다. 그러므로 주식에 장기투자 하는 것이 좋습니다.

글로벌 독과점 기업들은 이익을 극대화하기 위해서 가격을 정합니다. 이렇듯 보편 타당한 것에 투자해야 합니다. 금, 원자재, 부동산, 코인에 직접 투자할 수도 있지만, 이러한 비즈니스로 수익을 내는 주식회사에 투자하는 것도 방법입니다. 그러면 금, 원자재, 부동산, 코인의 값이 오르면 같이 오르고, 내려도 수수료를 확보할 수 있습니다. S&P500에는 이미 관련 기업이 많이 들어 있어서 여기에만 투자해도 다양한 포트폴리오에 투자하는 셈이 됩니다.

부자들은 자산을 지키기 위해서 투자하지만, 개미들은 노후준비와 생활비를 위해서 투자합니다. 금, 원자재, 부동산은 S&P500 지수에 비해서 수익률이 낮고, 코인은 변동성이 엄청나게 높습니다. 변동성이 높으면 손실을 볼 확률이 높습니다. 그러니 개미들은 노후준비를 위해서 S&P500 지수에 최대한 많이 투자해서 수익률을 올려야 합니다.

새로운 목표를
세워라

개미 저는 지금까지 종목을 연구해서 대박을 내려고 했는데, 이제는 S&P500 지수에 투자할 거라서 목표가 없어졌어요.

자본가 아니요. 이제는 새로운 목표가 생겼을 겁니다.

개미 어떤 목표요?

자본가 연금펀드로 1,500만원 + IRP로 300만원 + ISA로 2,000만원. 연간 3,800만원을 투자하겠다는 목표로 살아야죠.

개미 제 연봉이 3,800만원인데 어떻게 살죠?

자본가 회사에서 성과를 내서 연봉을 올려야죠. 5,000만원으로 올려서 3,800은 투자하고 1,200으로 생활하세요.

개미 1,200만원으로는 생활 못 해요.

자본가 그러면 더욱더 열심히 해서 연봉을 더 올려야죠.

개미 지금까지 주식투자 한다고 호가창만 보고 살았는데, 제가 하는 일을 더욱더 열심히 해서 10년만 모아도 원금이 3억 8,000만원이네요.

자본가 그렇습니다. 이렇게 하는 게 인생에 투자하는 거예요.

개미 드디어 제가 원하는 답을 찾은 것 같아요. 그동안 주식, 부동산, 코인에 투자한다고 버린 시간이 아깝네요.

자본가 S&P500 지수에 투자하고, 나머지 시간은 소중한 인생에 투자하세요.

주식, 부동산, 코인으로 대박 내서 조기 은퇴하는 파이어족이 꿈인 사람들이 많습니다. 투자를 조금만 해보면 알겠지만 일확천금은 나오는 관계가 없습니다. 나만 알고 미리 산 다음에 남들이 오른 가격에 사줘야 대박이 납니다. 그런데 오르는 건 또 다른 문제입니다. 저PBR주, 저PER주가 잘 움직이지 않는 이유입니다. 개미들이 어떤 주식을 매수해도 대주주가 돈이 필요해서 대량으로 팔아 버리면 주가는 움직이지 않습니다.

일단 연금펀드로 1,500만원 + IRP로 300만원 + ISA계좌로 2,000만원 = 연간 3,800만원을 투자하는 것을 목표로 하세요. 10년만 투자해도 원금이 3억 8,000만원입니다. 연간 3,800만원을 모을 수 없다면, 회사에서 열심히 일해서 연봉을 올려보세요. 주식, 부동산, 코인 한다고 시간을 버리지 말고, 내가 원하는 일을 해서 연간 3,800만원을 투자하는 것을 목표로 사는 것입니다. 투자는 S&P500 지수에 하고, 진짜 원하는 인생을 살아보세요.

은퇴시점에 10억을 만들려면 얼마나 필요할까요? 미국 근로자처럼 40년간 연평균 11.5% 수익이 나는 S&P500에 투자하면 월 63만원이 필요합니다. 적립원금은 약 3억원이지만 보유기간이 길어서 수익금이 7억원 정도 발생합니다. 국내 근로자들의 퇴직연금은 대부분 원금보장으로 3억원 수준이지만, 미국의 근로자들은 일찌감치 S&P500에 투자해서 10억원을 가지고 은퇴합니다. 보유기간이 길어지면 적은 월납입금에도 수익금이 많아져서 필요한 은퇴자금이 됩니다. 따라서 국내 근로자들도 미국 근로자들이 퇴직연금으로 투자하는 것처럼 투자해야 합니다.

	연13%	연11.50%	연10%	연9%
50년	39만원	43만원	47만원	51만원
40년	57만원	63만원	69만원	74만원
30년	93만원	100만원	110만원	118만원
20년	180만원	193만원	200만원	218만원

위 표는 10억원을 만들 때 수익률과 투자기간에 따라 필요한 월 적립금입니다. 현실적으로 취업은 점점 늦어지고 은퇴는 빨라지고 있습니다. 직장생활을 30년 할지 20년 할지는 아무도 모릅니다. 그래서 월급을 먼저 연금펀드에 월 150만원씩 자동이체하고, 생활비로 쓰고 남은 금액은 다시 ISA계좌로 이체하여 최대한 많이 투자해야 합니다. 개미 입장에서는 미래를 예측해서 매매하는 것이 아니라, 미국 근로자의 퇴직연금처럼 계속 매수해서 보유기간을 길게 가져가는 방법이 최선의 투자 방법입니다. 투자기간이 길수록 투자원금은 적어집니다. 이것이 바로 지금 투자해야 하는 이유입니다.

지금 당장
투자하라

PART 7

언제
매수해야 할까?

개미 기다렸다가 조정 왔을 때 싸게 주식을 사려고 하는데요.

자본가 얼마가 싼 가격인데요?

개미 PER, PBR 보고 업종평균보다 낮으면 싼 거고, 높으면 비싼 거고….

자본가 주식 싸고 비싼 걸 알면, 주식이 쌀 때 사고 비쌀 땐 주식 선물로 매도하면 되겠네요.

개미 그걸 맞히면 매일 수익이 나서 세계 최고 부자가 되겠는데요.

자본가 우리가 아는 건 하루라도 먼저 투자해서 복리의 수익률을 올려야 한다는 겁니다.

개미 주식이 싼지 비싼지 알 수 없으니 예측은 무의미하군요. 그런데 단기투자로 생활비를 벌겠다는 사람들이 많잖아요.

자본가 도박장에 가서 생활비를 벌겠다고 하는 것과 같습니다. 운으로 한두 번, 5년 정도는 벌 수 있어도 50년, 100년 동안도 가능할까요? 결국은 매매를 많이 할수록 세금과 수수료로 손실이 커집니다. 그럼 투자의 수익은 어디서 올까요? 개미는 제가 오늘 빌려서 오늘 갚는다고 하면 얼마나 대출해줄 수 있죠?

개미 100만원 정도요.

자본가 그럼 50년 후에 갚는다고 하면요?

개미 50년 후에는 자본가님이 살아 있을지 모르고, 안 갚고 도망갈 수도 있으니 어렵죠.

자본가 그런 불확실성이 사실은 투자 수익으로 오는 겁니다. 워런 버핏도 단기는 효율적 시장이지만, 장기는 비효율적 시장이라고 했습니다. 단기로는 초과수익을 내기 어렵지만, 장기로는 불확실하니까 초과수익이 나오는 거죠.

개미 그래서 장기로 봐야 하는군요.

자본가 수익률 측면에서도 장기로 가야 하고, 매수단가도 50년 장기로 보면 지금 가격은 무의미합니다. 투자할 때를 기다리다가 주가가 오르면 남들보다 뒤처지는 거고, 투자했는데 주가가 내리면 싸게 더 살 수 있어서 좋은 거죠.

개미 결국 우리가 할 일은 남들보다 먼저 사고, 남들보다 늦게 팔아서 복리의 힘을 발휘하는 거네요. 지금 당장 투자해야겠어요.

주식 격언 중에 "싸게 사서 비싸게 팔아라", "무릎에서 사서 어깨에서 팔아라."라는 말이 있습니다. 그런데 주식이 싼지 비싼지는 아무도 모릅니다. 우리가 확인할 수 있는 건 워런 버핏처럼 하루라도 먼저 사서 하루라도 늦게 팔아 복리로 수익률을 올린 사람들이 있다는 사실입니다. 이렇게 복리의 수익률을 올리려면 지금 바로 주식을 사야 합니다.

주식을 사서 바로 팔려고 하니까 오늘 주가가 중요한 것입니다. 어차피 안 팔 거고 50년 뒤에나 볼 거라면, 지금의 단기변동성은 무시해도 됩니다. 조정장을 기다리다가 안 샀는데 주가가 오르면 남들보다 뒤처집니다. 급등할 줄 알고 샀는데 내리면 싼 가격에 더 사면 됩니다. 계속 살 거라면 결국 평균에 수렴해서 큰 차이가 없습니다. 50년 동안 매달 월급의 일정 부분으로 매수한다면, 당연히 평단에는 큰 차이가 없어집니다. 매월 한 달에 한 번씩 600번 샀다고 하면, 오늘의 매수단가는 600번의 평균매수단가로 들어가니까요.

　주식이 싼지 비싼지도 모르면서 단기매매로 생활비를 벌려는 투자자들이 있습니다. 운이 좋아서 몇 번, 혹은 몇 년은 맞힐 수 있을 지 몰라도, 50년이나 100년 동안 맞힐 수는 없습니다. 오히려 매매를 많이 할수록 세금과 수수료가 나가서 결국에는 도박처럼 손실이 나죠. 50% 확률로 수익이 난다고 해도, 결과적으로는 세금과 수수료 때문에 손실이 납니다. 워런 버핏은 단기시장은 효율적, 장기시장은 비효율적이라고 했습니다. 단기시장은 이미 호재가 반영되었다고 봅니다. 그래서 초과수익을 내기가 어렵습니다. 장기투자는 비효율적이라서 불확실하니까 초과수익이 납니다. 100만원을 오늘 갚는다고 빌려달라고 하면 이자 없이도 빌려줄 수 있지만, 50년 뒤에 갚는다고 하면 얼마를 받아야 할지 고민이 됩니다. 50년 뒤에는 인플레이션이 얼마나 될지 모르기 때문입니다. 이렇게 불확실성으로 인해 수익이 발생하기 때문에 장기투자를 해야 합니다.

　워런 버핏은 11세에 주식투자를 시작했는데, 30세 때 순자산 규모는 100만 달러였습니다. 현재 순자산 규모는 927억달러입니다. 만약 워런 버핏이 평범한 근로자인데 11세가 아니라 20년 뒤인 31세부터 투자를 시작했다면 50세 시점에서 순자산규모는 100만달러가 되고, 90세에는 20.4억 달러가 되어 11세 때부터 투자했을 때의 순자산규모인 927억달러보다 97.8% 낮습니다. 워런 버핏은 투자를 일찍 시작해서 복리 효과를 누린 것입니다. 그래서 그는

5세 때부터 투자했다면 좋았을 거라며 후회했습니다.

워런 버핏 21% 복리 그래프   (단위: 억달러)

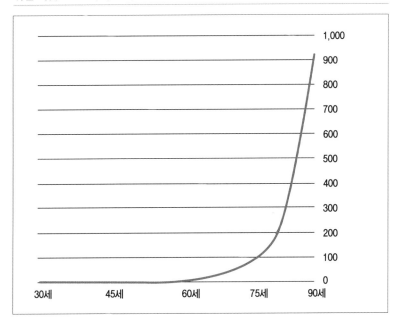

워런 버핏의 연평균수익률 21%로 30세에 100만달러로 시작해서 90세
에 927억달러가 되도록 그래프를 그려 보았습니다. 연평균 21%의 복리
수익률은 선형이 아닌 곡선 형태로 나타납니다. 보유기간이 길수록 수익
이 크게 발생합니다. 보유기간을 하루라도 늘리는 방법은 오늘 당장 투자
하는 것입니다.

주식이 싼지 비싼지, 무릎인지 어깨인지는 그 누구도 모릅니다. 혹은
단기투자로 돈을 벌 수도 있습니다. 그럼에도 우리가 할 일은 하루라도
먼저 사고, 하루라도 늦게 팔아서 복리 효과를 최대한 누리는 것입니다.
그러니 지금 당장 주식투자를 시작하세요.

투자는
결국 적립식으로 된다

개미 지금 매수하려고 하니, 주변에서도 고점이라고 하고 너무 많이 오른 것 같아요.

자본가 개미는 어떤 방식으로 투자할 거죠?

개미 월급쟁이라서 월급의 일정 부분을 투자하려고요.

자본가 언제까지요?

개미 은퇴하기 전까지요

자본가 예를 들어 40년 동안 매달 월급의 일정 부분을 투자한다면, 480번 매수해야 합니다. 매수단가는 평균에 수렴하는데, 이 중에서 1번이 매수단가를 움직일까요?

개미 오늘 비싸게 사는 게 의미가 없다는 거군요. 480번 사니까요.

자본가 살면서 단 한 번만 매수한다면 집중해서 사야겠죠. 하지만 480번 사면 지금의 매수단가는 의미가 없습니다. 이런 걸 코스트에버리지효과라고 합니다. 구매비용을 평균화하는 투자방법입니다. 우리 투자는 대부분 적립식 투자입니다. 오늘 사고 돈 모으면 또 사고, 은퇴 전까지 계속 사는 거죠. 그런데 흔히 인생에서 딱 한 번 사는 걸로 착각해서 못 사는 겁니다.

개미 주식은 계속 사서 장기적으로 보유하는 건데, 마치 단기투자로 보는 거로 군요.

자본가 개미들은 주식을 단기투자 도박으로 봅니다. 매수해서 10% 오르면 팔고, 10% 내리면 손절하고. 실제로는 수익이 안 나는데 계속 하는 거죠. 물론 몇 년간은 수익이 날 수도 있습니다. 하지만 40년, 50년 계속 수익이 날까요? 어렵죠.

개미 목돈을 투자하는 사람들은요?

자본가 목돈을 한 번에 투자할 때도 바로 지금 투자해야 합니다. 30년 후 지금보다 주가가 낮을까요? 주식은 명목 GDP만큼 오르니, 결국에는 올라갑니다. 그리고 아끼고 아껴서 계속 매수하면 결국에는 다시 코스트에버리지 효과로 구매비용이 평균화됩니다.

개미 결국 계속 매수하면 코스트에버리지효과가 생기는군요.

자본가 고점 같아서 매수 안 했는데 급등하고, 현금은 인플레이션으로 역복리에 당하고. 그러면 계속 현금의 가치가 떨어지니까 매수하는 편이 현명한 선택입니다. 떨어지면 더 싼 가격에 매수해서 좋고요.

개미 그럼 60세인 분들은요? 은퇴를 앞둔 분들은요?

자본가 그래서 하루라도 먼저 투자하라는 것입니다. 빨리 투자한다면 지금 당장 코로나20이 터져도 나는 더 저점에서 투자했으니 기다리기만 하면 됩니다. 이미 평균수명이 100세가 넘는 상황에서 앞으로 40년이나 남았으니 지금이라도 투자하는 게 좋습니다.

개미 그럼 100세인 분은요?

자본가 생활비를 빼놓고, 자녀를 위해서 투자하는 게 좋습니다.

개미 네! 지금 당장 투자하겠습니다.

많은 투자자들이 적립식펀드만 적립식투자라고 생각합니다. 우리가 투자하는 방식도 결국에는 적립식 투자입니다. 월급을 받을 때마다 일정 부분 계속 투자하니까 적립식 투자가 됩니다. 적립식 투자는 코스트에버리지 효과가 발생합니다. 코스트에버리지 효과는 평균매입단가 인하 효과를 나타내죠. 주가가 높을 때는 주식을 적게 매수하고, 주가가 낮을 때는 주식을 많이 매수하면 평균매입단가가 낮아집니다.

20세에 투자해서 60세에 은퇴한다면 한 달에 한 번 주식을 매수할 경우 480번 매수하게 됩니다. 480번 매수하면 결국 평균매입단가에 수렴합니다. 그러면 1번 비싸게 산다고 해도 480번의 평균에는 의미가 없습니다. 다만 비싸다고 생각해서 시작을 못했는데 지수가 급등하면, 결국 내 돈은 인플레이션으로 역복리에 당하게 되죠. 물가가 올라서 현금가치가 떨어지게 됩니다. 그래서 지금 바로 투자해야 합니다.

그리고 장기적으로 보면 주가는 명목 GDP만큼 오르게 되는데, 40년 후의 주가는 오늘보다 많이 올라가 있을 것입니다. "오늘 사서 내일 팔아야지." 하니까 더 싸게 사려고 못 사는 것입니다. 길게 장기적으로 보면 결국 오늘이 가장 쌉니다.

적립식 투자의 코스트에버리지효과에 대해서 알아볼까요? A와 B는 각자 500만원을 회사에 투자하기로 했습니다. A는 한 번에 투자하고, B는 100만원씩 적립식으로 투자했습니다. 회사의 주가 변화에 따라서 어떻게 되는지 알아보겠습니다.

거치식과 적립식 비교

주가	A	B
1,000원	(500만원 투자) 5,000주	(100만원 투자) 1,000주
1,500원		(100만원 투자) 666주
1,000원		(100만원 투자) 1,000주
500원		(100만원 투자) 2,000주
1,000원		(100만원 투자) 1,000주
합계	5,000주	5,666주

　A는 1,000원짜리 주식이 5,000주가 됐으니 500만원으로 수익률이 0%이고, B는 1,000원짜리 주식이 5,666주가 됐으니 566만원으로 수익률이 13%입니다.

　주가의 변동성이 크다면, A처럼 한꺼번에 투자하는 것보다 B처럼 적립식으로 투자하는 게 수익률이 높습니다. 낮은 가격에 많이 살 수 있기 때문입니다. 우리의 투자도 결국은 적립식이기 때문에 꾸준히 투자하는 것이 좋습니다.

적립식투자를
비교해 보자

개미 저는 운이 없어서 주식도 맨날 고점에 사요. 그래서 적립식 투자도 가입하면 고점이에요. 그래서 불안해요.

자본가 원래 주식을 사면 다 고점입니다. 개미들은 주식시장이 좋다고 하면 들어오니까 이미 많이 오른 상태인 거죠. 거기서부터 적립식으로 투자해도 괜찮습니다.

개미 저만 그런 게 아니군요. 다들 고점에 투자하네요.

자본가 저 역시 투자할 때 늘 고점이라고들 하는데 세월이 지나고 보면 저점인 경우가 많죠. 운이 없어서 2007년 금융위기 때 꼭지에 투자한 사람도 적립식으로 투자했을 때는 25개월이면 원금회복이 됩니다.

개미 25개월이면 2년 1개월이나 걸리네요.

자본가 40년 투자할 거라고 치면 480개월 중에 25개월 손해인 거죠.

개미 별거 아니네요. 2000년대에 닷컴버블이 꺼지고 12년 정도 횡보한 거에 비하면요.

자본가 12년이면 144개월입니다. 그러고 나서 9년 동안 지수가 2013년 1,426에서 2021년 4,500까지 3.16배 올랐습니다. 오히려 횡보할 때 산 사람은 저점에 매수해서 더 많은 수익이 났죠.

개미 길게 보면 고점도, 횡보도 결국 상관이 없네요. 오히려 투자 안 하는 게 더 위험한데, 지수가 급등하면 투자를 못 하니까 아쉬워요.

자본가 그래서 투자는 바로 지금 하는 게 좋습니다.

1) 역사적 고점에서 매수를 시작한 경우

정말 운이 없어서 2008년 금융위기를 앞둔 2007년 10월 최고점에 적립식 펀드를 시작했다면, 25개월 후인 2009년 11월에 원금을 회복하고 수익으로 전환할 수 있었습니다. 적립식펀드로 고점에서 매수해도 코스트레버리지 효과로 인해서 고점에 도착하기 전에 원금 회복이 됩니다. 약 25개월간 손실구간이 있었지만, 20세부터 60세까지 40년간 매월 한 번씩 투자한다고 하면 480개월 구간 중에서 25개월 정도가 손실을 보는 구간입니다. 적립식 펀드는 일정한 금액을 매입하는데, 주가가 떨어질 때 더 많은 수량을 매수하면 저점에서 반등할 때 수익을 많이 올릴 수 있습니다.

적립식투자의 코스트레버리지 효과

2) 횡보구간에서 매수를 시작한 경우

닷컴버블이 꺼지고 2001년부터 2012년까지 12년 동안 지수는 횡보했습니다. 지수가 횡보하면 수익이 없을 거라고 생각하는 투자자들이 많습니다. 그러나 주식은 변동성이 있어서 하락했다가 상승했다가를 반복합니다. 하락할 때도 매수하고 상승할 때도 매수했을 경우 수익률을 살펴보면 배당수익률을 제외하고 12년간 23% 수익이 났습니다. 지수 횡보구간에도 적립식으로 매수하면 수익을 얻을 수 있어서 계속 보유할 수 있습니다.

S&P500 지수 횡보구간의 수익

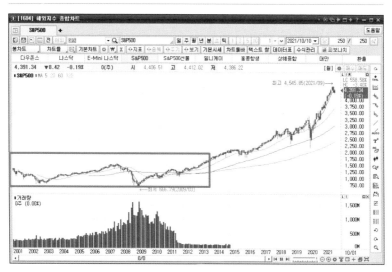

3) 운이 없어서 매년 고점에 투자한 경우

정말 운이 안 좋고, 사면 고점인 사람이 있다고 해봅시다. 2008년부터 2020년까지 매년 한 번 투자하는데, 항상 매년 고점에 투자하는 사람이 있다면 수익률은 얼마일까요? 배당수익률을 제외하고 102% 수익이 납니다. 어떻게 해서 이런 수익률이 나올까요? 비결은 적립식으로 장기간 투자한 것에 있습니다.

S&P500 지수에 매년 100만원씩 적립식투자를 하는데, 설사 매번 고점에 투자했더라도 투자원금 1,300만원이 2,622만원이 되었습니다. 따라서 적립식으로 매수한다면 지금 당장 매수해야 합니다.

S&P500 지수 고점에 매년 투자한 경우

연도	고점	수익률
2008년	1471.46	156%
2009년	1130.38	233%
2010년	1262.60	198%
2011년	1370.58	174%
2012년	1474.51	155%
2013년	1849.44	103%
2014년	2093.55	80%
2015년	2134.72	76%
2016년	2277.53	65%
2017년	2694.97	40%
2018년	2940.91	28%
2019년	3247.93	16%
2020년	3760.2	0%

4) 상승장에서만 투자하는 경우

상승장에서만 투자자와 항상 투자하는 투자자

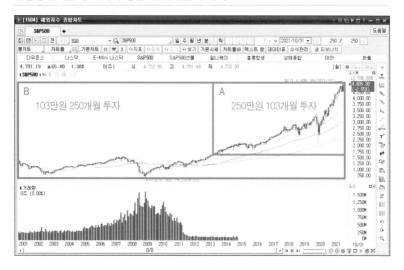

횡보와 손실이 싫어서, 상승장에서만 투자하는 투자자는 a는 s&p500 박스권을 뚫고 상승하는 2013년 4월부터 2021년 10월까지 103개월 동안 종가에 250만원씩 투자합니다. 103개월 동안 250만원씩 투자해서 원금은 2억5,750만원, 투자자산은 4억9,037만원이 되었습니다.

항상 투자하는 b는 2001년 1월부터 2021년 10월까지 250개월 동안 103 만원을 투자합니다. 250개월 동안 103만원씩 투자해서 원금은 2억 5,750 만원, 투자자산은 8억 153만원이 되었습니다.

항상 투자하는 b는 상승장에만 투자하는 a보다 63%의 수익을 더 올릴 수 있었습니다. 왜 항상 투자하는 b의 수익률이 높을까요? 당연한 것이지만 주식은 하락할 때, 횡보할 때 주식을 사서 보유해야 상승할 때 수익률이 높습니다. 그래서 우리는 주식이 하락하거나 횡보할 때도 투자를 계속해야 합니다.

연금펀드 & IRP & ISA & 해외주식계좌에 투자하라

개미 S&P500 주식을 살까요? 펀드로 할까요? ETF를 살까요?

자본가 정부에서는 개미들을 위해서 연금펀드와 IRP제도를 운영하고 있습니다. 연금펀드는 연간 400만원, IRP는 연간 300만원에 대해 세액공제를 13.2~16.5% 해줍니다.

개미 합계 700만원을 세액공제 받으면 손실이 나도, 그 금액만큼은 손해가 아니네요.

자본가 그렇죠. 그리고 연간납입 한도가 1,800만원까지입니다.

개미 700만원만큼만 세액공제가 되는데 굳이 1,100만원을 더 투자할 이유가 있나요?

자본가 해외주식의 경우 수익이 나서 매도하면 이익 중 250만원을 제외하고 나머지에 대해서는 22%를 세금으로 내야 합니다. 이자배당소득의 경우 2,000만원 이상이면 종합소득세를 내야 하고, 지역가입자의 경우 1,000만원 이상이면 국민건강보험 가입 대상입니다. 국내 상장 S&P500 ETF의 경우도 2,000만원 이상 수익이 나면 종합소득세 대상이 됩니다.

개미 세금이 많네요.

자본가 아무리 수익이 많더라도 22% 세금 내고, 종합소득세, 국민건강보험료 내면 그만큼 수익이 줄어들죠. 그런 반면에 손해가 나면 안 돌려줍니다. 이렇게 절세가 수익률에 큰 영향을 끼칩니다.

개미 무조건 절세해야겠네요.

자본가 연금펀드는 수익에 대해서도, 배당에 대해서도 나중에 연금을 받을 때 3.3~5.5%만 세금으로 내면 되니, 절세로 아주 좋죠. 세액공제를 안 받는 700만원 초과 원금은 찾아 쓸 수도 있고요. 연금펀드 & IRP로 1,800만원을 채우는 게 절세에 유리합니다. IRP는 70%까지 위험자산이라서 주식은 70%만 살 수 있죠. 그래서 연금펀드에 1,500만원, IRP에 300만원을 넣는 게 좋습니다.

개미 한 달에 150만원을 투자할 수 있어서 더 투자하고 싶다면요?

자본가 ISA계좌가 있습니다. ISA계좌는 연간 2,000만원까지 납입이 가능하며, 3년 이상 계약하고 200만원 수익 이상 시 9.9% 분리 과세를 합니다.

개미 ISA계좌에도 연간 2,000만원까지 가능하군요.

자본가 3년을 다 채우면 다시 연금펀드로 전환이 가능한데 이때는 다시 300만원 추가 세액공제가 가능합니다.

개미 연금펀드 & IRP 1,800만원, ISA계좌 2,000만원, 합이 연간 3,800만원인데 더 투자한다면요?

자본가 나중에 결혼하면 배우자도 이렇게 투자하고, 자녀들 계좌에도 1세 때부터 이렇게 투자해주면 되죠.

개미 그래도 부족하다면요?

자본가 해외주식계좌를 열어서 해외주식 ETF를 산 뒤 증여하면 됩니다. 이때 배당소득은 이자배당소득세 대상에 해당합니다.

개미 좋은 점만 있는데, 단점도 있나요?

자본가 연금펀드는 55세 이후에 연금형태로 받을 수 있습니다. IRP 중도인출사

유를 제외하고 연금으로 받을 수 있죠. 그래서 장기투자가 가능합니다.

개미 단점이자 장점이네요. 강제적으로 장기투자를 하게 되니까요. 60세 넘은 제 어머니도 가입 가능한가요?

자본가 가능합니다. 5년 이상 납입 후 연금으로 받을 수 있죠.

개미 어머니도 가입시켜야겠네요.

자본가 그리고 퇴직연금 DB 상품을 DC로 바꿔서 S&P500 지수에 투자할 수도 있습니다.

개미 S&P500 지수에 투자를 시작할 때 개인연금, IRP, ISA, 퇴직연금부터 가입해야겠네요.

현명하게 투자하는 방법을 함께 알아볼까요?

1) 세액공제 상품을 활용하자

세액공제란 장기투자와 노후준비를 위해서 금융상품에 투자 시 정부에서 세액을 13.2~16.5% 공제해 주는 것입니다. 연말정산 때 돌려받을 수 있으므로 최대한 투자하는 게 이득입니다.

① 연금펀드: 소득에 따라서 300만~ 400만원까지 가능

② IRP계좌: 연금펀드까지 합쳐서 700만원까지 가능(위험자산은 70%, 안전자산은 30%)

③ ISA계좌: 3년간 6,000만원 납입 후, 연금펀드 계좌로 이체 시 최대 300만원 가능

④ 50세 이상은 연금펀드계좌 200만원 추가 세액공제 가능

1년간 연금펀드 400만원 + IRP계좌 300만원 + 3년마다 ISA계좌 300만

원 = 1,000만원 세액공제가 가능합니다. 1,000만원에 16.5% 세액공제가 가능하면, 연말정산 시 165만원을 돌려받는 것입니다. 1,000만원 투자해서 165만원을 손해 안 보면 이득인 거죠.

2) 연금펀드 1,800만원 한도까지 넣자

연금펀드는 1,800만원 한도까지 납입 가능하므로, 연금펀드 400만원 + IRP 300만원 = 700만원까지 세액공제 받고, 나머지 1,100만원을 넣을 수 있습니다.

1,100만원 추가로 납입하면 세액공제를 받지 않는 원금은 언제든지 찾을 수 있고, 수익금과 세액공제 금액은 16.5% 세금을 내고 찾을 수 있습니다. 해외주식계좌로 미국 주식을 매수했을 때는 수익 중 250만원을 제외한 금액에 대해 22% 세금을 내야 합니다. 배당은 이자배당소득에 포함되는데 연금펀드로 투자하면 원금만 찾을 수 있고, 수익금과 배당은 세금 16.5%를 내고 찾을 수 있으며, 배당은 펀드에 귀속되어 이자배당소득에 포함되지 않습니다.

연금펀드계좌에 투자한 돈의 인출 순서는 투자 원금부터입니다. 즉, 1,800만원을 투자했다면, IRP와 연금펀드를 합쳐서 700만원까지 세액공제 받은 금액을 제외하고 1,100만원부터 인출되므로, 투자원금에 대해서는 노후에 생활비로 찾아도 추가로 세금이 없습니다. 해외주식계좌에서 돈을 찾을 때는 원금과 수익금이 합쳐서 매도되기 때문에 수익금에 대해서 22% 세금을 내야 합니다. 연금펀드계좌의 원금은 생활비로 쓰고, 나중에 자녀들에게 수익금과 배당을 상속하면 세금을 절약할 수 있는 차이가 있습니다. 그러므로 연금펀드계좌에 최대한 투자하려면 ISA계좌에도 투자해서 ISA가 만기에 연금펀드계좌로 이체해야 합니다. 부부가 각각 투자하면 1년에 1,800만원×2=3,600만원까지 가능합니다. 자녀들도 1세부터 연금계좌를 만들어주면 1년에 1,800만원까지 납입 가능합니다.

3) 퇴직연금 DB도 DC로 전환하자

퇴직연금 DB는 3개월치의 평균임금에 근속연수를 곱해서 나옵니다. 그래서 최대한 높은 임금일 때 DC로 전화하는 것이 이익입니다. 그러나 2008년부터 S&P500의 연평균수익률은 13%이므로 임금인상률이 13% 이하라면, DC로 전환해서 S&P500 지수에 투자하는 것이 좋습니다.

4) 해외주식계좌, 250만원으로 풍차 돌리기를 하자

해외주식계좌로 S&P500 ETF를 매수하면 매년 250만원까지 소득공제가 가능합니다. 해외주식을 가족에게 증여하고, 매년 250만원까지 수익이 난 만큼 주식을 매도하면 추가 세금은 없습니다. 따라서 아내, 나, 자녀 2, 이렇게 4명이 매년 1,000만원어치씩 주식을 매도해서 수익을 실현하고, 다시 해외주식을 매수합니다.

5) 각 상품의 특성을 자세히 살펴보자

연금펀드는 55세 이후에 연금 형태로 찾아야 하며, 연금을 받을 때는 3.3~5.5% 세금을 내야 합니다. 55세 이후에 찾아야 하니까 자동으로 장기투자가 되고, 세금도 점점 낮아지는 추세라서 40년 뒤에는 더 적게 낼 가능성이 높습니다.

개인형 퇴직연금인 IRP계좌는 위험자산에는 최대 70%만 투자가 가능해서 S&P500 지수에는 최대 70%만 투자할 수 있습니다. 나머지 30%는 안전자산인 채권에 투자해야 합니다. 55세 이후에는 연금계좌로 이동이 가능합니다.

　개인종합자산관리계좌인 ISA계좌는 3년 이상 투자해야 하고, 200만원 초과 수익에 대해서는 배당소득세 9.9%를 내야 합니다.

　해외주식계좌는 수익금 중 연간 250만원 제외하고 세금을 22% 내야 합니다. 국내 상장 해외주식 ETF는 수익을 모두 배당소득으로 봐서 2,000만원 초과 시 종합소득세를 적용받습니다.

6) 상품을 비교해 보자

구분	연금저축	IRP	ISA
가입대상	제한없음	소득 필요	19세 이상
세액공제	연간 400만원	연간 700만원 (연금저축 400 공제 시 300까지 가능함)	최대 300만원 (만기 후 연금저축 이전 시 10% 세액공제)
납입한도	연금저축 + IRP 합쳐서 연간 1,800만원		연간 2,000만원, 최대 1억원
세금혜택	분리과세, 이자 배당소득세 15.4% 과세이연　연금수령시 만 55~69세 5.5% 만 70~79세 4.4%, 만 80세 이상 3.3%		200만원 비과세 초과는 9.9% 분리과세 (소득에 따라 상이)
의무가입기간	55세 이상 & 5년 이상 납입 & 10년 이상 수령		3년 이상
계좌개설	한도 없음		전 금융권 1곳

해외 ETF와
국내 상장 ETF

개미 이제 곧 예금만기가 돌아오는데 목돈을 투자하고 싶어요. 연금펀드랑 IRP
는 적립식으로 계속 투자해서 55세 이후에 연금으로 받고요.

자본가 좋은 생각이에요. 목돈으로 투자하는 방법에는 해외주식계좌를 만들어
서 S&P500 ETF를 매수하는 것과 국내주식계좌를 만들어서 국내 상장
S&P500 ETF를 매수하는 방법이 있습니다.

개미 무엇이 다른가요?

자본가 해외주식 ETF는 수익금 중 250만원을 제외하고 양도소득세 22%와 배당
에 대한 배당소득세를 내야 합니다. 국내 상장 ETF는 수익금을 배당소득
세로 보고 과세하고, 배당에 대해서도 배당소득세를 과세하며, 2,000만원
초과 시에는 종합소득세를 과세합니다.

개미 세금이 왜 이리 많나요?

자본가 그래서 절세하는 게 돈을 버는 거죠.

개미 ETF의 단점은 뭔가요?

자본가 가장 큰 단점은 매일 시세를 확인할 수 있어서 단기로 매매하고 싶은 욕구
가 생기는 것입니다.

개미 매일 현재가를 보면 팔고 싶을 것 같아요.

자본가 가장 큰 위험은 나는 장기투자 하고 있는데, ETF에 거래량이 없거나 순자산가치에 차이가 많이 나면 갑자기 청산되는 경우가 흔하다는 것입니다. 갑자기 청산돼서 계좌에 현금이 들어오죠.

개미 그렇게 되면 장기투자계획이 망가지고, 세금도 엄청 내야겠네요.

자본가 그래서 ETF에 투자할 때는 대표성이 있고 거래량도 많은 종목이 좋습니다. 그래야 장기투자가 가능합니다.

개미 ETF 투자 시 꼭 확인해 봐야겠네요.

국내 상장 S&P500 ETF 중 TR ETF가 있습니다. TR은 TOTAL RETURN으로, 배당까지 투자하는 펀드입니다. 배당까지 재투자하니까 배당수익에 대해 투자기간 중에 건강보험료 부과와 종합소득세를 고민하지 않아도 됩니다. 매도할 때는 종합소득세를 내야 하는데, 가족들에게 증여가(증여일 전일종가 기준)로 증여하면 절세를 할 수 있습니다.

연금펀드, IRP계좌, ISA계좌 모두 국내 상장 S&P500 ETF를 매수할 수 있습니다. 그런데 거래량이 줄거나, 괴리율이 심하거나, 규모가 작아질 경우 갑자기 청산이 될 수 있습니다. 순자산가치와 차이가 나는데 계속 ETF가 고평가되면 투자자는 피해를 보니까 청산해서 투자자들을 보호합니다. 그런데 청산이 되면 이때부터 세금문제가 발생합니다. 증여해서 절세를 하려는 계획도, 매년 250만원만큼 수익을 실현하려는 계획도 어려워집니다. 실제로도 많은 ETF들이 청산되어 계좌에 현금으로 들어오곤 합니다. 투자자는 투자를 계속하고 있다고 생각하지만, 실제 계좌는 청산되어 현금화 되는 경우가 있습니다. 장기투자가 어렵게 되는 것입니다.

그래서 ETF를 선택할 때는 거래량도 많고, 대표성을 가지고 있는 해외 ETF가 좋습니다. 대대손손 증여 계획도 세우기가 쉽죠.

S&P500 ETF의 국내 상장과 미국 상장 비교

상장		한국거래소 상장	미국거래소 상장
구분		국내 상장 S&P500 ETF	S&P500 ETF
매매수익		배당소득	양도소득
세금	**0 ~ 250만원**	15.4%	0% (250만원 공제)
	250 ~ 2,000만원	15.4%	22%
	2,000만원 초과	15.4 ~ 42%	22%
금융소득 종합과세		대상임 (2,000만원 이상 대상)	대상 아님 (분배금만 대상)
분배금		배당소득 15.4% 분리과세 2,000만원 초과 시 금융소득종합과세 대상	
합산 여부		이익만 따로 과세	이익, 손실 합산 과세

해외 ETF에 투자하고, 증여로 절세하라

개미 ETF에 투자하면 세금을 너무 많이 내는 것 같아요.

자본가 어차피 우리는 매도를 안 할 거라 걱정하지 않아도 됩니다.

개미 그래도 생활비가 필요하면 매도해야 하잖아요. 자녀들에게 증여할 때도요.

자본가 증여로 절세가 가능합니다.

개미 내가 투자해서 수익이 난 금액을 증여하면, 받은 사람은 증여가(증여일 전일종가 기준)로 받으니까 수익이 안 난 셈이 되는 건가요?

자본가 맞습니다. 수익이 안 난 상태라서 세금을 낼 게 없는 거죠.

개미 살면서 증여만 잘 이용해도 해외주식 세금은 절세할 수 있겠네요.

자본가 그렇죠. 배당도 1,000만원 이상이면 지역가입자로 국민건강보험 가입 대상이 되니까 증여로 분산해서 맞춰야죠.

개미 배당으로 1,000만원을 받으려면 배당수익률이 2%라고 해도 원금이 5억원 이상인데 증여할 필요가 있을까요?

자본가 모든 이자와 배당소득을 합치니까 복리수익률로 보면 5억원도 금방 됩니다. 예금이나 적금 만기가 돌아왔을 때, 한 번에 이자를 받으니까 모두 합쳐서 내죠(5년짜리 예금을 들었는데 5년 후에 이자가 1,000만원이 넘으면 그해에는 지역가입자일 경우 국민건강보험료를 내죠). 국민건강보험료를 내기 시작하면 자산에 대해서도 측정하기 때문에 세금을 더 많이 내야 합니다.

개미 집이랑 자동차까지 평가해서 세금을 내면, 오히려 수익도 안 나겠네요.

자본가 그래서 미래에는 절세전략이 더 중요해질 겁니다.

개미 증여는 어떻게 해야 하나요?

자본가 해외주식에 투자해서 수익이 났는데, 생활비가 필요하다면 배우자에게 10년간 6억원까지 증여가 가능합니다. 자녀들의 경우 미성년에게는 2,000만원, 20세 이상 성년에게는 5,000만원까지 증여가 가능하고요.

개미 자녀가 성인이 됐을 때 증여하고, 그 돈으로 대학등록금을 내면 되겠네요.

자본가 맞습니다. 증여를 통해서 절세해야죠. 코로나19로 많은 재정을 써서 세금을 추가로 걷는 분위기입니다. 이자배당소득도 4,000만원에서 2,000만원 초과로 변경되었고, 국민건강보험은 지역가입자의 배당소득이 2,000만원에서 1,000만원으로 변경되었습니다. 건강보험 피부양자 조건도 이자, 배당, 사업, 근로, 연금, 기타소득 연간 3,400만원에서 2022년 7월부터는 연간 2,000만원으로 이하로 바뀌었습니다.

개미 연금펀드와 해외주식 조합으로 국민건강보험 부과는 피하면서 절세로 상속 또는 증여(연금펀드는 상속, 해외주식은 상속과 증여)하는 방법을 배워야겠네요.

증여 시 10년마다 증여재산을 공제하며 배우자는 6억, 자녀는 성년 5,000만원, 미성년 2,000만원까지 10년마다 증여가 가능합니다. 투자하다가 생활비가 필요하면 배우자에게 증여해서 생활비로 쓰면 증여가(증여일 전일종가 기준)로 증여되어, 수익이 없어지므로 양도소득세를 내지 않아도 됩니다. 10년마다 자녀들에게 잘 증여하면 나중에 상속세도 절약할 수 있습니다.

증여재산 공제한도

1. 배우자로부터 증여받은 경우	6억원
2. 직계존손으로 부터 증여받은 경우 (미성년일 경우)	5,000만원 (2,000만원)
3. 직계비속으로부터 증여받은 경우	5,000만원
2번, 3번 경우 외에 6촌 이내의 혈족, 4촌 이내의 인척으로부터 증여받은 경우	1,000만원

　현재 해외주식을 매수해서 배당을 받는데 이자배당소득이 합쳐서 연간 1,000만원 이상이면 지역가입자로 국민건강보험료를 내야 합니다. 국민건강보험료는 재산에 대해서 평가하기 때문에 자동차, 집을 소유하면 국민건강보험료가 올라갑니다. 한 달에 30만원을 내면 연간 360만원이고, 3년간 내면 1,080만원입니다. 1억원을 추가로 증여하면 1,000만원의 증여세를 내게 되는데, 국민건강보험료를 안 낼 수 있다면 증여세를 내더라도 이 편이 더 낫습니다.

증여세 세율

과세표준	세율
1억원 이하	과세표준의 100분의 10
1억원 초과~5억원 이하	1,000만원+(1억원을 초과하는 금액의 100분의 20)
5억원 초과~10억원 이하	9,000만원+(5억원을 초과하는 금액의 100분의 30)
10억원 초과~30억원 이하	2억4,000만원+(10억원을 초과하는 금액의 100분의 40)
30억원 초과	10억 4,000만원+(30억원을 초과하는 금액의 100분의 50)

　장기투자에서 가장 중요한 것은 절세입니다. 세금을 절약하지 못할 경

우 장기수익률은 치명적입니다.

1) 이자배당소득세 초과 시 종합소득세 부과 한도가 점점 낮아지고 있다

종합소득세 부과 한도가 과거 4,000만원에서 2,000만원으로 줄어든 데 이어 1,000만원으로 개정이 요구되고 있습니다. 그러면 1,000만원 초과 시 종합소득세로 합산되며 세금이 많아집니다.

2) 국민건강보험도 기준이 낮아지고 있다

지역가입자의 경우 금융소득 기준이 과거 4,000만원에서 2,000만원으로 줄었고 이제는 1,000만원이 되었습니다. 2022년 7월에는 종합소득금액이 3,400만원에서 2,000만원 이하로 개편됩니다. 직장가입자의 경우 금융소득과 타 소득 합산 금액이 3,400만원 초과 시 2022년 7월부터는 보수외 수익 부과기준이 3,400만원에서 2,000만원으로 강화됩니다.

3) 연금도 절세해야 한다

연금에서 세액공제를 받지 않은 금액은 세금에 포함되지 않습니다. 세액공제를 받은 금액과 수익금은 연금으로 받을 때 종합소득세에 포함됩니다.

국민연금도 2002년 이후에 납입한 것은 소득공제를 받아서 종합소득세에 포함됩니다. 퇴직금에 대해서는 퇴직소득세를 냅니다.

연금소득이 1,200만원을 넘어가면 연금소득 전체에 대해 종합소득세를 내야 합니다. 국민건강보험은 공적연금의 30%를 기준으로 부과합니다.

연금펀드에서 400만원, IRP에서 300만원을 합쳐서 700만원에 대해 세액공제 받은 금액과 배당을 연금으로 받으면 종합소득세에 포함됩니다.

1,200 - 국민연금 소득공제 후 세원 = 세액공제 받는 개인연금과 수익

이렇게 받아야 종합소득세를 피할 수 있습니다. 중요한 점은 연금소득이 1,200만원에서 1원이라도 높으면 전체 연금소득에 대해 세금을 내야 한다는 것입니다.

국민건강보험에는 개인연금은 포함되지 않고 공적연금액의 30%만 포함됩니다. 개인연금을 최대한 납입해서 배당소득세를 줄이고, 국민연금 수령 시점에는 원금으로 생활하고, 남은 세액공제 받은 금액과 수익금은 상속하면 됩니다.

연금 수령 시 세금

구분	세액공제 받지 않고 추가납입한 원금	퇴직급여	세액공제 받은 금액과 발생한 운용 수익
과세	제외	10년 이내 퇴직소득세율 × 70% 11년 이상 퇴직소득세율 × 60%	연금수령 시 만 55~69세 5.5% 만 70~79세 4.4%, 만 80세 이상 3.3%
종합과세	제외	제외	연금이 1,200만원 초과 시 연금소득 전액 종합과세

종합소득세와 국민건강보험료의 부과 기준이 점점 낮아지고 있습니다. 장기적으로 고려했을 때 절세가 가능한 포트폴리오를 짜야 합니다.

환율 - 환헤지,
꼭 해야 할까?

개미 S&P500 지수에 투자하다 보니까 환헤지를 꼭 해야 하는지 궁금해요.

자본가 환헤지도 결국에는 비용입니다. 달러에 대한 환헤지 비용은 작지만 10년, 20년, 50년 넘어가면 점점 커집니다. 단기투자자들은 환헤지를 해야 하지만 장기투자자들은 상관없습니다.

개미 왜 상관이 없나요?

자본가 어차피 평생을 같이 가는 건데 환매 시점이 중요하지 변동성은 중요하지 않으니까요. 내가 1,100원에 달러를 매수했다면, 기다렸다가 매도 시 1,100원이 됐을 때 환매하면 됩니다.

개미 아하, 길게 보면 상관이 없네요. 오히려 환헤지 비용이 더 크군요.

자본가 그리고 미국 주식에 대해서 헤지하는 효과도 있습니다. IMF, 금융위기, 코로나19 등 위기 때마다 안전자산을 선호하는 현상으로 인해 달러 가격이 오릅니다. 주가는 떨어지고, 달러는 오르고. 그래서 주식에 대해 헤지가 가능하죠.

개미 내 주식은 떨어져도 달러 가격이 오르면 그만큼 상쇄효과가 있군요.

자본가 그리고 불행은 같이 옵니다.

무슨 뜻인가요?

IMF, 금융위기, 코로나19 때 보면 주가도 떨어지지만 주택가격도 하락하고, 실직도 하고, 스트레스 받아서 몸도 아픈 식이죠. 이럴 때 뭔가 헤지가 가능하다면 여유가 생기겠죠?

그게 바로 달러 자산이군요.

그렇습니다. 위기 때 달러 자산이 있어야 안정적인 투자가 가능합니다. 손실평가 금액이 줄어서 장기투자가 가능해지죠.

저는 어차피 매도 안 할 거니까 신경 안 써도 되겠네요.

환헤지를 하면 그에 대한 비용이 들어가게 됩니다. 장기투자자에게는 장기적으로 수익률을 낮추는 요인이죠. 어차피 안 팔고 장기투자 할 건데, 지금 투자해서 나중 노후에 쌀이 부족해지면 조금씩 팔면서 생활비로 쓰면 됩니다. 그렇게 보면 지금의 환율은 크게 중요하지 않죠. 나중에 환매할 때의 환율이 중요합니다. 그때 가서 환율만 보고 환매하면 됩니다.

미국에서는 S&P500 지수에만 투자하지 않고 포트폴리오로 금이나, 원자재에도 투자하지만, 우리나라는 원화 베이스 투자라서 S&P500 지수가 경제위기로 조정 받으면, 원달러 환율이 급등해서 자동으로 헤지를 해줍니다. 주가 조정이 오면 주가와 반대로 움직이는 자산이 있어야 버티기 쉽죠. 손실을 수익으로 상쇄해 줘야 정신적으로 손실에 대한 불안감을 이겨 낼 수 있습니다.

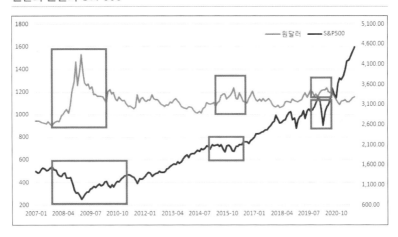

경제위기 때 원달러 환율의 상승은 S&P500 지수가 하락하는 것을 헤지해 줘서 장기투자가 가능하게 해줍니다.

★★★
8

투자보험을
들어라

개미 2008년 금융위기에 관해 찾아보니 불안해요. S&P500 지수도 1,500에서
750까지 50% 하락했더라고요.

자본가 주가는 언제든지 하락할 수 있습니다. 하지만 13년 후 S&P500 지수는
4,500까지 상승했죠. 장기적으로 보면 결국 주가는 상승하니까 기다리면
됩니다.

개미 그래도 그 순간에 손해를 많이 보면 매도하고 싶고, 갑자기 돈이 필요하기
도 하고 실직하면 생활비도 필요하잖아요.

자본가 그래서 달러로 투자해야 합니다. 달러는 그동안 1,000원에서 1,500원까
지 상승했죠. 100만원을 한화로 투자하면 S&P500 투자 손실이 50%일
때 50만원이 되지만, 달러로 투자하면 환율이 50% 상승한 덕분에 75만
원이 돼서 손실이 25만원으로 줄어듭니다.

개미 그래도 -25% 손실이 났네요. 위기 때도 손실이 안 나고 싶은데요.

자본가 보험을 들면 됩니다.

개미 어떤 보험이요?

자본가 주식에 100, 달러에 50 이렇게 투자하면 되죠. 그러면 주식이 50% 하락

하면 달러가 50에서 환율이 50% 반등하면 75가 되고, 달러 50에서 환율이 50% 반등하면 75니까 75+75 = 150으로 원금이 됩니다.

개미 요술 같아요. 달러로 보험을 만들라는 이야기군요.

자본가 그런데 이건 결과론적인 이야기고 앞으로도 그렇게 움직일지는 모릅니다. 위기가 안 오고 지수가 계속 상승하면 달러에 투자한 50에 대한 기회비용이 날아가는 거죠.

개미 선택하기가 복잡하네요.

자본가 장기투자 하면 됩니다. 2008년 금융위기 때 S&P500 지수가 750까지 떨어졌더라도, 내가 그전인 700에 매수했다면 버틸 수 있는 거죠. 2020년 코로나19로 2,200까지 떨어졌을 때도 2016년 2,000에 샀다면 문제가 없는 것과 마찬가지입니다.

개미 아하, 그래서 하루라도 먼저 투자해서 장기로 가져가라는 거군요.

자본가 빨리 투자할수록 고민이 적어지죠. 그래서 지금 당장 투자해야 합니다.

S&P500과 원달러 환율은 경제위기가 오면 반대방향으로 움직입니다. 2008년 금융위기를 보면 S&P500지수는 1,500에서 750까지 움직였습니다. 반대로 원화는 1,000원에서 1,500까지 움직였습니다. 미국 사람이라면 달러 베이스라서 -50% 손실이 나지만, 우리나라는 원화베이스라서 -25% 손실이 납니다. 그래서 이것을 이용하여 해외주식 100에 달러 50으로 투자하면 2008년 같은 금융위기장에서 살아남을 수 있습니다. 해외주식은 -50 떨어졌지만 달러가 50% 반등해서 -25%가 되어 75가 되고, 달러는 +50%가 올라서 75가 되어 해외주식 75 + 달러 75 =150 원금이 됩니다. 2020년 3월 코로나 위기 때 S&P500 지수는 최대 -26%가 빠졌지만 환율은 최대 +6% 올랐습니다. 정부에서 통화스와프로 빠르게 대처해서 환

율을 안정시켰죠. 코로나19 때는 환율보험이 손실이 났습니다. 미래는 어떻게 될지 아무도 모릅니다. 하루라도 일찍 투자해서 S&P500을 2,000에 매수했다면 2,190까지 떨어져도 상관이 없습니다.

그러나 이것은 이론적인 결과이고 앞으로도 그렇게 움직일지는 아무도 모릅니다. 오히려 하락하지 않으면 달러 가치는 인플레이션의 역복리에 당하고, 달러 가치가 하락하면 이중으로 하락하는 위험이 있습니다. 하지만 일찍 700에 장기투자 하는 사람이라면 -50%로 1,500에서 750으로 가도 손실이 아니라서 버티기 쉽습니다. 그러니 하루라도 먼저 투자해서 장기로 가져가면 됩니다. 투자는 빨리 할수록 고민이 적어집니다.

2008년, 2020년 원달러 환율과 S&P500

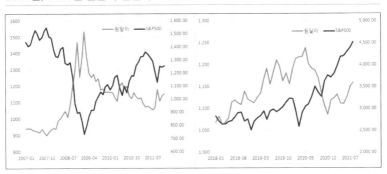

출처: 한국은행

남들보다
먼저 사라

개미 주식은 제가 사면 늘 고점이고, 팔면 늘 저점 같아요.

자본가 항상 그렇게 느껴집니다. 분할로 투자해 보세요.

개미 분할로 사도 고점 부근이고 팔면 저점이에요.

자본가 항상 마지막에 사고 마지막에 팔아서 그렇습니다. 나한테 정보가 맨 마지막에 오니까요.

개미 정보를 먼저 알 수 있는 방법은 없을까요?

자본가 내가 주식을 사려는 기업에 취업하면 남들보다 먼저 알겠죠?

개미 그런데 모든 기업에 취업할 수는 없잖아요.

자본가 그렇습니다. 남들보다 정보를 빨리 받는다고 해도 한두 기업에 불과합니다.

개미 그래도 먼저 사는 방법이 없을까요?

자본가 시장을 사면 됩니다. 정보를 아는 투자자들이 매수하면 기업의 주가가 오르겠죠? 그러면 시가총액이 올라서 자동으로 시가총액 비율대로 투자하는 셈이 됩니다.

개미 그러네요. 결국 시장을 사면 남들보다 먼저 사고 먼저 파는 셈이네요.

자본가 S&P500 지수에 투자하는 것이 먼저 사는 것입니다. 그렇다면 언제 사야 남들보다 빨리 살까요?

개미 바로 지금이요.

자본가 정답입니다. 바로 지금 투자하는 게 남들보다 빨리 사는 겁니다. 지금 주가가 너무 많이 올라서 투자를 못 했는데, 더 오르면요?

개미 남들보다 늦게 시작하는 거네요. 그래서 예측하지 말고 바로 지금 사라는 거군요.

자본가 내일 오를지 내릴지는 아무도 모릅니다. 우리가 할 수 있는 건 남들보다 먼저 사서 남들보다 늦게 파는 겁니다. 그러니 지금 당장 투자해야 합니다.

"소문에 사서 뉴스에 팔아라." 또는 "남들보다 먼저 사라." 이게 무슨 뜻일까요? 지금 내 귀에 들어온 정보가 소문인지, 뉴스인지 어떻게 알 수 있을까요? 남들보다 먼저 사라는데, 남들이 샀는지는 또 어떻게 알까요? 아마도 내부자 정보를 이용해서 주식을 사라는 뜻인 것 같습니다. 그러나 내부자 정보도 내가 취업하거나 거래하는 회사 몇 군데 것만 알 수 있습니다. 많은 사람들이 내부자 정보를 이용해서 주식을 산다고 합니다. 아르바이트 학생들이 자신이 다니는 기업의 공장 상황을 보고 주식을 사서 돈을 많이 벌었다는 이야기도 많습니다. 이렇게 아르바이트 학생들까지 미리 정보를 알고 투자를 하니, 우리가 정보를 듣고 투자하려고 하면 이미 늦습니다.

그럼 남들보다 빨리 살 수 있는 방법은 무엇일까요? 바로 지금 시장을 사는 것입니다. 내부자 정보를 들은 투자자들이 주식을 사면 주가는 이유 없이 오르고, S&P500은 시가총액 비중으로 매수하므로 자동으로 투자를 늘립니다. 반대로 내부자 정보 악재로 공매도 대상이 되면 자연히 시가총

344

액이 낮아져서 S&P500 지수에서 빠집니다. 결국 지금 바로 S&P500을 매수하는 것이 남들보다 먼저 사는 길입니다.

10

투자는 위기에도
계속되어야 한다

개미 전염병 발생주기가 점점 짧아지는데, 앞으로 제2의 코로나19가 다가오면 어쩌죠?

자본가 우리는 스페인독감, 홍콩독감, 사스, 에볼라, 메르스, 신종플루 모두 이겨냈습니다.

개미 지금 미국과 중국의 관계가 심각한데, 둘이 전쟁이라도 나면 어쩌죠?

자본가 우리는 세계1차대전, 세계2차대전 모두 이겨냈습니다.

개미 IS가 다시 테러를 저지르면 어쩌죠?

자본가 우리는 9.11테러도 이겨냈습니다.

개미 지진이나 태풍이 발생하면 어쩌죠?

자본가 LA대지진, 태풍은 매년 찾아오는 손님이죠.

개미 우리나라에 경제위기가 닥치면요?

자본가 단기적으로는 타격이 예상됩니다. 그러나 우리가 투자하는 S&P500은 전 세계적이고, 거기에서 우리나라가 차지하는 비중은 미미합니다.

개미 그러면 한국에 경제위기가 발생해도 우리가 투자하는 S&P500 지수에는 영향이 별로 없네요. 오히려 달러로 투자하는 상품이라서 달러 환율이 급등하겠네요.

자본가 그렇죠. 초과수익도 가능합니다. 그럴 때 국내 주식을 매수한다면?

개미 저가에 매수할 수 있겠군요.

자본가 이렇게 경제위기가 반대로 기회가 될 수 있습니다. 코로나19, 금융위기, IMF 모두 큰 기회였죠.

개미 위기는 언제나 찾아왔고, 우리는 언제나 위기를 극복했으며, 주가는 결국 상승했군요.

아직도 경제위기, 국가 간의 위기가 두려워 투자를 못 하는 사람들이 많습니다. 물론 단기적으로는 충격이 발생하지만 장기적으로 보면 아무 의미도 없습니다. 기억도 안 날 정도입니다. 그때 당시에는 위기였지만 지금 보면 오히려 매수의 기회였습니다.

지금까지 우리는 제1차세계대전, 제2차세계대전, 스페인독감, 사스, 메르스, 신종 인플루엔자까지 다 이겨냈고, 코로나19도 이겨내고 있습니다. 현재 주가는 코로나19의 전 고점까지 넘어서 오르고 있습니다.

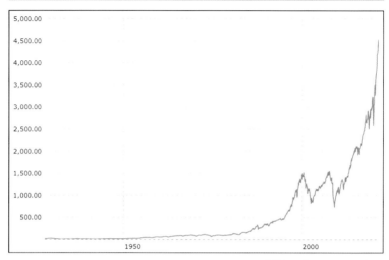

1928년 지수가 17일 때부터 2021년 8월 4,500이 되기까지 94년간의 S&P500 지수 추이를 나타낸 차트입니다.

1934년 히틀러, 독일 총통 취임

1940년 히틀러, 프랑스 함락

1941년 독일, 소련 침공 / 일제, 진주만 공격

1949년 소련, 원자폭탄 실험

1950년 한국전쟁 발발

1953년 소련, 소폭탄 실험

1962년 소련, 쿠바에 미사일 배치

1987년 블랙먼데이 증시 붕괴

1990년 걸프전 발발

1997년 아시아 금융위기 - 한국 IMF

1998년 러시아 루블화 위기 / LTCM 사태

2000년 닷컴버블

2001년 9.11 테러

2003년 이라크전쟁, 사스

2006년 북한 핵무기 실험

2008년 글로벌 금융위기 - 리먼브라더스 파산

2010년 PIGS 국가채무 우려

2020년 코로나19 위기

역사가 흘러갈수록 사람들은 되풀이되는 위험에 대해 내성을 가지게 됩니다. 위험을 매수의 기회로 생각하면서, 오히려 주식시장은 위험에서 빠르게 회복되고 있습니다. 2008년 금융위기 때부터 최대한 불황에 빠지지 않으려고 전 세계 정부가 돈을 풀고 있습니다. 2008년에는 주가가 전 고점을 회복하는 데 4년이나 걸렸는데, 2020년 코로나19 위기 때는 각국 정부가 신속하게 대응해서 전 고점을 회복하는 데 4개월밖에 걸리지 않았습니다.

위험해서 투자를 못 하면 결국은 뒤처져서 수익을 못 올립니다. 남들은 다 투자해서 수익을 낼 때 못 올리면 따라가기가 쉽지 않습니다. 위기는 언제든 찾아오지만 우리는 결국 극복해냅니다. 따라서 S&P500 투자는 계속되어야 합니다.

11

위기 때는
기업에 투자하라

개미 위기 때 투자하라고 말씀하셨는데, 기업들이 위기를 버틸까요?

자본가 경제위기가 오면 기업들은 원가절감을 하려고 최대한 보수적으로 운영합니다. 인원도 줄이고 생산량도 줄이죠. 그러면 더욱더 악순환이 되니까 국가가 지원을 해줍니다.

개미 이번 코로나19 때도 국가들이 나서서 지원해 줬어요.

자본가 국가에서 직원들 월급을 지원해 주고, 기업들이 도산하지 못하도록 자금도 지원해 주죠. 기업들의 비용을 줄여주기 위해 국가에서 건강보험료나 국민연금도 줄여줍니다.

개미 그러면 기업들은 가만히 있어도 수익이 나네요. 매출보다 비용이 더 줄어드니까요.

자본가 그렇죠. 경제위기 때는 기업이 버티게 국가가 지원해 주니까 오히려 주식을 매수하는 게 안전합니다.

개미 그래서 위기 때 주가가 반등하는군요.

자본가 정부에서는 개인의 소비가 위축되지 않게 양적 완화를 합니다. 저금리 조건을 만들어서 개인에게 쉽게 대출해 줌으로써 소비하게 만드는 거죠.

개미 이번 코로나19 때는 정부에서 돈을 주던데요.

자본가 현금을 배포해서 소비를 유도하는 거죠.

개미 아, 그러면 그 돈이 다시 주식시장으로 가는군요.

자본가 그래서 다시 자산시장, 주식시장이나 부동산이 오릅니다.

개미 주식이랑 부동산이 오르면 또 기분 좋아서 소비를 하고요.

자본가 2008년 금융위기, 2020년 코로나19 때 정부가 이런 시스템으로 재미를 봤죠. 따라서 또다시 위기가 온다면 양적 완화를 할 가능성이 있습니다.

개미 그러면 우리가 가지고 있는 현금의 가치는 떨어지겠네요.

자본가 지금도 떨어지는 소리가 들리지 않나요?

개미 어서 투자해야겠어요.

2008년 금융위기와 2020년 코로나19 위기처럼 위기가 오면 소비가 위축되고, 기업들은 구조조정을 합니다. 정부는 이러한 구조를 바꾸려고 양적 완화를 시행합니다. 소비자들에게 저금리로 대출도 해주고, 기업들이 구조조정을 하지 않도록 다양하게 지원도 합니다.

2020년에 닥친 코로나19 위기 때는 국민들에게 무상으로 돈을 나눠주기도 했습니다. 기업들이 구조조정을 못 하도록 근로자들의 임금을 대신 지원해 주었고, 국민연금과 국민건강보험료를 제외해 주었으며, 저금리로 대출을 해주었습니다. 덕분에 기업들은 한결 부담을 던 채로 위기를 버틸 수 있었죠. 그뿐만이 아닙니다. 기업은 정부가 저금리로 빌려준 자금으로 주식이나 채권을 사서 추가 수익을 올릴 수 있습니다. 그래서 위기 때 기업들은 수익을 더 잘 올립니다. 정부의 지원책이 발표되면 주가는 그때부터 반등하죠. 자본가는 주가가 올라서 다시 큰 수익이 납니다.

불공평해 보일 수도 있지만, 일단 기업을 살려야만 일자리가 늘어나기 때문에 어쩔 수 없습니다.

한국은행에서 발표한 '코로나19가 가구소득 불평등에 미친 영향' 보고서에서는 소득 1분위(하위 20%)가구의 2020년 2~4분기 평균 소득은 전년 동기 대비 17.1% 줄어들었다고 분석했습니다. 이 같은 소득 감소율은 소득 4분위(2.7%), 5분위(1.5%) 수준을 크게 웃돌았습니다. 소득 하위 20%에 속하는 임시 일용직 근로자가 대거 일자리를 잃은 결과였습니다. 반대로 코스피는 1,500에서 3,200까지 2배 이상 올랐습니다. 주식투자는 대부분 고소득층이 많이 하는데, 아이러니하게도 경제위기가 발생했을 때 구조 조정에 대비해서 오히려 저소득층에 주식투자가 필요한 상황입니다. 그러므로 위기 때도 주식투자를 계속해야 합니다.

★★★ 12

주식투자,
안 하는 편이 더 위험하다

개미 부모님께서 주식은 위험하다고 하세요.

자본가 부모님 입장에서는 주식이 위험할 수 있습니다. 그러나 지금 세대는 주식투자를 안 하는 게 더 위험합니다.

개미 왜 그렇죠?

자본가 부모님 세대는 경제성장기에 종신고용으로 60세까지 직장을 다니다가, 이후에는 퇴직연금, 개인연금, 국민연금을 받으면서 살아갈 수 있습니다. 경제성장기에 집값도 많이 올라서 주택연금까지 신청할 수 있고요. 그러다 보니 변동성 많은 주식을 위험하다고 느끼는 거죠.

개미 저희는 사오정도 있고, 50세까지 직장에 다닐 수 있을지 걱정이에요.

자본가 그래서 주식투자로 돈을 벌어야 노후에 생활비로 쓸 수 있습니다. 그리고 가장 충격적인 건 평균수명이 늘어난다는 것입니다.

개미 이미 100세 시대인데, 50세에 퇴직하면 남은 50년 동안 뭐를 해서 먹고 살지 걱정이네요.

자본가 30년 뒤 구글의 영생프로젝트나 일론 머스크의 뉴럴링크가 개발되면 평균수명이 더 늘어날지도 모릅니다.

| 개미 | 악몽일 것 같아요. |

| 자본가 | 준비 안 된 사람들에게는 악몽이지만, 준비된 사람들에게는 축복이죠. |

| 개미 | 지금부터 투자해야겠네요. |

| 자본가 | 하루라도 빨리 투자할수록 노후 준비에 유리합니다. |

평균 83.3세

출처: '19, KOSIS(통계청, 생명표)

　요즘은 주식투자를 안 하는 게 더 위험합니다. 평균기대수명이 계속 올라가는 추세이기 때문입니다. 사망원인은 대부분 암인데, 곧 암도 정복되면 기대수명은 더욱 가파르게 올라갈 것입니다. 2045년에는 평균수명이 130세로 전망되고, 지금 태어나는 아이들은 150세까지 살 수 있는 해법이 연구 중입니다. 그렇기에 주식투자는 계속되어야 합니다. 준비한 자금을 100세에 다 써버리면 어떻게 해야 할까요? 100세 이후에는 취업도 하기 힘듭니다. 평균수명 연장은 노후준비가 안 된 사람들에게는 악몽이고, 투자를 계속하는 사람들에게는 복리의 힘을 발휘할 수 있는 축복의 시간입니다.

국민연금 전망

구분	적자 전환	기금 소진
3차 추계(2013년)	2044년	2060년
4차 추계(2018년)	2042년	2057년
예산정책처 전망(2020년)	2039년	2055년

자료: 보건복지부, 국회 예산정책처

국민연금은 내가 살아있는 동안 계속 나오므로 노후를 준비하기에 좋은 상품입니다. 그러나 평균수령액은 54만원에 불과합니다. 2인 가족 최저생계비 185만원의 3분의 1도 안 되죠. 2020년 합계출산율은 0.84명으로 국민연금의 적자전환과 기금소진도 더욱더 빨라지고 있습니다. 국민연금의 기금이 소진되면 나라에서 대신 국민연금을 지급합니다. 그런데 그만큼 세금을 더 걷을 수 없어서 국채를 발행할 확률이 큽니다. 국채를 발행해서 연금을 주면 당연히 원화가치는 하락합니다. 원화가치가 하락하면 물가는 오르죠. 따라서 생활하기가 더욱더 어려워질 수도 있습니다.

국내 20kg 쌀값 추이

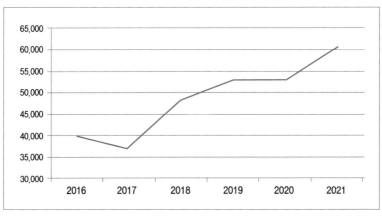

출처: 농수산식품유통공사

앞 그림은 우리나라의 주식인 쌀값의 추이입니다. 다른 건 아끼고 살아도 밥은 먹고 살아야 하는데, 쌀값도 상승하는 추세가 만만치 않습니다. 내 소득보다 쌀값이 더 많이 오른다면 복리의 힘은 쌀값에 힘을 실어주어서, 40년 후에는 쌀값이 비싸서 못 사 먹는 수준까지 올라갈 수도 있습니다. 그래서 쌀값이 오르는 것보다 내 자산을 더 많이, 더 빨리 올리는 방법은 주식투자밖에 없습니다.

OECD 주요 국가 은퇴연령층의 상대적 빈곤율(중위소득 50% 이하, 2017)

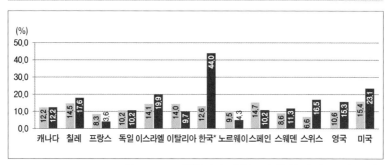

주: *OECD Stat의 한국 자료는 자정치로, 가계금융복지조사 공표 자료로 대체
출처: OECD, 「Social and Welfare Statistics」 (2020.8.19. 기준)

위 그래프는 OECD 주요국의 상대적 빈곤율입니다. 우리나라의 65세 이상 빈곤율은 44%로 OECD 1위입니다. 무엇이 문제일까요?

고령자(65세 이상)의 노후준비 방법(주된 응답, 2019)

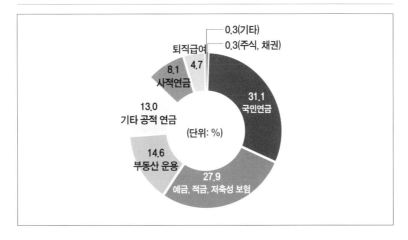

65세 이상 노후준비 방법을 살펴보면 연금, 예금, 부동산이 대부분입니다. 주식은 0.3%로 매우 적습니다. 연금과 예금은 인플레이션을 따라잡지 못하고, 부동산은 현금흐름이 발생하지 않습니다. 오히려 종합부동산세 등 세금을 내야 하기 때문에 은퇴자들의 경우 자금이 더 들어갑니다. 이런 이유로 우리나라는 노인 빈곤율이 높습니다.

OECD 회원국 노인(65세 이상) 자살율

(단위: 인구 10만명당 명)

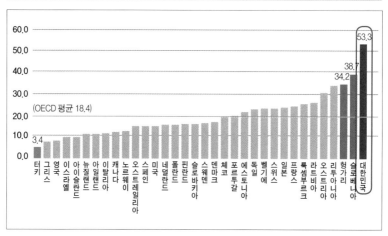

출처: WHO의 2019 Mortality data base('19.5.1 추출)를 이용하여 중앙자살예방센터 산출

우리나라는 노인 빈곤으로 인해 OECD 노인 자살율에서도 1위를 차지하고 있습니다. 노인 빈곤을 막기 위해서는 0.3%인 주식투자 자산을 늘려야 합니다. 주식투자만이 역사적으로 인플레이션을 따라잡고, 배당으로 현금흐름도 발생시켜서 노후에 안정적으로 생활할 수 있게 도와주기 때문입니다. 그러므로 우리는 S&P500 지수에 지금 당장 투자해서 복리의 힘으로 미래를 준비해야 합니다.

13

위기 때만 투자하면
돈을 많이 벌까?

개미 주식시장에 조정은 언제 오나요?

자본가 주식시장에 조정은 항상 오지만 언제 오는지는 알 수 없습니다. 주가가 언제 오를지 알 수 있으면, 풋옵션 매수 시 엄청나게 이익이 나겠죠.

개미 알 수 있으면 세계 최고 부자가 되는 거네요.

자본가 아직까지 세계 부자 순위에는 그런 사람이 없습니다. 예측하지 말고 항상 투자해야 합니다.

개미 그래도 투자자들은 항상 조정 때 사고 싶어 하지 않나요?

자본가 조정 때 사면 과연 수익률이 좋을까요?

개미 아무래도 낮은 가격에 사니까 수익이 좋지 않을까요?

자본가 코로나19 때를 살펴봅시다. A는 2009년 2월 금융위기를 겪고 이제는 큰 위기 때만 투자하기로 마음먹었습니다. 그다음 코로나19 위기였던 2020년 3월 S&P500 ETF를 종가에 한꺼번에 매수했습니다. 매수단가는 2,584원이었습니다. B는 매월 종가에 적립식으로 135개월 동안 매수했습니다. B의 평균매수단가는 1,907원으로, 위기에 투자하는 것만 노리는 A보다 매월 적립식으로 투자하는 B의 수익률이 35.5% 더 높았습니다.

결국 길게 보면 위기는 10년마다 오지만, 결국 다 극복해서 더 많이 오르니 매월 투자하는 B를 못 이기는 거죠. 무엇을 하든 길게 보면 먼저 투자한 사람의 수익이 더 높습니다.

개미 지수는 우상향하니까, 결국에는 조정장에만 투할 때보다 더 많이 오르는군요. 예측할 수도 없는 조정장 저점을 기다리기보다, 하루라도 빨리 지금 당장 투자하는 게 이익이네요.

경제위기 때만 투자하면 돈을 많이 벌까요? 누구나 경제위기 최저점에 투자하고 싶어 하죠. 최저점에 투자하면 단기적으로 돈을 벌 수 있습니다. 그러나 꾸준히 투자하는 사람과 비교하면 어떨까요? 2008년 금융위기 이후 2020년에 코로나19 위기가 또다시 찾아왔습니다. 무려 12년 동안 기다려서 최저점이 온 것이죠. 경제위기에만 투자할 수 있는 능력이 있다고 쳐도 언제 경제위기가 올지 몰라서 투자를 못 한다면 수익률은 낮아집니다. "싼 가격에 사려고 기다리는데, 싼 가격이 안 오면 어쩌지? 내일 떨어질 것 같은데, 안 떨어지면 어쩌지?" 아무 의미도 없이 예측해서는 장기적으로 복리의 수익률을 올리지 못합니다. 혹시 예측해서 맞히더라도 그냥 운 좋게 들어맞은 것뿐이지, 정말 맞힌 것이 아닙니다.

위기 때만 거치식으로 투자한 A의 수익구간

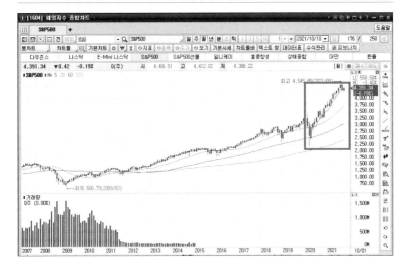

위 차트는 2008년 금융위기부터 기다렸다가 2020년 코로나19 위기 때
투자한 A의 수익구간입니다.

적립식으로 꾸준히 투자한 B의 수익구간

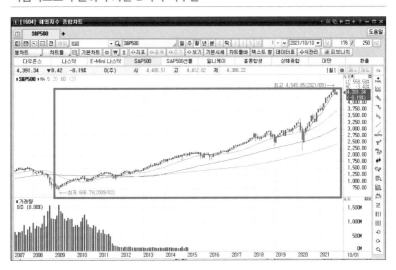

앞 차트는 2008년 금융위기 때부터 위기가 오면 더 싸게 매수할 수 있다는 생각으로 매달 적립식으로 투자하는 B의 수익구간입니다. A보다 수익구간이 훨씬 넓은 것을 알 수 있죠. 복리의 힘을 발휘하기 위해서는 이렇듯 지금 당장 매수하는 것이 가장 좋은 방법입니다.

14

주식 하면 망한다

개미 부모님이 주식 하면 망한다고 하지 말래요.

자본가 망하는 게 뭐죠?

개미 주식투자 하다가 회사가 없어지는 거요?

자본가 상장이 폐지되면 주식이 휴지조각이 되는 걸 망한다고 합니다. 우리가 우량주식이라고 하는 S&P500이나, 코스피200 종목으로 투자하면 없어지기 쉽지 않죠. 주식투자로 망하기도 쉽지 않습니다. 한번 투자해 보면 알아요.

개미 저희가 아는 종목은 대형주니까 상장폐지되기는 쉽지 않겠네요. 하지만 수익률이 마이너스가 많이 나면요?

자본가 망한다고 표현한 건 대부분 수익률이 낮거나 마이너스가 되는 걸 말합니다. 이거 샀다가 저거 샀다가, 단기매매를 해서 시장수익률을 못 따라가는 거죠.

개미 단타로 수수료랑 세금을 내고 나면, 수익률이 시장수익률 이하군요.

자본가 반대로 시장수익률을 올린다고 하면 어떨까요?

개미 그러면 망하지 않겠네요.

자본가 그래서 S&P500, 코스피200 종목에 투자하는 것입니다.

개미 저는 그렇게 많은 종목을 살 돈이 없는데요.

자본가 금융공학이 발전해서 이들 종목들을 ETF로 만든 덕분에 소액으로도 투자가 가능합니다.

개미 주식해서 망한다는 건 평균수익률을 못 올린다는 건데, 평균수익률을 올리는 방법이 있다면 망하지 않겠네요. 부모님께 알려드려야겠어요.

자본가 평균수명이 늘어났으니, 부모님도 투자하시면 좋을 것 같아요.

주변에서 주식 하면 망한다고들 하는데, 사실 망하기도 쉽지 않습니다. 기본적으로 들어본 종목들인 코스피200, S&P500에 속한 기업들 중에서 망하는 기업을 찾기가 쉽지 않거든요. 만약 자신이 망하는 기업을 잘 찾는다면 반대로 공매도로 수익을 얻을 수 있습니다. 결국 주식 해서 망하는 게 아니라, 대부분 평균수익률을 올리지 못해서 망합니다. 왜냐하면 장기적으로는 평균수익률 이상으로 수익을 올리기 어렵기 때문입니다.

이 평균수익률에는 내부자 정보, 호재, 악재, 전문투자자들, 애널리스트, 펀드 매니저가 초과로 올리는 수익까지 들어 있습니다. 그래서 5년만 지나도 평균수익률 이상인 펀드를 찾기가 어렵습니다. S&P500수익률과 미국 펀드 수익률을 비교해 보면 섹터펀드들 빼고는 10% 이상 의미 있게 이겼다는 펀드들을 찾아보기 힘듭니다. 기술주 섹터 펀드들의 수익률이 높긴 하지만, 결국 섹터펀드들도 한 업종에 집중 투자하는 거라서 유행이 지나가면 손실이 큽니다. 그래서 장기적으로 보면 평균수익률 이상인 섹터펀드들은 보이지 않습니다.

반대로 시장의 평균수익률을 올릴 수 있다면, 성공했다고 볼 수 있습니다. S&P500 종목을 다 매수하기에는 돈이 부족하지만 금융공학이 발전한 덕분에 ETF가 출시되었습니다. ETF를 활용하면 소액으로도 S&P500 지수에 투자할 수 있습니다. 이제 주식 해서 망하지 않는 방법으로 투자하세요. S&P500을 지금 당장 매수하세요.

15

어머니는 말씀하셨지, 투자를 즐겨라

개미 저는 주식에 투자할 돈이 부족해요.

자본가 월급을 얼마나 받나요?

개미 세금 다 떼고 나면 350 정도 벌어요. 오피스텔 월세랑 자동차 할부금, 생활비를 제하면 남는 게 30만원이라서 겨우 투자하고 있어요.

자본가 투자는 남는 돈으로 하는 게 아니고, 투자하고 남는 돈으로 생활하는 겁니다.

개미 얼마나 투자해야 하나요?

자본가 연금으로 1,800만원 정도는 하는 게 좋습니다. 그중 700만원은 세액공제를 받을 수 있어요.

개미 매월 150을 떼면 나머지 200으로 살아야 하는데요?

자본가 200으로 얼마든지 살 수 있습니다. 가능하다면 부모님 집으로 들어가고, 자동차는 공유로 이용하고, 생활비도 가능하다면 부모님에게 의지하는 거죠.

개미 그렇게 계속 살면 인생이 우울해질 것 같은데요. 요즘은 욜로, 소확행, 워라밸, 소비가 대세예요. 소비해야 나라 경제가 살죠.

자본가　원래 우리나라는 저축의 나라였습니다. 그런데 신용카드가 나오면서 "아버지는 말씀하셨지. 인생을 즐겨라!"라며 다들 소비에 빠지기 시작했죠. 그런데 정말 아버지가 인생을 즐기라고 했을까요?

개미　저희 아버지는 항상 아껴 쓰라고 하시는데요.

자본가　맞아요. 다 마케팅입니다. 신용카드 회사들이 만드는 단어죠. 소비는 친구들에게 맡기고 나는 투자를 하면 돼요. 신용카드 할부이자가 10% 정도 되는데, 우리는 뭘 해야 하죠?

개미　친구들은 신용카드를 이용하고, 저는 신용카드 주식을 사야겠죠.

자본가　맞아요. 우리는 투자를 해야 합니다. 그래서 우리는 "어머니는 말씀하셨지. 투자를 즐겨라!" 이렇게 만들어야 해요. 소비의 즐거움을 투자의 즐거움으로 바꾸는 거죠.

개미　소액이라도 한 주, 한 주 사서 투자하는 즐거움이군요. 명품가방보다, 해외여행보다 즐거울 것 같아요.

자본가　그것이 자본가 마인드입니다. 친구들아, 소비해라. 나는 투자하겠다!

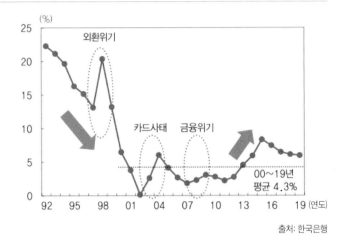

우리나라 연간 가계순저축률 추이

출처: 한국은행

2000년 이전까지 대한민국은 저축의 나라였습니다. 저축이 미덕인 사회였죠. 그러다가 2000년부터 신용카드 회사에서 마케팅을 시작하면서 소비의 나라로 변신했습니다. "아버지는 말씀하셨지. 인생을 즐겨라!"라면서 신용카드와 소비가 경제활동을 발전시킨다는 등 소비의 미덕으로 포장했습니다. 그런데 정말 아버지는 인생을 즐기라고 하셨을까요? 아버지는 항상 아껴 쓰라고 하십니다. 이제는 어머니가 말씀하셔야 합니다. "어머니는 말씀하셨지. 투자를 즐겨라!" 그러니 S&P500을 지금 당장 매수해서 대대손손 증여하세요.

16

부자들은 대부분
긍정적인 마인드를 가지고 있다

개미 절약을 하려고 해도 사고 싶은 게 너무 많아요.

자본가 워런 버핏은 지금 사고 싶은 게 있을 때, 이 금액을 소비하지 않고 투자했을 때의 가치로 환산해서 비교했다고 합니다. 5,000만원짜리 자동차를 사고 싶다면, 5,000만원을 50년 투자했을 때 자금이 얼마인지 비교하는 거죠.

개미 그러면 절대 자동차를 못 사겠네요?

자본가 그래서 워런 버핏은 아직도 오래된 자동차를 타고 다닙니다.

개미 대단하네요. 그래도 통장을 매일 보고 웃겠죠?

자본가 그럴 수도 있겠죠. 통장 잔고가 많으니까요.

개미 저는 요즘 신용카드 안 쓰고, 주식을 소액이라도 사 모으는데 통장에 잔고가 없어서 계속하기가 어려워요. 이러다가 이도저도 안 되면 어쩔지 고민이에요.

자본가 누구나 그렇게 생각하기 쉽습니다. 하지만 워런 버핏은 11세에 투자할 때부터 자신이 부자가 안 될 거라고 의심한 적이 없다고 합니다. 그래서 실제로 지금 세계적인 부자가 됐죠.

개미 부자가 되겠다는 긍정적인 생각이 부자를 만드는군요.

자본가 워런 버핏이 65세 이후에 모은 재산이 지금 부의 90%를 차지합니다. 무려 55년이라는 복리의 기간이 필요했죠.

개미 몇 년도 아니고 며칠 해보고 안 될 것 같다고 고민했으니, 제가 잘못했네요.

자본가 괜찮습니다. 누구나 그런 과정을 거치는 거죠. 그래서 적립식펀드가 있는 거예요. 매달 일정 금액을 매수하는 거죠. 기계적으로 하면 50년 후에는 부자가 되겠죠? 1. 절약, 2. 부자가 된다는 생각, 3. 끈기 있는 투자. 이 세 가지를 계속 루틴화하세요.

개미 이게 몸에 익으면, 잠시 주식투자는 잊고 인생에 투자해도 되겠네요.

자본가 그렇죠. 이것이 자본가 마인드입니다. 더 즐거운 일에 시간을 투자하세요. 주식투자에 시간을 투자하지 말고 소중한 사람과 더 많은 시간을 보내세요.

투자를 하다 보면 흔들리기 마련입니다. 1,000원, 2,000원 아껴서 언제 부자가 될까요? 그냥 써버리자고 생각하기 쉽죠. 하지만 워런 버핏은 11세 때부터 투자하면서 부자가 될 것을 의심한 적이 없다고 합니다. 얼마나 긍정적인 생각으로 투자하는지 알 수 있는 대목입니다. 그리고 물건을 살 때, 항상 지금의 돈이 미래에 복리로 얼마나 되는지 계산해 보고 산다고 합니다. 그래서 아직도 차를 바꾸지 못하고 그냥 탄다고 합니다. 1,000만원짜리 중고차가 13% 복리로 50년 후에는 45억원이 됩니다. 이것을 생각하면 강제로 절약이 되죠. 그래서 좋은 양복도 못 산다고 합니다. 100만원짜리 양복이 13% 복리로 50년 후에는 4억 5,000만원이 되니까요. 워런 버핏의 수익률은 21% 복리니까 실제로는 더 많이 손해가 나겠죠? 우리는 S&P500 지수에 투자하니 S&P500으로 계산했습니다. 이렇게 세계적인 부자인 워런 버핏도 절약하고 긍정적인 마인드로 끈기 있게 투자합니다.

워런 버핏은 "S&P500 지수에 묻어두고 일터에 돌아가 열심히 자기 일을 하라. 노동 생산성을 높이고 그 임금을 S&P500 지수에 투자하면 어렵지 않게 부자가 될 수 있다."라고 말했습니다. 개인투자자들도 생업에 임하면서 아끼고, 부자가 되겠다는 생각으로 끈기 있게 투자하면 부자가 될 수 있습니다. 요즘 들어 즐거운 일보다 주식투자에 많은 시간을 보내는 개인투자자들이 많은 것 같습니다. 주식투자에 많은 시간을 보낸다고 해서 수익이 더 많이 나는 것은 아닙니다. 그보다 가치 있는 인생에 투자하는 것이 더 의미 있죠. 투자는 S&P500 지수에 맡기고 인생에 투자하는 것이 더 현명하지 않을까요? 그래야 장기적으로 투자도 가능합니다.

요즘 젊은 세대 사이에서 유행하는 게 파이어족입니다. 파이어족은 투자를 통해 경제적 자유를 얻어 이른 나이에 은퇴하는 사람을 가리킵니다. 짧은 기간에 투자해서 빨리 은퇴하는 것이 목표이다 보니, 변동성이 큰 자산에 과감하게 투자합니다. 유튜브나 TV에서도 젊은 세대를 유혹하죠. 그러나 이런 방식은 위험합니다. 지금 주식으로 돈을 버는 건 내가 잘해서가 아니라 시장이 올라서 버는 것이고, 부동산 투자도 부동산 시장이 올라서 수익이 나는 것입니다. 은퇴하려고 투자를 시작했는데 자산이 하락하면 오히려 손실이 나서 회사를 더 다니게 될 수도 있습니다. 자산시장이 전반적으로 다 내리는데, 내 투자상품만 오르기는 매우 힘듭니다. 그래서 하락기에는 파이어족이 투자상품만으로 살아가기가 어렵습니다. 그때 가서 다시 직장을 찾으려고 해도 어려울 수 있죠. '#욜로, #소확행, #아버지는 말씀하셨지 인생을 즐겨라'처럼 마케팅 상품일 확률이 높습니다. 그러니 개인투자자들은 유혹당하지 말고, 열심히 생업에 종사하면서 S&P500 지수에 투자하며 자산을 늘려가야 합니다.

17

포트폴리오로
분산투자 하라

자본가 주식투자 시 개별 기업의 위험을 줄이려면 어떻게 해야 한다고 했죠?

개미 분산투자를 해야 해요.

자본가 주식시장에서 분산투자를 하려면요?

개미 주식을 포트폴리오로 구성해서 가져가야죠.

자본가 포트폴리오를 한번 구성해 볼까요?

개미 한국조선해양, 대우조선해양, 삼성중공업, 현대미포조선으로 구성하겠습니다. 여러 기업으로 구성했으니까 괜찮죠?

자본가 모두 조선 업종이라는 게 문제예요. 해당 업종이 나빠지면 어쩌나요?

개미 모두 손실이 나겠네요. 그럼 다양한 업종으로 구성해야겠어요. 이마트, 서울가스, 동부건설, 맥쿼리인프라, 삼성화재, 세아특수강. 이렇게 다양한 업종으로 짜면 되나요?

자본가 이것도 바람직하지 않습니다.

개미 왜요? 유통, 가스, 건설, 부동산, 보험, 철강으로 다양한데요.

자본가 모두 매출과 이익이 어디서 나오죠?

개미 우리나라요.

자본가 한 나라에만 매출과 이익이 집중되면 분산투자로 보기 어렵습니다. 갑자기 IMF 같은 경제위기가 오면 어쩌죠? 그래서 많은 기업들이 전 세계로 진출하려고 하는 것입니다. 애플, 마이크로소프트, 구글, 페이스북, 아마존이 전 세계 200개국에 진출하려고 하는 이유도 이와 같습니다.

개미 그런데 빅테크 기업들은 이미 주가가 많이 오르지 않았나요? 그런 기업들 말고 전 세계로 진출할 수 있는 기업을 사면 어때요?

자본가 물론 그런 기업을 사는 게 수익률이 좋지만, 어떤 기업이 그런지 우리는 알 수가 없죠. 그리고 이미 진출해서 수익을 잘 내고 있는 기업에 투자하는 게 맞습니다.

개미 이미 진출해 있는 기업들이 주가도 잘 오르니까요?

자본가 그렇죠. 이것이 우리가 S&P500 지수에 투자하는 이유입니다. S&P500 지수에 속하는 많은 기업들이 이미 전 세계에 진출했고 매출의 40% 이상이 해외에서 발생합니다. 그리고 글로벌 독과점 구조가 되는 게 중요합니다.

개미 그래야 수익이 극대화되니까요?

자본가 글로벌 독과점이 되면 기업 입장에서는 가격경쟁을 할 필요가 없습니다. 1등 업체가 가격을 정하면 2등 업체는 1등 업체의 95%로 정하고, 3등업체는 90%로 정합니다. 그러면 싸울 필요도 없고, 모두 수익이 극대화됩니다.

개미 1등 업체가 가격을 올리면 다 같이 오르겠네요.

자본가 글로벌 독과점 측면에서 보면 국내에는 삼성전자, SK하이닉스, LG화학이 있습니다.

개미 반도체는 글로벌 독과점이 됐는데, 배터리는 어떤가요?

자본가 배터리 업체는 서로 생산량을 늘려서 치킨게임을 할지도 모르겠지만, 이미 LG화학의 글로벌 점유율이 높아서 글로벌 독과점으로 성공할 수 있을 것 같습니다.

개미 치킨게임만 조심하면 되겠네요.

자본가 그래서 1~3등 업체를 다 매수하는 게 좋습니다.

개미 신경 쓸 필요없이 다 매수하면 되네요. 그게 S&P500!

자본가 애플, 구글, 아마존, 마이크로소프트. 고민하지 말고 다 사면 됩니다.

개미 그럼 자산 비중은 어떻게 해야 할까요?

자본가 제 생각에는 워런 버핏의 말대로 S&P500 지수 90%, 미국 단기채권 10%로 구성하는 게 좋은 것 같습니다. 그래야 복리 수익률을 최대한 얻을 수 있거든요.

개미 국내에서는 부동산도 중요하잖아요. 요즘 부동산 가격도 오르고요.

자본가 사람들이 좋은 곳에서 살고 싶고, 좋은 교육환경을 갖고 싶어 하는 건 당연합니다. 그러니 부동산 40%, S&P500 50%, 미국 단기채권 10%, 이렇게 구성해도 좋을 것 같군요.

개별 기업의 위험을 없애려면 분산투자를 해야 합니다. 1개 기업이 망해도 수익률에는 영향이 거의 없어야 하죠. 흔히 분산투자를 하라고 하면, 기업 수만 늘리고 결국엔 같은 업종을 사는 경우가 많습니다. 그러면 업종의 경기가 안 좋을 경우 포트폴리오에 영향을 받죠. 그래서 다른 업종으로 분산투자를 많이 했는데 IMF가 터지고 나니, 투자한 기업의 매출과 수익이 어느 나라에 집중되어 있는지에도 영향을 받는다는 사실을 알게 되었습니다. 2008년 IMF가 터지니 국내에서 매출과 수익이 나는 기업과 업종이 일제히 하락했습니다. 반대로 해외에 수출하는 기업은 달러로 수출 대금을 받으니 금방 회복했죠.

그래서 포트폴리오를 분산할 때는 내가 투자한 기업의 매출과 수익이 어느 한 나라에 집중되어 있는지, 전 세계적으로 진출해 있는지도 확인해야 합니다. 당연히 전 세계적으로 진출해 있는 기업들의 안정성이 높아서 더 높은 밸류평가를 받습니다. 그래서 투자할 때도 그런 기업으로 포트폴리오를 짜야 합니다. 이미 S&P500에 속하는 기업들은 전 세계에 진출했고 매출의 60%는 미국에서, 40%는 해외에서 발생합니다. S&P500 ETF만 사도 세계적인 기업들을 사는 것과 마찬가지이므로 S&P500 지수에 투자해야 합니다.

국내에서는 부동산이 안전자산이라고 생각해서 부동산에 많은 돈을 투자합니다. 청년들은 영끌, 빚투까지 하면서 9억원짜리 부동산을 살 때 6억은 모으고 3억은 대출로 삽니다. 자산의 150%가 부동산인 것입니다. 누구나 좋은 환경에서 살고 싶고, 특히 자녀들이 있는 가족은 좋은 교육 환경에서 살고 싶어 합니다. 살고 싶은 지역의 부동산이 오르는 건 당연한 수순이죠. 그러나 포트폴리오 차원에서 보면 한국의 부동산은 일하는 자산이 아니며, 일한다고 해도 한 지역에서 매출과 수익이 전부 나옵니다. 이런 경우에 한국에서 IMF가 또다시 발생하면, 나의 전 재산은 한순간에 무너지기 쉽습니다.

투자할 때는 복리의 힘을 발휘하기 위해서 잃지 않는 게 중요한데, 한 번의 위기만 겪어도 한순간에 크게 손해가 날 수 있습니다. 그러니 포트폴리오 관점에서 부동산 비중을 나의 자산 중 40% 이하로 맞춰서 국내에 경제 위기가 왔을 때도 버틸 수 있어야 합니다. 위험이 언제 찾아올지 모르지만, 위험이 왔을 때 버틸 수 있도록 자산을 배분하는 것이 중요합니다.

부동산에 조정이 오면 어떻게 될까요? 조정이 시작되면 그동안 부동산을 구입하지 못한 무주택자들이 매수하겠지만, 더 조정이 오면 그동안 영끌이나 빚투로 부동산을 매수한 사람들의 빚이 급증할 것입니다. 3억원을 대출받아서 집을 샀는데 집값이 하락하면 3억원의 빚이 생깁니다. 그러면 소비를 줄이고 빚을 갚는 데 많은 돈이 들어가고, 사회적으로 소비가 줄어들어 디플레이션이 발생합니다. 디플레이션이 발생하면, 내수산업을 하는 많은 기업들이 가격을 올리지 못해서 망할 수도 있습니다. 실업자들도 많이 발생합니다. 주식시장도 하락합니다. 그런데 달러로 S&P500 지수에 투자한 투자자들은 이럴 때 더 많은 수익을 올릴 수 있습니다. 원달러 환율이 올라서 투자수익과 환율수익을 동시에 얻을 수 있죠. 부동산 조정이 언제 올지는 아무도 모릅니다. 그래서 항상 대비를 해야 하죠. 복리의 수익률을 올리기 위해서는 워런 버핏의 말처럼 눈덩이를 높은 언덕에서 조심스럽게 굴려야 합니다.

아무리 이렇게 이야기해도 개미들은 자산 구성을 쉽게 바꾸지 못합니다. 지난 10년 동안 부동산에서 수익을 많이 봤으니, 자산의 40%로 줄이기가 쉽지 않습니다. 그렇다면 언제 포트폴리오를 재구성해야 할까요? 바로 지금입니다. 가격은 예측할 수 없고 시점은 지금이 가장 빠르니까요. 앞으로도 계속 자산이 오를 것 같지만 그렇지 않습니다. 인생은 생각보다 깁니다. 의학의 발달로 더 길어진 인생을 위해 안정적인 포트폴리오를 가져가야 복리의 효과를 누릴 수 있습니다.

호황과 불황은 왜 반복될까요? 정치적으로 통화량을 조절해서 호황과 불황이 오고, 인간의 욕심이 호황과 불황을 만든다는 이론이 많습니다.

호황일 때는 가격이 비싸고 불황일 때는 가격이 쌉니다. 합리적으로 생각하면 호황은 매도 기회이고 불황은 매수 기회입니다. 그런데 지금이 호황인지 불황인지는 모릅니다. 내가 호황 때 매수했다면, 불황이 올 경우 버틸 수 있는지 생각해 봐야 합니다. 그래야 장기투자가 가능합니다. 버틸 수 있는 힘은 바로 분산투자에서 옵니다. 글로벌 금융위기와 한국이 겪은 IMF가 와도 버틸 수 있는 포트폴리오가 필요합니다. 그러므로 더더욱 11개 업종 500개 기업, 내수 60%, 해외 40% 매출을 올리는 기업이 모인 S&P500 지수에 지금 당장 투자해야 합니다.

18

S&P500을 매수해서
시장위험에만 신경 써라

자본가 주식의 위험에는 개별 주식 리스크와 시장 위험이 있습니다.

개미 개별 주식 리스크는 뭔가요?

자본가 우리가 개별 주식에 투자했을 때 상장폐지나 거래중단, 개별위험에 대한 리스크입니다. 리스크는 관리가 가능한 개념으로 쓰이죠. 그래서 여러 종목에 투자하면 개별 종목 리스크는 줄어듭니다.

개미 한 종목만 사기보다 여러 종목을 사면 개별 주식에 대한 리스크가 줄어드는 거네요. 효과를 보려면 몇 종목이나 사야 가능할까요?

자본가 1~2개 기업이 없어진다고 해도 우리 계좌에는 큰 영향이 없어야 하죠. 보통은 50개 종목 이상 투자해야 리스크가 줄어든다고 봅니다.

개미 50개요? 개인이 그렇게 투자하는 게 가능한가요? 주식 고르기도 힘들겠네요.

자본가 그래서 개인들은 1~5개 종목에 주로 투자해서 개별 주식 리스크를 가지고 갑니다. 개미는 승률 50%, 참가비 5,000원에 이기면 7,000원을 주는 게임을 할 건가요?

개미 누가 그런 게임을 해요? 처음에 운으로 몇 번 이겨도 계속하면 지는데요.

자본가 그렇죠. 위험과 수익을 계산하면 투자하기 어렵습니다. 그런데 개미가 투자하는 개별 주식의 리스크와 수익을 이 게임처럼 측정할 수 있나요?

개미 악재는 갑자기 나오니까 측정할 수 없겠죠. 그래서 제가 운으로 몇 번 수익이 나도, 장기적으로 보면 손해가 나나 봐요.

자본가 개별 주식 리스크는 측정하지 못하니까 측정 가능한 시장위험에 따른 시장평균수익률을 올리는 것이 합리적입니다.

개미 아하, 측정 가능한 위험에 대비하며 투자해야 하는군요. 그러면 시장위험이 무엇인가요?

자본가 시장위험은 시장이 무너지는 것입니다. IMF, 금융위기, 코로나19 위기 같은 것들로 인해서요. 시장위험은 관리가 불가능합니다. 시장위험만으로도 투자자들은 머리가 아프죠.

개미 저도 이번에 손절했어요.

자본가 시장위험도 못 견디는데, 개별 주식 리스크까지 가지고 있으니 주식투자가 위험한 것입니다.

개미 시장위험은 관리가 불가능하니까, 분산투자해서 개별 주식 리스크를 관리해야겠네요.

자본가 그렇죠. 그래서 S&P500입니다. 개별 주식 리스크는 분산으로 줄이고, 시장위험은 달러로 투자해서 헤지해야죠.

개미 맞는 말씀이네요.

주식투자의 위험에는 개별 주식 리스크와 시장위험이 있습니다. 개별 주식 리스크는 관리가 가능하지만, 시장위험은 관리가 불가능합니다. 개별 주식 리스크는 개별 주식의 상장폐지나 횡령 같은 개별적인 리스크입니다. 따라서 분산을 통해서 관리합니다. 많은 종목, 예를 들어 500개 종목을 가지고 있으면 1개 종목이 불안해도 나머지 499개 종목이 안전하면 수익에는 큰 영향이 없습니다.

시장위험은 2008년 금융위기나 2020년 코로나 위기 때처럼 모든 종목이 떨어지는 것입니다. 대부분의 종목이 하락하니 관리가 불가능하죠. 개인투자자들은 솔직히 시장위험에 대응하기도 힘든데, 개별 주식 리스크까지 지는 경우가 많습니다. 그래서 주식시장이 하락하면 내 종목도 망할 것 같아 같이 매도하는 경우가 많죠.

위험을 측정할 수 있어야 수익이 납니다. 고위험에 투자했는데 낮은 수익을 내는 것을 반복하면 손실이 납니다. 승률이 50%인 게임에서 참가비를 5,000원 내고 이기면 7,000원을 받을 경우, 운으로 몇 번은 수익을 얻을 수 있지만 장기적으로 가면 손실이 납니다. 주식시장도 마찬가지입니다. 계속 손해가 난다면, 위험과 수익을 잘못 계산하고 있을지도 모릅니다. 고위험이니 고수익이 당연하지만, 고위험에 저수익을 낸다면 장기적으로 손실이 나죠. 위험은 표준편차, VAR, 역사적 시뮬레이션방법, 몬테카를로 시뮬레이션 방법, 스트레스 검증법 등으로 계산이 가능합니다. 하지만 개별 주식 리스크는 계산이 불가능합니다. 개별 주식만이 가지고 있는, 내가 계산할 수 없는 위험, 즉 직원의 횡령이나 대주주의 상속 등으로 위험이 커져도 계산이 불가능하거든요. 그래서 개별 주식 위험을 측정할 수 없는 개인투자자들은 개별 주식보다 시장의 위험을 가지고, 시장위험에 따른 시장평균수익률을 올리는 것이 합리적입니다.

위험대비 수익률

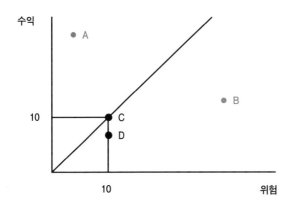

주식투자해서 수익이 나려면 위험대비 수익이 높은 A국면에 있어야 수익이 납니다. 반대로 B국면은 수익보다 위험이 커서 손실이 날 확률이 높습니다. C는 위험과 수익이 만나므로 시장수익률에 근접하다고 할 수 있습니다. 그런데 개미들은 C보다 수익률이 높은 B가 좋은 투자라고 생각하곤 합니다. 그러나 우리가 투자한 종목의 개별위험과 금융상품의 수수료 때문에 A국면에 있는지 B국면에 있는지 알 수가 없습니다. 그래서 합리적으로 수익과 위험이 만나는 선 C에 투자해야 합니다. 그런데 투자에는 수수료와 세금이 있어서, 수수료와 세금을 낸다면 C의 시장평균수익률이 D의 수익률로 이동을 하게 됩니다. D로 이동을 한다면, 투자대비 수익보다 위험이 커서 장기적으로는 손실이 나는 구조입니다. 그러므로 우리는 세금과 수수료를 절세해서 C인 시장평균수익률을 올려야 합니다.

개인투자자들도 시장위험이 나타났을 때 개별 주식을 보유할 수 있으면 해당 종목에 투자하는 것이 수익률 측면에서 높을 수도 있지만, 보유할 수 없다면 개별 종목에 투자하지 말고 시장 전체를 매수해야 합니다. 그러므로 S&P500 ETF를 매수해서 시장위험에만 신경 쓰는 편이 장기적으로 투자해서 수익을 낼 확률이 높습니다.

19

투자는 S&P500 지수에 맡기고, 더 소중한 인생에 투자하라

개미 자본가 님, 감사합니다. 그동안 저는 주식을 단기로만 생각해서 언제 팔아서 수익 낼지만 고민했는데….

자본가 이제 자녀들에게 어떻게 세금을 절세하면서, 대대손손 증여할까 고민하게 되었군요.

개미 종목 선택이 최고의 수익이라고 생각했는데….

자본가 하루라도 빨리 투자해서 최대한 오래 보유하는 게 최고의 수익이라고 생각하게 되었고요.

개미 오를 때 팔고, 내릴 때 사는 것이라고 생각했는데….

자본가 예측은 어려우니 항상 투자하는 것이라고 생각하게 되었군요.

개미 변동성은 위험하고, 손절해서 손해를 줄이는 거라고 생각했는데….

자본가 변동성은 타임머신을 타고 과거의 시간을 매수하는 것이라고 생각하게 되었네요.

개미 주식은 위험하니까 자산의 일부만 조금 투자했는데….

자본가 주식을 안 하는 게 더 위험하니 최대한으로 투자하게 되었고요.

개미 투자한 기업이 망하면 어쩌나 하고 단기로 투자했는데….

자본가 유망한 기업은 다 사는 시가총액 방식으로 장기투자 하게 되었네요.

개미 100세 시대에 수명연장은 악몽이었는데….

자본가 장기투자 할수록 수익이 증대되어 삶이 축복이 되었네요. 이제 다 배웠군요, 개미도 자본가가 될 수 있습니다.

개미 네. S&P500 지수에 투자하고, 주식수량을 늘리고, 보유기간을 늘리겠습니다.

자본가 바로 그게 핵심입니다.

개미 그럼 저는 이제 하산하겠습니다.

자본가 마지막으로 중요한 게 한 가지 있죠?

개미 어떤 건가요?

자본가 기업과 평생 동행하는 것입니다.

마지막으로 다음 3가지만 기억합시다.

1)S&P500 지수에 투자하자

글로벌 독과점 500개 기업에 시가총액 방식으로 투자합니다.

2)지금 당장 매수하자

미래는 예측할 수 없고, 투자수익은 보유기간에서 나옵니다. 지금 당장 투자해야 보유기간이 늘어납니다.

3)대대손손 증여하자

보유기간을 최대한 늘려서 복리로 수익률을 올리는 방법은 대대손손 증여하는 것입니다. S&P500 지수에 지금 당장 투자해서 대대손손 증여하세요.

  행복은 돈으로 살 수 없습니다. 지금 이 시간에도 주식투자 분석에 많은 시간을 쓰면서, 행복을 놓치는 개미들이 많을 것입니다. 이들은 일확천금을 바라고, 수익률 대회에서 1등을 하겠다는 목표로 장기적인 투자는 무시하고 하루의 대부분을 주식시장의 호가창을 보는 데 사용합니다. 행복하겠다고 시작한 투자가 돈이 목적이 되어 버립니다. 본질은 돈을 벌어서 행복해지는 것입니다. 높은 수익률이 아닙니다. 일확천금도 아닙니다. 바로 행복입니다. 수익률대회에서 1등 하겠다고 너무 많은 시간을 주식시장에서 허비하지 말고, S&P500 지수투자로 시장수익률을 올리면서 소중한 사람과 함께하세요. 투자는 S&P500 지수에 맡기고, 더 소중한 인생에 투자하기를 바랍니다.

에필로그

`애플`　개미야, 우리 같이 가자.

`마이크로소프트`　개미야, 우리 함께 가자.

`아마존닷컴`　개미야, 우리 서로 도우며 가자.

`페이스북`　개미야, 우리 어울려 가자.

`구글알파벳`　개미야, 우리 같이 가자.

`테슬라`　개미야, 우리 모두 같이 가자.

`버크셔해서웨이`　개미야, 우리 평생 가자.

`JP모건체이스`　개미야, 우리 한평생 가자.

`존슨앤존슨`　개미야, 우리 일생에 같이 가자.

`월트디즈니`　개미야, 우리 천년만년 같이 가자.

`월마트`　개미야, 우리 일평생 같이 가자.

`비자`　개미야, 우리 같이 가자.

`프록터앤드갬블`　개미야, 우리 함께 가자.

`유나이티드헬스`　개미야, 우리 서로 도우며 가자.

`마스터카드`　개미야, 우리 어울려 가자.

`엔비디아`　개미야, 우리 함께 같이 가자.

홈디포 개미야, 우리 모두 같이 가자.

버라이즌커뮤니케이션즈 개미야, 우리 평생 가자.

뱅크오브아메리카 개미야, 우리 한평생 가자.

코카콜라 개미야, 일생에 같이 가자.

세일즈포스 개미야, 천년만년 같이 가자.

컴캐스트 개미야, 우리 일평생 같이 가자.

어도비 개미야, 우리 같이 가자.

화이자 개미야, 우리 함께 가자.

페이팔 개미야, 우리 모두 같이 가자.

넷플릭스 개미야, 우리 평생 가자.

머크 개미야, 우리 한평생 가자.

AT&T 개미야, 우리 일생에 같이 가자.

나이키 개미야, 천년만년 같이 가자.

펩시 개미야, 일평생 같이 가자.

인텔 개미야, 우리 같이 가자.

오라클 개미야, 서로 도우며 가자.

ASML홀딩스 개미야, 어울려 가자.

시스코 개미야, 우리 함께 같이 가자.

코스트코홀세일 개미야, 우리 모두 같이 가자

개미 감동이야. 나 이제 한평생 너와 같이 가고, 자녀들에게 대대손손 물려줄게. 우리 자녀들도 잘 부탁해. 그런데 열심히 일 안 하면 바로 S&P500에서 자를 거야. 노력해!

자본가 오, 드디어 자본가가 되었네요.

개미 이제는 투자는 S&P500에 맡기고, 인생에 투자하러 가겠습니다.

자본가 개미, 파이팅!

오늘도 나는 S&P500 지수에 자산을 저장합니다.

어제도 샀고, 오늘도 사고, 내일도 살 겁니다.

7세인 아이에게도 1세 때부터 계좌를 만들어서 사 주었고, 칠순이신 부모님께도 사 드렸습니다.

"지금까지는 모두 좋았고, 앞으로도 언제든지 경제위기가 찾아오면 S&P500은 답을 찾을 것이다. 늘 그랬듯이…"